古谷メソッド 改訂版

初級英語入門
——これで英語が楽しくなる——

古谷三郎 著

白帝社

まえがき

問　この本は誰のために書かれたのですか。

答　英語を根本的に分かるようになりたいと考えているすべての方々に役立ててもらいたいと思って書きました。中学校で英語を学び始めた生徒たちにも、高校生にも大学生にも、また英語を基本からやり直したいと考えている社会人の方にも熟読してもらいたいと考えています。

問　一口にいうと、どんな本ですか。

答　本書は断片的な知識をふんだんに注入しようとするような種類の本ではありません。上滑りではなく、英語を根本的に分かりたいと熱望している方に、英文の構造、分かりやすく言えば、英文の仕組み、成り立ちを中心に徹底的によく分かるような学修法ないしは研究法を与えようとしています。基本的なことを徹底して、詳しく解説していますので、丁寧に読んでいただけたら、なるほど英語はこういう仕組みになっているのかとよく分かるようになり、すべての人々がきっと満足される本です。

問　どんな特色がありますか。

答　先程も言いましたが、本書は英語学習に必要な知識を提供する本ではなく、英文の文意を正しく掴み、訳せるようになるために、英語に真正面から取り組んで、英文を分析する方法を基本的なところから積み上げて、徹底して身につけてもらうために書かれた本です。そのために多くの英語学習書には見られない「古谷メソッド」で首尾一貫する学修法を提供しています。

問　その「古谷メソッド」とはどういうものですか。

答　英語を、その仕組み、成り立ちの根本までずばずばと分析することで、見極めてしまう研究法です。ちょっと見ると、文法一点張りのように思われるかもしれませんが、そうではありません。むしろ文法の中から不要な部分を削り去って、その代わり、英語の徹底的理解と修

得のために、絶対必要なものはこれだけであるというものを提供し、それを活用しさえすれば英語の理解と修得はおのずからできてしまうという、合理的で系統立った科学性のある学修方法が「古谷メソッド」です。

　この古谷メソッドは筆者の父、古谷専三が創始し、世に広めようとしたものです。今を去る数十年の昔、当時の旧制高校出身の、旧制大学入学前の学生を相手に私塾で多大な成果を上げたものです。父、専三は晩年は大学で教鞭を執っていましたが、私塾、大学でを問わず、教え子で、父の教え方の信奉者になった方は多数いましたが、英語の教員になった方々は全国各地の現場で、このメソッドに基づいて英語教育に携わっています。実業界、法曹界などの第一線で活躍されている健在な方々からも、折に触れて、当時のメソッド学修の熱い思いを懐かしむお便りを頂いたりもしています。

問　この本によって勉強すれば、どれくらいの日数で英語が分かるようになりますか。

答　一ヶ月とか三ヶ月で分かるようになると、時間的なもので言うのは難しいですが、本腰を入れてこの本と取り組む方であれば、今まで考えてもみなかった英文の仕組みや法則、また英文分析の方法を新たに知って、目から鱗（うろこ）が落ちる思いをする経験は一週間でも得られるかもしれません。そうなればしめたもので、日を追って古谷メソッドによる英語の分析研究が楽しいものになることは間違いありません。数ヶ月後には、これまでとは見違えるほどの自信を持った学修者に変貌しているのではないかと筆者は確信しています。

　筆者は英語を教えて半世紀を超えますが、その経験を踏まえて、英語を本当に分かっていただくためには、このような本を読んでいただくことが必要であるという信念に達しました。あえてこの本を熱い志を持つ皆さんに捧げます。

2011 年 1 月

著　者

目　次

まえがき

第1講　英語には助詞がない ……………………………………… 1
　演習題 1 ……………………………………………………………… 1
　用語解説 1 …………………………………………………………… 13

第2講　文の主題と叙述 …………………………………………… 18
　演習題 2 ……………………………………………………………… 19
　用語解説 2 …………………………………………………………… 35

第3講　英単語は品詞を持つ ……………………………………… 38
　演習題 3 ……………………………………………………………… 41
　演習題 4 ……………………………………………………………… 48
　　〈古谷メソッド原則歌 1〉 ………………………………………… 56
　演習題 5 ……………………………………………………………… 58
　用語解説 3 …………………………………………………………… 69

第4講　自動詞と他動詞 …………………………………………… 72
　演習題 6 ……………………………………………………………… 74
　演習題 7 ……………………………………………………………… 82
　用語解説 4 …………………………………………………………… 94

第5講　自動詞の二種類 …………………………………………… 96
　演習題 8 ……………………………………………………………… 96
　演習題 9 ……………………………………………………………… 106
　　◆不完全自動詞（不完自）の種類 ……………………………… 118

用語解説 5 ……………………………………………………… 120

第 6 講　他動詞の三種類 ……………………………………………… 122
　　演習題 10 ………………………………………………………… 123
　　演習題 11 ………………………………………………………… 134
　　演習題 12 ………………………………………………………… 145
　　　〈古谷メソッド原則歌 2〉 ……………………………………… 150
　　　◆主な不完全他動詞（不完他） ………………………………… 151
　　　◆重目動詞（重目）の分類 ……………………………………… 152
　　用語解説 6 ………………………………………………………… 153

第 7 講　文の要素と五文型 …………………………………………… 156
　　演習題 13 ………………………………………………………… 161
　　演習題 14 ………………………………………………………… 173
　　用語解説 7 ………………………………………………………… 182

第 8 講　名詞・代名詞の文中の位置 ………………………………… 184
　　演習題 15 ………………………………………………………… 187
　　　〈古谷メソッド原則歌 3〉 ……………………………………… 195
　　　〈古谷メソッド原則歌 4〉 ……………………………………… 197
　　演習題 16 ………………………………………………………… 198
　　　〈古谷メソッド原則歌 5〉 ……………………………………… 200
　　用語解説 8 ………………………………………………………… 218

第 9 講　前置詞が作る句の働き ……………………………………… 221
　　演習題 17 ………………………………………………………… 222
　　　〈古谷メソッド原則歌 6〉 ……………………………………… 227
　　演習題 18 ………………………………………………………… 228
　　演習題 19 ………………………………………………………… 240
　　用語解説 9 ………………………………………………………… 262

第 10 講　不定詞の捉え方 …………………………………………… 266
　演習題 20 ………………………………………………………… 268
　演習題 21 ………………………………………………………… 272
　演習題 22 ………………………………………………………… 276
　演習題 23 ………………………………………………………… 281
　演習題 24 ………………………………………………………… 283
　演習題 25 ………………………………………………………… 288
　　〈古谷メソッド原則歌 7〉………………………………………… 296
　用語解説 10 ……………………………………………………… 297

第 11 講　名詞の働きをする ing 形 ……………………………… 300
　　〈古谷メソッド原則歌 8〉………………………………………… 301
　演習題 26 ………………………………………………………… 302
　演習題 27 ………………………………………………………… 305
　用語解説 11 ……………………………………………………… 310

第 12 講　現在分詞の攻略法 ……………………………………… 312
　演習題 28 ………………………………………………………… 312
　演習題 29 ………………………………………………………… 315
　演習題 30 ………………………………………………………… 319
　演習題 31 ………………………………………………………… 324
　演習題 32 ………………………………………………………… 327
　用語解説 12 ……………………………………………………… 331

第 13 講　過去分詞の征服 ………………………………………… 333
　　〈古谷メソッド原則歌 9〉………………………………………… 333
　　〈古谷メソッド原則歌 10〉……………………………………… 333
　演習題 33 ………………………………………………………… 334
　演習題 34 ………………………………………………………… 336
　演習題 35 ………………………………………………………… 341

| 演習題 36 …………………………………………………………… 346
| 演習題 37 …………………………………………………………… 350
| 用語解説 13 ………………………………………………………… 354

第 14 講　関係代名詞に強くなろう ……………………………… 357
| 〈古谷メソッド原則歌 11〉 ………………………………………… 357
| 演習題 38 …………………………………………………………… 359
| 演習題 39 …………………………………………………………… 369
| 演習題 40 …………………………………………………………… 377
| 用語解説 14 ………………………………………………………… 385

第 15 講　関係副詞の急所 ………………………………………… 387
| 〈古谷メソッド原則歌 12〉 ………………………………………… 389
| 演習題 41 …………………………………………………………… 390
| 演習題 42 …………………………………………………………… 396
| 用語解説 15 ………………………………………………………… 398

第 16 講　等位接続詞が結ぶもの ………………………………… 400
| 〈古谷メソッド原則歌 13〉 ………………………………………… 401
| 演習題 43 …………………………………………………………… 402
| 用語解説 16 ………………………………………………………… 411

第 17 講　節と節の結び付き ……………………………………… 413
| 〈古谷メソッド原則歌 14〉 ………………………………………… 416
| 演習題 44 …………………………………………………………… 421
| 用語解説 17 ………………………………………………………… 428

索　引　（日本語）…………………………………………………… 429
索　引　（英語）……………………………………………………… 434

古谷メソッド 改訂版
初級英語入門
――これで英語が楽しくなる――

古谷三郎　著

第1講　英語には助詞がない

> **演習題 1**
>
> 次の英文の意味を言ってみましょう。
> 1. Girls sing songs.
> 2. The sun sets in the west.
> 3. Some boys are skating on the ice.

1. Girls sing songs.

　Girls sing songs. が「少女たちは歌を歌う」の意味であることは誰もがお分かりでしょう。

　Girls は girl の複数形で、文頭に置かれているために g を大文字にして G となっています。

　名詞の**複数形**は通常、**単数形**の語尾に -s を付けます。したがって girls は「少女たち」ということになります。

　「少女たちは歌を歌う」という**文**の訳からすると、Girls の部分は「少女たちは」に当たりますが、複数形 girls には「少女たち」の意味はあっても、「少女たち<u>は</u>」のように**助詞**「は」を付けた意味は本来はありません。

　では、どうして Girls は「少女たちは」という日本語に相当するのでしょうか。

　それは Girls の直後に sing という語が置かれていることからくるのです。

　sing は「歌う」という動詞であることは分かりますね。

　Girls sing. とあれば、これは「少女たち<u>は</u>歌う」となるか、「少女たち<u>が</u>歌う」となるかのどちらかになります。

　girls だけなら「少女たち」ですが、これに「は」か「が」という助詞を

付けることになります。これは Girls が sing という動詞の**主語**になっていることからくるのです。

主語という言葉は理解できますか。辞書では「主語」は「判断（命題）の対象となるもので、陳述がそれについてなされる概念」などと難しく定義されています。

分かりやすく言えば、主語は「文の**主題**となるもの」で、「花が咲く」「評判がよい」という場合の「花」「評判」がこれに当たります。

ある英文を訳す際には、主語と見なされる語には通常、助詞「は」または「が」を付けて全文訳をすることになります。

次に sing songs の部分を考えてみましょう。

sing は「歌う」を意味する動詞です。**動詞**というのは日本語文法で「事物の動作・作用・状態・存在などを表す語」とされています。一口で言えば、動作を表す語です。

songs は song（歌）の複数形です。英語では**名詞**は単数形と複数形をきちんと区別することが多いのですが、日本語では a song でも songs でもどちらも訳せば通常は「歌」になってしまい、変化が見られませんね。

名詞については単数か複数かを常に意識して表現するということも日本語には見られない英語の特色の一つであるということも覚えておいてください。

sing songs は「歌を歌う」という意味に取ることはできますね。でも日本語では「歌」が先に来て、これに「を」という助詞を付けてから「歌う」という動詞を置きますね。

それが英語では動詞 sing を先に置き、その後に songs を加えています。sing songs をそのままの語順で日本語に訳せば「歌う歌」とでもなってしまいますね。

どうして日本語と英語ではこういう違いが出てくるのでしょうか。もう一度、英文と日本文を並べてみましょう。

<u>Girls</u>　<u>sing</u>　<u>songs</u>.
　　1　　　2　　　3

<u>少女たち</u> は <u>歌</u> を <u>歌う</u>。
　　1　　　2　　3

　英文では Girls が最初に来ているので下線を引いて、数字１を付けました。二番目に動詞 sing が来ています。三番目に名詞 songs が来ています。

　日本文では１の Girls に当たる「少女たち」こそ最初に来ていますが、英文の二番目に置かれている sing の訳「歌う」は最後の三番目に置かれます。

　代わって英文の三番目の songs に当たる「歌」は二番目に表現されています。

　このように見ると英文と日本文とでは、同じことを表現するのに、言葉を並べる順番、これを**語順**と言いますが、語順が違うということが言えます。

　英語と日本語では語順が異なるということも、英語と日本語の大きな違いの一つであるということが言えるのです。

　今、語順が異なるということが英語と日本語の違いの一つであると言いましたが、英語を学修し、読み書きに達者になり、口頭のコミュニケーション能力を身に付けようとする人にとっては、この語順の相違こそ、学修を進める上では英語と日本語の最大の違いであるということを認識してもらいたいと思います。

　日本文にまた戻ってみましょう。

　「少女たちは歌を歌う」という文を「歌を少女たちは歌う」と言い換えてみましょう。

　この日本文は先程の「少女たちは歌を歌う」と比べると、受ける感じは多少異なるかもしれませんが、大局的に考えれば表している内容には違いはありませんね。

　二番目の「歌」を一番目に、一番目の「少女たち」を二番目に置いても同じ意味が表せたのです。

　英語ではこの事情はどうでしょうか。

　Girls sing songs. で Girls と songs を入れ替えて

Songs sing girls.

という文を作ったとします。

あるいは sing の前に songs を置いて

Girls songs sing.

という文を作ったとしましょう。

この二つはいずれも非文とされてしまいます。非文というのは「文に非ず」ということで、文法上、正しい文とは認められないということです。

「少女は歌を歌う」という文意を表すためには英語では

Girls sing songs. という語順を崩してはいけないのです。

それに対して日本語の方は「少女たち」と「歌」を入れ替えた場合の「歌を少女たちは歌う」でも、「少女たちは歌を歌う」でもどちらでも構わないというわけです。

英語では許されない語順の変更が日本語では許されるということはどこから来るかがもうお分かりになったと思います。

日本語には助詞というものがあり、「少女たち」や「歌」という名詞に付くことによって「少女たちは」「歌を」という言葉が生まれますね。

「は」とか「を」という助詞が付いてさえしまえば、「少女たちは」を文頭に言わずに二番目に置いても文意を損なわずに正しく表現できるのです。

つまり、日本語には助詞が存在することによって、語順をどうするかというルールの問題は比較的柔軟に対応して構わないのです。

英語には助詞がありませんから、girls と songs と sing という三つの単語で文を構成するとしたら

Girls sing songs.

という組み合わせしかあり得ないのです。

それだけ**語順のルール**ということに英語は厳格であるといえます。このことは今後も肝に銘じておいてください。

英語は語順のルールに厳しい、と言いましたが、その語順のルールの筆頭は何でしょうか。

もうお分かりのことと思いますが、「**主語**」は**文頭**に来るというルールで

す。

　Girls sing songs.

を見て、sing が動詞であることが理解できれば Girls を主語と見て訳す場合には「少女たち<u>は</u>」または「少女たち<u>が</u>」とすればよいのです。

　語順のルールの第二としては、「**動詞**」は**主語の直後**に置かれるということです。sing が Girls の直後に来ているのがその例です。

　英語では「何は何する」（主語＋動詞）を真っ先に表現します。それ以外のものは動詞の次に置かれるのが原則です。

　それに対して日本語では動詞は一番最後に置くのが鉄則になっているのです。

　「少女たちは歌を歌う」でも「歌を少女たちは歌う」であっても「歌う」という動詞は文末に来ざるを得ないのです。

日本語には助詞があるが英語には助詞がない
助詞がない代わりに、英語では語順が大切である

という二点を結論にして先へ進みましょう。

2. The sun sets in the west.

　the sun が「太陽」の意であり、文頭にあることから主語ではないかと推測できます。sets は語尾に -s が付いていることから set が動詞であり、**主語が三人称単数**であることから**現在形**として sets になるということもお分かりになるでしょう。

　set には動詞としても名詞としても実にさまざまな意味があり、典型的な**多義語**と言えますが、ここでは主語に the sun が来ていることから「沈む」を意味することが理解できます。

　The sun sets の部分でとりあえず「太陽は沈む」という日本語が得られますね。

　sets の次に置かれている in the west は、太陽が沈む方向を知っていれ

ば「西に」という日本語に当たるものであることは想像が付きますね。そうなのです。

The sun sets in the west. は「太陽は西に沈む」という文意を表しています。

主語は動詞の前、つまり文頭に来るということ。動詞は主語の次に置かれること。「主語と動詞」以外のものは動詞の次に置かれるのが原則であるということを既に学修しました。

この原則に従って、主語ではない in the west が sets の次に置かれているのです。

in the west のうちの the west は「西」ですが、in という単語は in the west という句の中でどういう役割をしているかを考えてみましょう。in とか on とか at とかいう語を英文法では前置詞と称しています。**前置詞**は名詞の前に置かれて in Japan, on the desk, at the door のように使われます。

この in Japan や on the desk というような「前置詞＋名詞」を句といいます。

句という言葉はいろいろな折に用いられますが、通常「二つ以上の語から成るまとまりで、文中の一区切りとなるもの」と定義されます。

難しく考える必要はありません。句とは二語以上の語のまとまりをいう言葉だと、漠然と理解しておくことで今は十分です。

in the west は「前置詞＋名詞」の句の一例ですが、in the west を「西に」と訳すとすれば、the west が「西」ですから、前置詞 in は「に」に当たりますね。

そう考えると、ここでは in は日本語文法の助詞「に」に当たることになります。

英語には**助詞**がない、と先程言ったばかりですが、実は英文法での前置詞は日本語文法の助詞に相当すると言えるのです。

日本語文法の助詞は「他の語の後に付けて使われ、前の語がそれ以外の語とどのような関係にあるかを示す働きをするもの」と定義されます。

一方、英文法の前置詞は「他の語の<u>前</u>に置かれて、その語がそれ以外の語とどのような関係にあるかを示す働きをするもの」と定義することができます。

　そう考えると、この二つの定義では、助詞は「他の語（ここでは「西」）の**後**に付けて使われ」とあるのが、前置詞の場合には「他の語（ここでは west）の**前**に置かれて」という部分が対照的ですね。

　そういうわけで in the west が「西に」になり、the west の前の in が、「西」の後の「に」になるということに納得がいきます。

　前置詞に訳語を与えるときには、その前置詞の次に来る語を意識して「〜」（なになに）を付けるようにしてください。in the west における in の訳語を問われたら「に」と答えずに、「〜に」（なになにに）と答えるようにします。これも英語学修上の必須常識の一つです。

　前置詞についての理解を深めたところで先に進みたいところですが、その前に「太陽」を the sun と表現し、「西」を the west と表現する英語の語法について説明をしておきましょう。

　「太陽」は sun、「月」は moon ですね。「東西南北」もこの順序で言えば east, west, south, north ですね。

　しかし実際に文の中に登場すると

　<u>The</u> sun sets in <u>the</u> west.

のように sun は the sun、west は the west というように the を付けて用います。この the を**定冠詞**ということは知っていますね。

　どうして sun や west に the を付けなければいけないのかを考えたことがありますか。

　こういう説がありますね。世の中に一つしかないものには the を付けるのだという、だから the sun, the moon に限らず、「地球」も the earth になるという説です。

　確かにこの説にはもっともなところがあり、一理はあるようですが、これは上記の sun, moon, earth のような天体については言えることではありますが、世の中に一つしかないからといって「富士山」を英語にする場

合に定冠詞を付けて the Mt. Fuji と表現するのは誤りです。一つしか存在しなくても山の固有名詞には定冠詞は付きません。

だから一つしかないものには the を付けるという説は便利なようでいて、それだけで通すのは危険であり、ある意味では誤りと言えるのです。

別な角度から the sun や the west という場合の定冠詞の用法を考えてみましょう。それには次の例文を見てください。

You see a computer on the desk.

直訳すれば、「あなたは机の上にコンピューターを見る」ですが、こなれた日本語にすれば、「机の上にコンピューターが見えますね」となります。これが意訳です。**直訳**とか**意訳**という言葉はこの講の終わりの部分で易しく解説を加えておきますので参照してください。

机の上にコンピューターが一つあるのを指して、ご覧になってください、机の上にコンピューターがあるでしょう、と相手に言う場合の文になります。

この文において computer に a という**不定冠詞**が付いている理由は理解できますね。コンピューターが一台だけあるのですから one を軽く意味する a を使っているのです。二台あれば

You see two computers on the desk.

とでもなるところです。

one computer なら「一台のコンピューター」と訳しますが、a computer を必ずしも「一台のコンピューター」と訳す必要はありません。不定冠詞の a を「一つの」と訳出せずに「コンピューター」だけで十分です。

では on the desk に移りましょう。desk にはなぜ不定冠詞 a ではなく定冠詞 the を付けているのでしょうか。

You see a computer on desk.

などという desk の前に冠詞を置かない文は正しい文とは認められません。この場合に desk には the を伴う必然性があるのです。

You see a computer on the desk.

を相手に対する実際の発言として考えてみましょう。

on the desk における定冠詞 the の意味は次のようなものなのです。

この文を発言している側の人と発言を耳にしている側の人がいるわけですが、この双方に desk というものが自然に了解できる関係にある場合に the desk となるのです。

desk と言った時に、二人がいる部屋に desk が一台しかなければ this desk（この机）とか that desk（あの机）とか区別する必要はありませんね。軽く the desk と言えば、二人が共通に認識できる視界内にある desk を意味することになるのです。

このような定冠詞 the を「**相互了解の the**」と名付けることにします。

Please tell me the way to the station.

　　（駅へ行く道を教えてください）

という場合の station に付いている the についてもこの「相互了解の the」の法則が働いているのです。この場合、「駅」といえば質問する側の人にも、道を聞かれた側の人にも「ここからの最寄りの駅」という相互了解の認識があるからです。

ついでに the way の the についても触れておきましょう。「道」といってもいろいろな道があるわけですが、そのうちの「駅へ行く道」という限定がなされた「道」が問題になっているのです。to the station という限定が付いているために way を制限されたものという意味で the を付けて the way とし、way がある限定されたものであることを示すのです。こういう the を「**限定の the**」と名付けることにします。

The sun sets in the west.

それでは話を元に戻して The sun と the west について考えてみます。

The sun と the west の二つに見られる定冠詞 the はいずれも実は「相互了解の the」の用法なのです。

sun と言えば人々がこれまでに十分に見聞きし、お互いに熟知している sun のことですから「例の、あの太陽」に決まっているので the sun となるのです。

the west についても同じように考えられます。「西」と言えば誰にとっても認識する方向は同一ですね。west に限らず east, south, north についても「相互了解の the」を付けて用いることになります。

3. Some boys are skating on the ice.

第1講の最後の文になりました。進行形の文が出てきましたが、「何人かの男の子が氷上でスケートをしている」という文意は理解できますね。

some boys は「何人かの男の子」です。複数形の名詞の前に some が付いていたら「いくつかの、多少の」の意味ではないかと取ってみてください。こういう場合の some は boys を**修飾**する**形容詞**の働きをしている単語ということになります。「修飾する」という言葉がよく理解できなくても今は構いません。講をあらためて学修しますから。

are skating はいわゆる進行形ですね。進行形は「〜している」と訳すことも知っていますね。今現在行われている動作を表しているのが**進行形**の用法のうちの第一のものです。文法で学んだとすれば「**be動詞＋〜ing（現在分詞）**」が進行形の形です。現在、スケートをしている最中であることを意味しています。

on the ice は「氷上で」と訳せますね。「で」は日本語文法の助詞ですが、これに相当する on は前置詞で「〜の上で」の意でよく使われるものです。

ice は「氷」ですが、これには定冠詞 the が付いています。この the は先程学修したばかりの「相互了解の the」に当たります。今眼前にスケートができるような池や湖に張った大きな氷があるわけで、ice と言ったときに、誰もがその氷を認識了解しているからです。

<u>Some boys</u>　<u>are skating</u>　<u>on the ice</u>.
　　　1　　　　　　2　　　　　　3

この文を訳す順番を考えてみましょう。

Some boys が主語だということは分かりますね。従ってこれを最初に訳します。

are skating が動詞の部分です。従ってこれを日本文の最後に訳して終わりとなるようにするのです。are だけを動詞と見ないで are skating の二語をまとまった動詞表現と見ることが大切です。

on the ice は主語でもない、動詞でもない部分です。そういう部分は動詞に先立って、しかも主語の次に訳します。

そういうわけで

<u>何人かの少年たちが</u> <u>氷上で</u> <u>スケートをしている</u>。
　　　1　　　　　　　2　　　　3

という訳が得られることになります。

are skating という進行形が出てきたついでに、先程研究したばかりの

The sun sets in the west.

という文を進行形の文に書き換えてみることにしましょう。

意味はどう変わるかというと「太陽は西に沈む」から「太陽は西に沈みつつある」になります。

進行形を表す動詞の形は「be 動詞＋〜 ing（現在分詞）」でしたね。sets という現在形を「be 動詞＋ setting」にすればいいのです。

この場合の be 動詞の選び方ですが、主語である The sun は三人称単数であり、sets が現在形であるという二点を考えて is を採用します。

The sun is setting in the west.

という文が得られます。あらためて二つの文を並べて意味の相違を考えてみましょう。

The sun sets in the west. ---------------- ①

The sun is setting in the west. ---------- ②

②の意味ははっきりしていますね。「太陽が西に沈みつつある」ということから判断すれば、現在、現実に目にしている太陽があって、その太陽が西の方向の地平線下に沈もうとしている場面に立ち会っていることになります。

それに対して ①の方は ②と違って、太陽を現在目にしていなくても構わないのです。太陽が沈む方向がどちらであるかを述べた文であり、今現

在が日没時とは関係ない午前中のことであっても構わないのです。

The sun sets in the west.
は**現在時制**の文ではあっても、今現在の太陽の動作、状態のことを言っているのではないのです。

では何を表しているかというと、太陽は過去において常に西に沈んできたし、これからも未来永劫に西に沈むであろうという予想が立つ「**普遍の真理**」を表している文なのです。

現在時制には「現在の動作、状態」を表すほかに、このように「普遍の真理」を表すことがあるということを知っておいてください。

第1講をこれで終えますが、これまでに「学修」という言葉を筆者は何回も使ってきましたが、そのことにお気づきになっておいででしょうか。

「学習」とどう違うかお分かりでしょうか。

「学習」は「学び習うこと」ですが、「学修」は「学んで身に付けること」を言います。

「学習」は「勉強」と置き換えることができますね。もちろん「学習」には努力が必要ですし、きちんと学習する態度を持つことは大事なことです。

「学修」の方は「学んだことを修得すること」であり、更に言えば「習い修めて会得(えとく)すること」を意味します。

この本で英語を学習される方には「学習」を「学習」に留めずに、習い修めて会得するまでに高めてもらいたいという筆者の願いを込めて「学修」を使わせていただいています。

ここで第1講に出てきた文法用語とでもいったものを集めて解説を加えておきます。復習や今後の学修の参考にしてください。

用語解説 1　（五十音順）

意　訳　語句にこだわらないで原文全体の意味を取って訳すことをいう。You see Mt. Fuji over there. を「あなたはあそこに富士山を見る」は直訳であるが、これを「ほら、あそこに富士山が見えますよ」とすれば意訳といえる。

冠　詞　名詞の前に置かれる a, an, the をいう。a, an を不定冠詞、the を定冠詞という。冠詞は形容詞の一種であり、独立した品詞とは認められていない。

句　二つ以上の語から成るまとまりあるもので、意味の上から文中の一区切りとなるものをいう。

形容詞　品詞の一つで事物の性質・様子・状態を表すものをいう。soft（柔らかい）、hard（固い）、happy（幸せな）、ill（気分が悪い）などが典型的な形容詞である。形容詞は直接的に名詞を修飾するほかに、補語としても用いられる。

現在分詞　分詞の一つであり（他の分詞は過去分詞）、「動詞の原形＋〜ing」の形を取る。現在分詞の用法には次の四つがある。
① be 動詞と併せて進行形を作る。②名詞を修飾する形容詞の働きをする。③補語として用いられる。④分詞構文を作る。

限定の the　Which is the way to the park?（公園に通じる道はどちらでしょうか）という場合に way に付いている定冠詞 the を「限定の the」の用法であるという。to the park という限定が加わった道となると、何本かある道のうちのどの道かが限定されて決まるので the を付けることになる。

語　順　文を構成する語の並べ方をいう。英語には助詞がないだけに語順（word order）が文を構成する上で大切になる。

三人称 文法で、話し手（一人称 I, we）と相手（二人称 you）以外の第三者を指す代名詞をいう。単数形として he, she, it の三種があるが、複数形は they になる。

時　制 述語動詞の取る形であるが、動詞の活用によって、ある事柄がいつ起こったか、または起こるかを表す形式をいう。基本としては過去時制、現在時制、未来時制の三つがあるが、これに完了形、進行形などが加わると現在完了進行形などのさまざまな時制も生まれる。

修　飾 他の語の前、あるいは後ろについて、その内容を限定したり、詳しく説明したりすることをいう。blue sky というときに、blue は sky を修飾しているという。blue は sky にかかっている、ともいう。この場合 blue を修飾語、sky を被修飾語という。

主　語 文（陳述）の主題となるものをいう。Spring has come.（春が来た）や The sky was blue. における Spring や The sky が主語である。主語は訳出するときに通常、助詞「が」「は」が付くが、「雨さえ降ってきた」という場合の「雨」には「さえ」という助詞が付いているが「雨」も主語といえる。主語は通常は文頭に置かれるが、疑問文をはじめとする倒置文においては他の要素が主語の前に置かれる。

助　詞 日本語文法の品詞の一つで、単独では具体的な意味を表すことができないものをいう。常に他の自立語に付属してその語と他の語との関係を明らかにしたり、その語に一定の意味を添えるものをいう。「が」「は」「に」「を」「まで」などはその例である。「てにをは」という言葉があるが、これは助詞の別名になっている。厳密に言えば英語には助詞に当たるものはないが、似通った働きをするものに前置詞がある。

進行形 過去・現在・未来の一定時に行われつつある動作を述べる形をいう。英語では be 動詞に現在分詞を加えて表現する。The baby is sleeping on the sofa. がその例である。

前置詞 品詞の一つで、名詞または代名詞の前に置かれて前置詞句を作る on, in, at, by などをいう。on the desk や in the world などが前置詞が作り出す「前置詞＋名詞」の典型的な句であるが、on や in が前置詞で、the desk や the world を前置詞の目的語ということがある。前置詞とその目的語が組み合わされてできる句は形容詞句か副詞句として働く。

相互了解の the Please close the door.（ドアを閉めてください）という場合の door に付いている the を相互了解の the という。この場合 door といえば、発言した人だけでなく、発言を聞いている人にも、どのドアであるかが迷わずに分かる場合である。分からない場合には this door とか that door とかいって区別を付けるはずである。お互いにそれと分かるものに付ける the を相互了解の the という。

多義語 いろいろな意味を持つ語をいう。例えば set には動詞として「置く」「あてがう」「決める」「（太陽・月が）沈む」など、名詞としては「一揃い」「（テレビ、ラジオの）受信機」「舞台装置」など、さまざまな意味があるので典型的な多義語といえる。英単語は一つ一つが多少なりとも多義語であると言える。

単数形 一人の人、一つの事物を表す語や語形のことをいう。children の単数形は child であるというように使う。

直訳 原文の語句をそのまま訳すことをいう。逐語訳ともいう。This is all that I have. は直訳は「これは私が持っているすべてである」であるが、「私が持っているのはこれだけです」とすれば意訳といえる。

定冠詞 名詞の前に添える冠詞のうちの the をいう。それに対して a, an を不定冠詞という。定冠詞は名詞の前について、その名詞を特定化するのに主として使われる。

動　詞 品詞の一つで、事物・人・動物などの動作や存在や状態などを言い表す語をいう。Dogs run fast. の run は動作を、The house stands on a hill. の stands は状態を表す動詞といえる。

非　文 文法上、正しい文とは認められない文をいう。例えば Girls songs sing. を見て「少女たちは歌を歌う」という意味は何とか取れそうであるが、文法上は正しい文とは言えないのでこれは非文ということになる。

be 動詞 現在形 am, are, is、過去形 was, were、原形 be、現在分詞形 being、過去分詞形 been などを総称して be 動詞という。be 動詞には、「有る、いる、存在する」の意の存在を表す完全自動詞としての用法と、「〜である」の意で補語を伴う不完全自動詞としての用法がある。

複数形 事物・人・動物などの個数が二つ以上あることを示す語形をいう。book の複数形は books、box の複数形は boxes というのがその例である。

不定冠詞 名詞の前に添える冠詞のうちの a, an をいう。直後の語の発音が母音で始まる時に a に代えて an を使う。
　例　an egg, an honest girl（honest の語頭の h は**黙字**（発音されない文字）なので、実質的には honest は母音から始まる。）

普遍の真理 広く行き渡って一般性がある真理をいう。Blood is thicker than water.（血は水よりも濃い）、History repeats itself.（歴史は繰り返す）など普遍の真理といえる。

文　文字を使用して書かれ、まとまった思想を表し、一定の形式を持った一続きの言葉をいう。英語ではセンテンス（Sentence）という。センテンスは大文字で書き始め、文末に終止符（ピリオド Period）、疑問符（Question mark）、感嘆符（Exclamation mark）、のいずれかを付ける。

名　詞　品詞の一つで、有形、無形の事物の名称をいう。英文法では名詞を普通名詞（desk, flower など）、物質名詞（air, water など）、抽象名詞（peace, happiness など）、集合名詞（family, crew など）、固有名詞（Japan, London など）の五つに分類している。名詞は文中において主語、目的語、補語などの位置を持っている（第8講で詳述）。

黙　字　<u>k</u>now や clim<u>b</u> や <u>h</u>igh などにおける下線部分の発音されない文字をいう。

第2講　文の主題と叙述

　英語に限らず、日本語はもちろんですが、世界中のどこの国の文章でも、文の根本の骨組みを突き詰めて行けば「何がどうする」「何がどうである」という形になっています。
　例えば「花が咲く」「風が吹く」「犬が走る」というような場合に、まず最初に何か主題になるもの、上の場合には「花」「風」「犬」がそれぞれの文の主題になっています。
　それに対して「咲く」「吹く」「走る」などは、主題についての何かを述べ定める（叙述する）言葉といえます。
　このように文章の**主題**になる言葉を**主語**といい、それに対して「どうする」「どうである」という叙述をする語を**動詞**と名付けます。
　主題と叙述は言葉を換えれば「主語」と「動詞」ということになります。
　「花が咲く」「風が吹く」「犬が走る」をそれぞれ英語にすると次のようになります。
　Flowers bloom.
　Winds blow.
　Dogs run.
　これらはどれも主語と動詞が組み合わされていて、文としては最も単純ではありますが、「主語＋動詞」という基本に適った英文であることを示しています。
　付け加えるまでもないのですが Flowers, Winds, Dogs がそれぞれの文の主語で、それについての叙述である bloom, blow, run が動詞ですね。
　ここでも第1講で学修したように、文頭には主語が置かれ、その直後に動詞が置かれているという、文のあるべき語順を確認しておきましょう。
　それでは第1講で扱った易しい英文よりもややレベル度が増した英文を取り上げて研究を進めていきましょう。

> **演習題 2**
>
> 次の各文で主語と動詞を指摘して和訳しなさい。
> 1. This girl is Jack's sister.
> 2. All birds have two wings.
> 3. The knife on the table cuts well.
> 4. On a hill stood a house with a green roof.
> 5. Here is a present for you.
> 6. There is an old pond in this village.

1. **This girl is Jack's sister.**

　This girl を「この少女」という意味に取れましたか。This を「これは」とか「これを」の意味に取ることは多いですね。

　This is nice.（これはすてきですね）

　I'll take this.（これを頂きます）（I'll は I will の**短縮形**）などという場合です。

　こういう場合の this は**品詞**は**代名詞**です。

　ところが this girl や this book のように、this の直後に名詞が来ているときには、this は「この」と訳し、身近に存在する「この少女」「この本」の意味になります。

　こういう時は this は出身は代名詞かもしれませんが、品詞は形容詞なのです。

　this は girl や book という名詞を修飾しているということで形容詞と考えるのです。this は girl や book にかかっている、とも言います。このことは次のように示します。

　this から線が発し、girl や book に先端の矢印が行っていますね。こういう場合には線が出発する語を先に訳し、先端矢印の行き着く語を次に訳

すことになるのです。だから「この少女」「この本」という訳語が生まれるのです。

　こういう場合に this を**修飾語**、girl や book を**被修飾語**（修飾を受ける語）といいます。

　日本語としては必ず、修飾語を先に訳し、被修飾語をその直後に訳すと覚えてください。たとえ修飾語が被修飾語の後に置かれていてもこのことには変わりはありません。

　今後も、このように矢印（→）を用いて語句どうしの**修飾関係**を示したり、「**修飾**」「**修飾語**」「**被修飾語**」「**かかる**」などの言葉を使って説明したりすることも結構多くなると思いますから、その辺りのことを十分に理解してほしいと思います。

　This girl is Jack's sister.

　この文においては This girl が主語であることは分かりますね。This girl がこの文の主題というわけです。それに対して is という be 動詞が続いています。

　is はここでは「〜です」という意味で使われています。主語である This girl を叙述する語として be 動詞の is が来ているのですが、何かを叙述する語としては意味が「〜です」では弱々しくて何か頼りないですね。何を叙述しているのかも is だけでははっきりしませんね。

　そうなのです。is Jack's sister とまとまれば「ジャックの妹（姉）です」と意味を取ることができ、This girl についての叙述らしくなるのです。

　be 動詞はこのように、be 動詞の次に置かれている語句と併せて「〜です」と訳すことが多いのです。こういう場合の be 動詞の次に置かれる語句を be 動詞の**補語**といいます。補語という用語の説明は後の講で詳しくしますので、ここではこれ以上には立ち入りませんが、補語という言葉を記憶の片隅に留めておいてください。is Jack's sister は is が補語を伴っている be 動詞の用法というわけです。

　Jack's は Jack に 's が加わったものですが、この 's を「アポストロフィ・エス」（apostrophe s）といいます。Jack's は「ジャックの」という意

味になります。Jack's は Jack の**所有格**であるといいます。「アポストロフィ・エス」はいわゆる所有関係を示すもので「〜の」という意味を持ちます。　Jack's sister が Jack の sister であるということは分かりましたが、sister を「姉」と訳すべきか「妹」と訳すべきであるかは状況次第なのですが、この文だけからではどちらにしたらよいかは分かりませんね。

　brother にしても同じことで「兄弟」と訳しておけば無難なのですが、実際には兄か弟のどちらかを指して単に brother というのが英語の習慣です。

　「兄」「弟」「姉」「妹」をはっきり表現するものとして elder brother, younger brother, elder sister, younger sister がありますが、英語を母国語とする人々の間ではこういう表現はめったに使われず、単に brother, sister を使うのが普通です。

　人間関係を考える際に、日本人は長幼の序を無意識のうちに考えているとすれば、これは日本文化から来ていることだと言えるかもしれませんね。

　日本人だったら人を紹介する言葉として「ジャックの姉」か「ジャックの妹」かを必ず言い分けてしまうところですが、英語の世界ではことさら長幼を示す elder や younger を付けずに単に sister とだけ言うのが通常ですが、これも自分たちが抱えている、長幼の序をそれほど問題にはしない文化 (Culture) が言葉に投影されていることから来る問題だと思います。

【答】　主語 This girl　動詞 is
【訳】　この少女はジャックの妹（姉）です。

2. All birds have two wings.

　All birds がこの文の主題、つまり主語で、次の have がそれを叙述する動詞であるということは分かりますね。

　All birds の All は「すべて」とか「全部」の意味でよく使われることは知っていますね。でもここでは「の」を付けて「すべての」「全部の」の意味になっています。「の」を付けるのは All の次に birds という名詞が来ているからです。All と birds の関係は次のように示すことができます。

All　birds　　　　すべての　鳥
　↑_____|　　　　　　↑___|

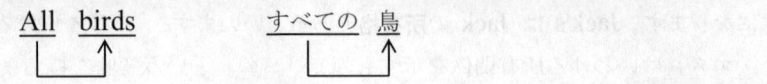

　これは All が birds を修飾していることを示しています。All が birds に**かかっている**といっても同じです。
　こういう場合の All は名詞（birds）を修飾しているということから品詞は形容詞ということになります。修飾語である All を先に訳し、その後で被修飾語である birds を訳すことで「すべての鳥」という訳語が生まれるのです。
　主語である All birds を叙述する動詞は have です。have には「持つ」「持っている」「所有する」などの意味がありますが、この have は動作というよりは「所有している」という意味で状態を表している動詞ということがいえます。
　このように動詞というのは動作ばかりでなく、ある状態を表していることも多いものです。
　have が「持つ」という意味であることが分かれば、何を所有しているのだろうという当然の疑問が生じますね。この場合、次に置かれている two wings がその答になります。
　つまり have two wings をまとめて意味を取ろうとすることで「二枚の翼を持っている」という意味が得られるのです。
　two wings に関しては次のような関係があることは十分に理解できますね。

two　wings　　　二枚の 翼
　↑____|　　　　　↑__|

　two が wings を修飾している、あるいは two が wings にかかっているということがいえます。だから「二枚の翼」という訳語が生まれるのですが、これは「翼二枚」と訳しても構いません。
　All birds have two wings.
　結局、この文の訳として「すべての鳥は二枚の翼を持っている」が得られましたね。

文の成分としては All birds が主語であり、have が動詞、two wings は主語でもなく、動詞でもないそれ以外のもの、ということになります。

英文の構成としては主語は文頭に、動詞はその直後に、それ以外のものは動詞の次に置くという語順の原則が守られていることをここでも確認しておきましょう。

先程から All birds がこの文の主語であると再三言ってきましたが、主語とは別に**主部**という用語があることを知っている方も多いと思います。

厳密に言えば All birds は主部と言うべきであり、主部の中の中心となっている birds が主語ということになるのです。

もし主部と主語を厳密に使い分けるのであれば、文（陳述）の主題となるものを主部といい、主部の中心をなす語を主語ということになります。この場合、中心をなす語というのは修飾を受けている被修飾語のことをいいます。

この文でいえば All birds が主部で、その中心（核）となっている birds が主語です。birds は All に修飾されている被修飾語です。

しかし本書では主語と主部の使い分けは特にしないで、主部を指して主語ということをこれまでやってきました。今後もこの方針は変わらず、文の主題となっている部分を常に**主語**という用語で統一して進めてまいります。文の主題となっている「修飾語句＋被修飾語」を併せて主語として扱うことを確認しておきたいと思います。

それでも主部という言葉はある観点から十分に意味を持っているのです。それは文を分析したり、構造を考えたりする場合に、主部以外のものを、主部と対にする言葉として**述部**と称することにあります。

文はすべて「主部＋述部」でできているということで、主部と述部という対になる組み合わせとして意味を持っているのです。語呂も合っているからです。

<u>All birds</u>　<u>have two wings</u>.
　　主部　　　　　述部

All birds はこの文の主語ですが、述部と対になる言葉として主部という

わけです。

述部という用語が初めて登場しましたので説明を加えておきます。主語のなす動作や主語のある状態を述べる部分を述部といいます。

従って、ある文全体の中の主部を除いた部分はすべて述部になります。

上の文では All birds が主語（主部）ですから、これを除いた have two wings が述部といえます。

述部は多くの場合、have two wings に見られるように動詞が先頭に置かれています。動詞の次には、その動詞に関わるいろいろな語句が続きます。これが述部の構成の原則です。

述部の中の最初に登場する動詞を**述語動詞**ということがあります。

This girl is Jack's sister. では This girl が主語（主部）で、is が述語動詞ということになります。is Jack's sister が述部です。

All birds have two wings. では All birds が主語（主部）で、have が述語動詞です。have two wings が述部ということになります。

今後は文（センテンス）の分析研究に当たっては主語と同時に、主語について叙述する述語動詞の存在を明確にする作業を大切にしますので、あらためて「主語」と「述語動詞」という二つの言葉の認識をお願いします。

【答】　主語 All birds　　動詞 have

【訳】　すべての鳥は翼を二枚持っている。

3.　The knife on the table cuts well.

この文中には動詞は cuts しか存在しませんね。そうすると cuts は述語動詞ということになり、その前の The knife on the table は主語ではないかと見当が付けられます。

主語である The knife on the table に見られる修飾関係は次のようになります。

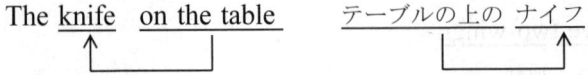

on the table から矢印が発していることは on the table を先に訳して

その後で knife を訳すことになります。on the table が修飾語で knife にかかっているということです。従って「テーブルの上にあるナイフ」という訳語が生まれます。

　on the table は「前置詞＋名詞」の構造であることを確認しましょう。「前置詞＋名詞」を句ということも既に学修しましたが、「前置詞＋名詞」の直前に名詞が置かれている場合は、この「前置詞＋名詞」が直前の名詞を修飾している可能性が高いということを知っておいてください。knife と on the table の関係がこれに当たります。

　冠詞に関しては第１講で学修しましたが、knife に付いている the は「限定の the」であることは理解できますね。on the table が加わることによって、どのナイフのことを言っているのかが分かるからです。

　the table の the はもちろん「相互理解の the」です。現在 table が置かれている部屋には table は一つしかなく、table と言いさえすればどの table を指しているかが明白だからです。

　The knife on the table がこの文の主語ですが（もちろん主部と言っても構いません）、その中心になっているのは knife です。中心という言葉の代わりに「**核**」という言葉を使ってみましょう。

　The knife on the table という主語のかたまりの中で核となっているのは knife である、というように言います。

　「中心」とか「核」というのは他からの修飾を受けて最後に訳す語です。

　日本語では**修飾語句**と**被修飾語**（修飾を受ける語）が存在していれば必ず、修飾語句を先に言い、被修飾語を後から言うことになります。日本語の文を横書き（左から右へ）するとすれば、**修飾関係**を示す言葉の流れは常に左から右への一方通行、つまり「→」で表されます。

　これに対し英文は、左から右へ書くのは日本文の横書きと同じですが、修飾関係を示す矢印は一方通行ではなく、「→」と「←」の二方向があります。

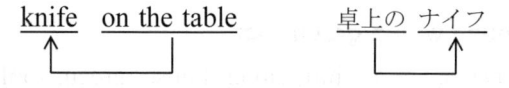

　knife　on the table　　　卓上の　ナイフ
　　↑＿＿＿＿｜　　　　　　　｜＿＿＿↑

上例では日本語の場合は「卓上の」から → が発して右に向かい、「ナイフ」に辿り着いていますが、英語では日本文の場合と違って on the table から出た矢印方向は右から左への ← になっています。この場合は「卓上のナイフ」になるように on the table を先に訳し、knife を後から訳す、いわゆる後ろから前に**訳し上げる**ということになるのです。

　ここで述語動詞である cuts について研究してみましょう。動詞としての cut には「切る」「切り離す」「切り分ける」などの意味がありますね。いずれも「～を切る」「～を切り離す」「～を切り分ける」というように「なになにを」というように、切る対象となるものを入れて使う場合が多いはずです。

　ところがこの文では cut の対象になるものは示されず、well という語だけしか来ていないことに注意してください。

　well は「よく」「申し分なく」「満足の行くように」などの意味でよく使われることは知っていますね。だから cuts well で「よく切れる」という意味に取るのが順当です。

　cut が「切る」ではなく「切れる」と訳す場合があることも知っておいてください。この場合 well は cuts を後ろから修飾しているということになります。

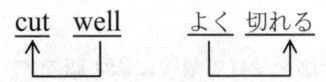

　　cut　well　　　よく　切れる
　　↑＿＿｜　　　　｜＿＿↑

　復習として文の構成を整理しておきましょう。

　<u>The knife on the table</u>　<u>cuts well</u>.
　　　　主語（主部）　　　　　述部

述部の中の cuts が述語動詞、well は cuts を修飾する語ということになります。文の訳は「卓上のナイフはよく切れる」となります。

【答】　主語 The knife on the table　動詞 cuts
【訳】　卓上のナイフはよく切れる。

4.　On a hill stood a house with a green roof.

　この文は一読して文意が取れましたか。hill, stood, house, green, roof

などの単語の意味が分かっていればそれをつなぎ合わせて訳文ができそうにも思えますが、直感みたいなもので訳文をでっち上げないようにしましょう。

　直感と言いましたが、感とかフィーリングに頼らないで、英文に正対して完全に理解した上で文意を確認するようにしましょう。英文に正対するということは英文を正しく分析することを意味します。

　英文を分析するということは、端的に言えば、この文の主語は何であるか、その述語動詞はどれであるか、それ以外の語句は述語動詞とどういう関係にあるかなどということを論理的に追求していくことです。

　それでは具体的にこの文を見ていきましょう。

　主語が何であるかをまず見定めることは大事なことではありますが、この文の場合、冒頭にあるからといって On a hill や a hill を主語であると考えた方がいるのではないでしょうか。a hill という名詞ならともかく、On a hill のような前置詞で始まる句を主語にすることは無茶な感じがしますがいかがでしょうか。

　一見して主語が発見できない場合には主語の選定は保留しておいて述語動詞を定めてみるのも解決の第一歩として有効です。

　この文の述語動詞としては stood 以外は考えられません。動詞といえるものは stood を置いてほかにはないからです。

　stood は stand の過去形ですが、ここでの意味は「立った」でしょうか、それとも「立っていた」でしょうか。どちらでも構わないのでしょうか。そういうこともおろそかにせず、しっかり考えることが大事です。

　「立った」は座っていた人が、あるいは伏せていた人が立ち上がったという**動作を表す動詞**ですね。それに対して「立っていた」の方は動作ではなく、立ち続けていたという**状態を表す動詞**といえます。こういう違いにも敏感に反応するようにしましょう。

　述語動詞が stood と決定したとすると、その主語は何かを考えることになります。stood の前方にある On a hill を機械的に主語にしてみたりせず、何が「立った」のか、あるいは何が「立っていた」のかを吟味するこ

とが大事なことになります。

a hill が主語であるとすると「丘が立った」あるいは「丘が立っていた」とすることになりますが、ちょっと考えてみてください。丘とか山が立つ、という表現はどこかおかしいですね。もともと丘にしても山にしても立っていると言えなくもありませんが、どこか不自然ですね。まして a hill には On という前置詞が付いていますから On a hill が stood の主語であるということはその状況を想像することも無理な話です。

そう考えれば stood の主語は、stood の後ろにはあるものの、a house あたりではないかと見当を付けることができるはずです。「家が立っていた」となれば無理なく主語と述語動詞の組み合わせが成立しそうだからです。

家が主語であるとすれば「立った」よりも「立っていた」という状態を表す訳語の方がいいと分かります。家は**無生物**ですから立ったり座ったりの動作はできないからです。

しかしここで stood の主語は a house と言い切っていいでしょうか。

a house の後ろの with a green roof をどこと絡めて訳すかということも考え併せてください。

On a hill もそうですが、with a green roof も「前置詞＋名詞」の構造を持つ句ですね。「前置詞＋名詞」は何かを修飾することが多いのです。

「前置詞＋名詞」があって、しかもその直前に名詞が置かれていたら、この句はその名詞を修飾しているのではないかと考えてみることです。

その考えをここで適用してみましょう。with a green roof を house にかけてみるのです。

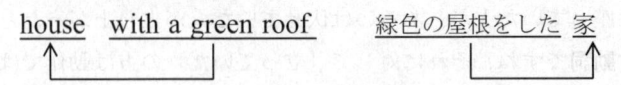

　house　with a green roof　　　緑色の屋根をした　家
　　↑⎯⎯⎯⎯⎯⎯⎯⎯⎯↑　　　　　↑⎯⎯⎯⎯⎯⎯↑

という関係が成立します。従って stood の主語は a house with a green roof ということになります。

「前置詞＋名詞」の構造を持つもう一方の On a hill という句は何を修飾しているかを考えてみましょう。

On a hill を stood にかけて

On a hill　stood　　　丘の上に　立っていた

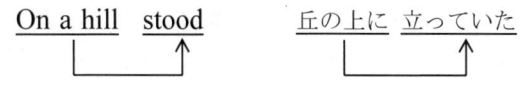

とすることが可能ですね。

　これまでのことを復習してみると、この文の主語は a house with a green roof で、これは「緑の屋根をした家」と訳せます。述部は On a hill stood です。これは「丘の上に立っていた」と訳せます。stood が述語動詞で、これを修飾しているのが On a hill ということになります。文の訳は「丘の上に緑の屋根をした家が立っていた」となります。「屋根が緑色の家が丘の上に立っていた」としても結構です。

On a hill stood　a house with a green roof.
　　　述部　　　　　　主部（主語）

　ではここで疑問が生じます。文は通常、主語が先頭にあって、その後に述部（述語動詞＋その他のもの）が来るはずですが、その点、この文は「述部＋主部」であって順序が逆転していますね。どうしてこういうことになっているのでしょうか。

　一般に文は「主語＋述語動詞」の語順が普通ですが、これが逆転して「述語動詞＋主語」という語順が見られるときに、これを**倒置**といいます。

　「倒置」はいろいろな理由で生じるのですが、次の形がその一例です。

　「述部の一部＋述語動詞＋主語」

　述部の一部を文頭に置き、その直後に述語動詞が来て、その後ろに主語が置かれる形です。このタイプの倒置は特に**主語が長い**場合に生じやすいのです。

　On a hill は述部の一部ですね。この直後に述語動詞 stood が来て、その後に長い主語 a house with a green roof が来ているのがこの文です。

　文の要素が倒置されている場合はそう多くはありませんが、その型には決まったものがあります。そういう型に早く慣れて述語動詞の主語や、その他の要素を的確に見抜けるようにすることが大切です。

　なお、この文には On a hill と with a green roof という「前置詞＋名詞」の句が二つ出てきましたね。「前置詞＋名詞」は stood という動詞

を修飾したり、house という名詞を修飾したりする働きをします。このことは大事なことであり、講をあらためて詳しく研究しますが、この「前置詞＋名詞」という句の働きは常に念頭に置いてください。

【答】　主語 a house with a green roof　動詞 stood
【訳】　丘の上に屋根が緑の家が立っていた。

5. Here is a present for you.

　Here is や Here are で始まる文にもこれまで随分お目にかかっていることと思います。

　この文の主語は何ですか、と問うと、躊躇せずに Here です、と答える方が結構多いのです。

　どうしてそういうことになるかと言うと、文頭に来るものは主語であるという抜きがたい先入観がいつしか頭を支配してしまっているからなのです。

　「主語」の定義をここで再確認してみましょう。文（陳述）の主題となるものをいいます。主語は訳出するときに通常、助詞「が」「は」が付きます。

　主語は文頭に置かれることが多いのは事実です。しかし例外も結構多いものです。文頭にある語が文の主題として「〜が」「〜は」と助詞を付けて訳すに相応しいかどうか確認してから主語という判定をするようにしましょう。

　Here は確かに文頭にあって、その直後に is という be 動詞が述語動詞らしく来ていますね。形だけから判断すれば Here を主語だと考えてしまうのも無理はありません。

　でも考えてみましょう。Here is 〜でも Here are 〜においても Here が主語であるというのはおかしくはありませんか。同じ Here が主語であるのに、その述語動詞が is になったり are になったりするのは変ですね。Here というのは単数なのでしょうか、複数なのでしょうか。

　述語動詞として be 動詞を現在形で使うとき、is になるか are になるかは主語が単数形か複数形かで決まることですね。

この文においては is が述語動詞ですからその主語は単数形のものでなければいけません。
　here という語は品詞は**副詞**であって、単数形とか複数形ということとは無縁なのです。第一、副詞が主語になるなどということは決してありません。
　そういう目で確かめてみると is の後に a present という単数形の名詞がありますね。これが is の主語であると考えればつじつまが合うのです。
　present という単語も多義語の一つです。名詞としては「現在」「贈り物」、形容詞としては「居る、在る」「出席している」「現在の」、動詞としては「贈呈する、与える」「提出する」「（人を）紹介する」「示す」などがあります。
　ここでは「贈り物」の意味、もちろん「プレゼント」でも構いませんが名詞として使われて主語になっていますね。ただし is の主語は a present だと断定していいでしょうか。
　a present の後の for you をどう処理するのかを考えてみましょう。
　for you も「前置詞＋名詞」の句ですね。正確には「前置詞＋代名詞」というべきですね。「前置詞＋名詞（代名詞）」は句として何かを修飾することが多いという例を再三にわたって見てきていますね。ここでも for you と present の関係を次のように考えることができるのです。

present　for you　　　あなたへの　プレゼント
　↑──────┘　　　　　　　└──────↑

　for you が present にかかっている句であると考えて a present for you を「あなたへのプレゼント」と訳します。このかたまりが is の主語なのです。

　<u>Here is</u>　<u>a present for you</u>.
　　　述部　　　　主部（主語）

　述部の中の Here が「ここに」という意味であることは分かっていますね。では述部の中のもう一つの語である is はどういう意味でしょうか。
　is というよりは be 動詞はどういう意味を持っているのかをここで考えてみることにします。

This girl is Jack's sister. という文においては is は「～である」という意味でしたね。このように be 動詞は次に置かれているものを意識して「～である」と訳すのが一つの用法です。

この場合 be 動詞の次に置かれる語句を補語ということも言っておきました。補語というのは理解することが難しい言葉なのです。今は完全に理解できなくても構いません。念頭の片隅に置いておいてください。

とにかく、「～である」という意味で補語とともに用いられる用法が be 動詞の二つある用法のうちの一つです。これを「**補語を伴う be 動詞**」と名付けることにします。

be 動詞のもう一つの意味として「有る、居る、存在する」というのがあります。これは存在を示す言葉ですね。主語となるものが存在しているということを示す用法です。これを「**存在を表す be 動詞**」と名付けることにします。

「補語を伴う be 動詞」と「存在を表す be 動詞」の二つが **be動詞の二大用法**であることをきっちりと頭にしまいこんでください。正確に言うと、しまいこみっぱなしにしたのではいけませんね。常時活用するようにしてください。

be 動詞が文中に登場したら毎回、be 動詞の二大用法のうちのどちらであるかを素早く判断しなければいけないのです。

Here is a present for you.
においては、この is は「存在を表す be 動詞」で「有る」という意味なのです。

従って文意は「あなたへのプレゼントがここに有ります」となります。人に贈り物をする際の決まり文句といえますね。

この文も「主語＋述語動詞」という正常な語順ではなく、「述語動詞＋主語」という倒置が見られる文になっています。Here を文頭に出して、物が存在していることを言うときの英語の常套手段なのです。

【答】　主語 a present for you　　動詞 is
【訳】　あなたへのプレゼントがここに有ります。

be 動詞の二大用法を学修したところで次の題に進みましょう。

6. There is an old pond in this village.

このような There is や There are で始まる文にはこれまでに何回となく出会っていると思います。訳し方も分かっているはずです。

それではこの文の主語は何ですか、と問うとします。主語は There であると答える人が案外多いのです。

でも先程 Here is a present for you. について学修しましたね。そうであれば今さら There を主語と見なす方はいらっしゃらないはずです。

この文にも be 動詞である is が登場しています。この is は be 動詞の二大用法のうちのどちらでしょうか。

この文の主語は何か、is は be 動詞の二大用法のうちのどちらであるかという二つの問いかけをしましたが、もう賢明な読者であれば立派に答を用意していることと思います。

There is ～は「～が有る」の意味であり、is は存在を表す be 動詞で、is の主語は an old pond であると自信を持って答えられる方が多くなっていると思います。

There is ～ や There are ～の構文では There を「そこに」と訳してはいけないのです。There は主語でもなく、「そこに」とも訳さない、正体不明な単語という感じはありますが、「～が有る」「～が居る」という、物の存在をいうときの定型構文として There is ～や There are ～があるのだということを理解してください。主語が単数であれば is を用い、複数であれば are を使うことになります。

Here is a present for you. では is の主語は a present for you でしたが、There is an old pond in this village. においては is の主語は an old pond でしょうか。それとも an old pond in this village でしょうか。

もし an old pond in this village が主語であったら、これは in this village を an old pond にかけて「この村の古い池」とでもまとめて訳すことになりますね。

そうすると全文訳は「この村の古い池があります」となるはずですが、何かぎこちなく、意味は分かりますが文として見た場合、落ち着きません。

in this village という「前置詞＋名詞」の句は pond にかけてまとめるべきではなかったのです。in this village を動詞の is にかけてみましょう。

There is an old pond in this village.

こうすれば an old pond を飛び越えて in this village が is を修飾する訳語として　この村に　ある　が得られます。そうすれば全文訳を「この村に古い池があります」とすることができます。

There is ～や There are ～の形を取る文は「～が有る、～が居る、～が存在する」というように、is や are の次に主語になる物（人）が置かれますが、主語を言い終えた後に、それがどこに存在しているのかを示す語句が続くのが普通です。

「どこどこに」という言葉で表現されるものですが、これは多くの場合、in とか on とか between などという前置詞で始まる句で表現されます。in であれば「～の中に」、on であれば「～の上に」、between だったら「～の間に」ということになります。

【答】　主語 an old pond　動詞 is
【訳】　この村に古い池があります。

用語解説 2 （五十音順）

アポストロフィ（apostrophe）「'」による省略符号のこと。can't (cannot) や I'll (I will) などの省略の際に用いられるほか boy's cap のように所有格を表す場合にも用いられる。

かかる 「修飾する」と同じ意味で使われる用語。例えば blue sky において、blue は sky にかかっているという。blue は sky を修飾しているというのと全く同じである。

核 数語のひとかたまりの中の中心となる語。five books on the desk という場合に five と on the desk はそれぞれ books を修飾している。この books のような修飾を受けている芯となる語をいう。

修 飾 14 ページ参照

修飾語 他の語の前、あるいは後ろに付いて、その内容を限定したり、詳しく説明したりする語をいう。blue sky というときに、blue は sky の修飾語であるという。sky は blue の被修飾語であるという。

主 語 2、14 ページ参照

主 題 文の多くは「何がどうする」「何はどうである」という骨組みからできている。この中の「何が」や「何は」の部分について叙述をしようとしているのであり、これを文の主題という。主題は文の構成要素として主語で表す。

主 部 文を、主題となる部分とそれを叙述する部分に分ける場合に前者を主部、後者を述部という。

　主部を指して主語ということが多い。本書でも主部という場合に主語という語を用いているが、厳密に区別するとすれば、主部

の中心になっている一語が主語ということになる。言葉を換えれば主語は主部の中の核となっている語のことであり、修飾語句を取り去った後に残る被修飾語一語のことである。

述語動詞　主語のなす動作や、主語のある状態を示す動詞をいう。品詞としての動詞ではなく、主語と対(つい)にして考えられる動詞のことである。一例を挙げると I want to go to church. では品詞としては want と go の二つが動詞として考えられるが、want は I を主語とする述語動詞であるが、go は品詞としては動詞であるが述語動詞とはいえない。述語動詞は必ず現在形、過去形、現在完了形などの具体的時制を持って現れる。

述　部　文の中の主部を除いた部分すべてをいう。述部は通常、述語動詞、目的語、補語、述語動詞を修飾する副詞（副詞句）から成っている。

所有格　主に所有、所属を表す名詞・代名詞の形をいう。人称代名詞の場合は my, our, your, his, her, its, their であり、名詞の場合は dog's のようにアポストロフィ・エスを付ける。

代名詞　名詞の代わりに用いられる語であり、人称代名詞、指示代名詞、不定代名詞、疑問代名詞、関係代名詞の五つがある。その他に、人称代名詞に関連して所有代名詞、再帰代名詞などがある。代名詞は文中において名詞と同様に、主語・目的語・補語のいずれかに用いられる。

動　詞　2、16ページ参照

倒　置　文は原則として「主部＋述部」あるいは「主語＋述語動詞」の語順で構成されるが、述部の一部が主部の前に出ることがある。この現象を倒置という。疑問文では do, does, did や他の助動詞などが主語の前に置かれ、実際には倒置が頻繁に起きるが、これをことさら倒置とは考えない。通常は平叙文における There comes the bus.（バスが来たよ）のような「述語動詞＋主語」の倒置を指していう。

be 動詞の二大用法　be 動詞には次の二つの用法がある。
① 「有る、居る、存在する」の意で、存在を表す完全自動詞（完自）としての用法。
② 「～である」の意で、補語（自補）を伴う不完全自動詞（不完自）としての用法。

被修飾語　修飾を受ける語をいう。every flower という場合に every が修飾語であり、その修飾を受ける flower を被修飾語という。

品　詞　単語を文法上の性質や振る舞い方に基づいて分類したものをいう。英文法では名詞、代名詞、動詞、形容詞、副詞、前置詞、接続詞、間投詞の八種類がある。

副　詞　英文法の八品詞の一つで、動詞、形容詞、副詞を修飾する語をいう。

補　語　自補（自動詞の補語）と他補（他動詞の補語）の二種類がある。従来の文法の用語での主格補語が自補に、目的格補語が他補に当たる。

　自補は主語の性質・状態を表す形容詞、名詞をいう。不完自（不完全自動詞）を介して主語とイコール関係にある。

　他補は目的語の性質・状態を表す形容詞、名詞をいう。不完他（不完全他動詞）を介して目的語とイコール関係にある。

第3講　英単語は品詞を持つ

　単語を文法上の性質や文の中での振る舞い方に基づいて分類したものを品詞といいます。今日の英文法では通常、**名詞**、**代名詞**、**動詞**、**形容詞**、**副詞**、**前置詞**、**接続詞**、**間投詞**の八種類を立てています。
　この**八品詞**の分類は古代ギリシャ文法やラテン文法から英文法に移されたもので、いろいろな欠点はありますが、長い間の伝統から今日でも一般に通用しているものです。
　品詞は英語では Parts of Speech といっています。**八品詞**という場合には Eight Parts of Speech となります。
　単語はすべて品詞を持っているといっても、その品詞は固定しているものではありません。文中でのその働き方によって決まります。
　Please come in.（どうぞお入りください）
という文においては、ここでの in は前置詞ではなく副詞なのです。つまり in という単語は常に前置詞として使われるという先入観を持ってはいけないのです。あくまでもその語の文中での働き方によって品詞は決まるということです。
　英文を訳すときに単語の品詞を考えることは大事だとよく言われます。なぜ大事かと言いますと、品詞を見分けることを怠るととんでもない誤訳の元になるからです。
　英文を読んでいくときに、一つ一つの単語の品詞を確認しながら読むということは、まどろっこしいし、時間もかかりますね。多くの方はこれを省略してしまっています。
　でも肝心なところでは要所となる単語について品詞をじっくりと吟味することは、正しく英語を理解するための基本中の基本事項なのです。
　英語が上達するためには一度はくぐり抜けなければならない修練として、品詞の認識、判別に真面目に取り組んでください。その先に上達への関門が待っていますから。

英語の八品詞について概略を次に示しておきます。

(1) **名　詞**（Noun）　人・事物などの有形、無形のあらゆるものの名を示す語で、文中において**主語・目的語・補語**のいずれかに用いられます。

Time flies like an *arrow*.（光陰矢の如し）

Time は flies の主語として用いられた名詞。arrow は前置詞 like の目的語として用いられた名詞。

(2) **代名詞**（Pronoun）　名詞の代わりに用いられる語で、文中において名詞と同様に、主語・目的語・補語のいずれかに用いられます。

I kept two cats, but *somebody* took *them* away.

（私はネコを二匹飼っていたが、誰かが連れ去った）

I は kept の主語として用いられた代名詞。somebody は took の主語として用いられた代名詞。them は took の目的語として用いられた代名詞。

(3) **形容詞**（Adjective）　名詞を直接的に修飾するか、名詞の性状（性質・状態）を述べる補語として用いられます。

Cows and horses are *useful* animals but *some* animals are not *useful* to mankind.

（牛や馬は有用な動物だが、人類に役立たない動物もいる）

最初の useful は animals を修飾する形容詞。some は animals を修飾する形容詞。二つ目の useful は補語として用いられた形容詞。

(4) **動　詞**（Verb）　人・事物などについて、その動作や状態を表す語をいいます。

Bees *are* diligent and *make* sweet honey.

（蜂は働き者で甘い蜜を作る）

are は Bees の状態を表している動詞。make は Bees の動作を表している動詞。

(5) **副　詞**（Adverb）　動詞・形容詞・副詞を修飾する語をいいます。

How many friends do you have *here* in town?

（この町に何人友人がいますか）

How は形容詞 many を修飾する副詞。here は have を修飾する副詞。

(6) **前置詞**（Preposition）　名詞・代名詞と他の語句を結びつけるために、それらの語の前に置かれ、両者の関係を示す語をいいます。前置詞の後の名詞を**前置詞の目的語**といいます。

There is a cat *on* the roof *of* the house.

（家の屋根にネコが一匹いる）

　on は the roof of the house の前に置かれて is を修飾する**副詞句**を作る前置詞。of は the house の前に置かれて roof を修飾する**形容詞句**を作る前置詞。

(7) **接続詞**（Conjunction）　語と語、句と句、節と節、文と文を結びつける働きを持つ語をいいます。

She worked hard *but* failed.

= *Though* she worked hard, she failed.

（彼女はよく働いたが失敗した）

　but は worked hard と failed を結ぶ接続詞。**Though** は she worked hard と she failed を結ぶ接続詞。

(8) **間投詞**（Interjection）　驚き、悲しみ、喜びなどの感情を表すために文頭、文中、文尾に挿入される語をいいます。

Oh, that is good news!（おや、それは良い知らせだ）

Oh は驚きを表すために文頭に置かれた間投詞。

演習題 3

次の各文で下線の語の品詞を考えながら和訳しなさい。

1. <u>Tomorrow</u> will be Sunday.
   It will rain <u>tomorrow</u>.
2. We had an <u>early</u> breakfast.
   We had breakfast <u>early</u>.
3. I don't drink <u>much</u> wine.
   I like wine very <u>much</u>.
   <u>Much</u> of the time was lost.

1. <u>Tomorrow</u> will be Sunday.

文意は明白ですね。「明日は日曜日です」と訳します。述語動詞に**未来の助動詞** will が加わっている will be であっても、「日曜日でしょう」などと訳してはいけません。今日が土曜日であれば、明日は日曜日に決まっているので「日曜日です」という断定口調になるのが普通です。

日本語では「明日は日曜日です」でいいのですが、英語では Tomorrow is Sunday. としてはいけません。未来に属することはあくまでも will を添えて**未来時制**で表現しなければいけないのです。

ところでここで登場している Tomorrow は品詞は何でしょうか。これは難問ではありませんね。名詞と誰でも答えられるのではないでしょうか。

それでは、どうして名詞であると断定できるのですかと問われたら何と答えますか。will be の主語として用いられているからと答えてください。

名詞の特色は文の中で**主語・目的語・補語**として生きているということにあるからです。主語になり得るのは品詞としては名詞・代名詞だけです。

それではもう一つの tomorrow について考えてみましょう。

It will rain <u>tomorrow</u>.

「明日は雨になるでしょう」とか「明日は雨が降るでしょう」と訳せば

よいことは分かりますね。ここでの tomorrow の品詞は何か分かりますか。

先程と同じように名詞です、などと答えてはいけません。この tomorrow はこの文の中で主語にも目的語にも補語にもなっていないからです。

tomorrow を「明日は」などと、助詞「は」を付けて訳していても主語ではありません。主語は文頭の It です。この It は天候、明暗、寒暖、時間などを言うときに主語の位置に置く**非人称の It** といわれるものです。

この tomorrow は副詞です。何故かといえば will rain という述語動詞の部分を修飾しているからです。rain を修飾しているといっても構いません。雨が降る時期を言ってるという意味で rain を修飾していると考えることができるでしょう。動詞を修飾するものは副詞でしたね。

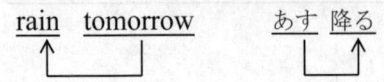

```
rain   tomorrow         あす  降る
 ↑_____|              |____↑
```

【答】「明日は日曜日です」　「明日は雨になるでしょう」

2. We had an <u>early</u> breakfast.

「私たちは早い朝食を取った」という文意は明らかですね。この early が形容詞であることは分かりますね。breakfast という名詞にかかっていることは明白ですね。かけた訳は「早い朝食」「早めの朝食」となります。

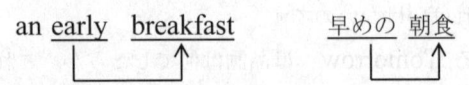

```
an early   breakfast         早めの  朝食
    |_____↑                |_____↑
```

We had breakfast <u>early</u>.

この early の品詞は何か分かりますか。先程の early と語形は全く同じですが働きは違います。early の直後に名詞が来ていませんから形容詞でないことは分かりますね。

early がどのような働きをしているかですが、had と併せて考えてみてください。次のような関係になっています。

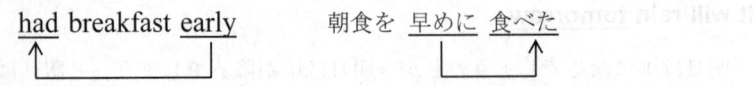

```
had breakfast early        朝食を 早めに 食べた
 ↑_____|            |_____|____↑
```

early は had という動詞を修飾しているということで副詞と判定できます。

なおここでは had を「食べた」と訳しましたが、「食べた」ならば ate (eat の過去形) であるべきではないかと考える方がいるかもしれません。

ここで是非知っておいてもらいたいのですが have は「持つ、持っている、所有する」以外に様々な意味用法があるということです。

Will you *have* another cup of tea?
（もう一杯お茶を召し上がりませんか）

この have は「飲む」とか「食べる」の飲食の have です。

We don't *have* lessons on Saturday.
（土曜日には授業はありません）

I *have* a bath every other day.
（私は一日おきに入浴します）

Did you *have* a good time at the party?
（パーティーは楽しかったですか）

have の用法はこの程度にしておいて、ここでもう一度二つの文を並べてみましょう。

We had an early breakfast.
We had breakfast early.

この二つの文において、early は前者では名詞 breakfast を修飾する形容詞であり、後者においては動詞 had を修飾する副詞であるということが分かりました。

次に二つの文の訳を考えてみましょう。前者では early が breakfast にかかっていることから「早めの朝食を食べた」として、後者では early は had にかかっているので「朝食を早めに食べた」と訳しています。

ここで考えてみてください。「早めの朝食を食べた」と「朝食を早めに食べた」という二つの日本文は文字面こそ違いますが、実は中身には変わりはありません。どちらも英文を直訳したものですが、朝食を食べる常識的な時間よりも比較的早く食べたことを言っているに過ぎないのです。

ところでここまでに、次のような疑問を抱いた方はいませんか。We had an early breakfast. では an という不定冠詞が使われているのに We had breakfast early. では不定冠詞は使われていません。これはどうしてなのでしょう。

前者で a ではなく an が使われているのは直後の単語である early が母音で始まる単語だからですが、本質的にはこの不定冠詞は、breakfast に付いたものです。

実は breakfast は元来は不定冠詞など伴わない語なのです。普通には breakfast は a breakfast としたり、breakfasts と複数形にしたりはしないものです。

At what time do you have breakfast?

（何時に朝食をお食べになりますか）

というように breakfast は本来は**無冠詞**で使うべき語なのです。

それでは an early breakfast の an についてはどういう説明をしたらよいかお分かりでしょうか。

元来なら不定冠詞を伴ったり、複数形になることもない語が種類をいう場合には不定冠詞を付けて使うことになるのです。

この**不定冠詞**の用法を「**具体的種類を表す冠詞の用法**」と名付けることにします。例を示しておきましょう。

Did you have *a good breakfast*?

（朝食を十分にお食べになりましたか）

（good は「良い」の意味ではなく、「十分な量の」の意味）

I enjoyed *a breakfast of porridge.*

（オートミールの朝食は美味しかった）

breakfast という語が出てきたついでに breakfast の語源に触れておきましょう。

break は動詞として「破る」という意味がありますね。fast には「（主に宗教上の）断食」という意味があるのです。だから break fast と切り離して書くと「断食を破る」という意味になります。

夜の間は通常は人はものを食べません。だから夜間は人は断食をしていると言うこともできます。朝食はこの断食を破るという行為になるわけですから break fast を縮めて breakfast としたものが朝食の意味になったのです。

【答】「私たちは早めの朝食を取った」　「私たちは早めに朝食を取った」

3. I don't drink much wine.

much wine はお分かりのように「多量のワイン」です。much は名詞 wine を修飾していますから形容詞ということになります。文意としては「私はワインはあまり飲みません」と意訳することができますね。

much は形容詞として「多くの」の意を持っていますが、「多くの、多数の」を意味する many とは違って量的なものに使われるので「多数の」の代わりに「多量の」となります。

many の次には複数形の名詞が続いて many books, many friends となりますが、much の次の名詞は much water, much oil というように常に単数形で用いられます。

I like wine very much.

very much という二語はペアになってよく使われます。Thank you very much. もそれですね。very は much にかかっていて、この二語は密着度が強いのです。very much はこの文ではどういうふうに生きているかは次のように考えられます。

I like wine very much.
　↑＿＿＿＿＿｜

very much は like を修飾していると見るのです。かけた訳は「とても好きです」となります。文としては「私はワインが大好きです」と訳してもよいでしょう。

very much という二語では much が核（中心）となっていますから、動詞 like に very much がかかっているので much は副詞ということになります。

Much of the time was lost.

Much of the time がこの文の主語であることは分かりますね。was lost が述語動詞です。

was lost は「be 動詞＋**過去分詞**」の構成になっています。lost は lose（失う）の過去分詞です。

「be ＋過去分詞」は**受身**（**受動態**ともいいます）を表す場合に使います。

「失う」の受身形は「失われる」ですね。だから was lost はその過去形として「失われた」と訳せばよいのです。

主語となっている Much of the time に戻りますが、この Much の品詞は何だかお分かりですか。much time であれば「多くの時間」の意で、much は time を修飾していると見て形容詞ということになります。

Much of the time の構成は次のようになります。

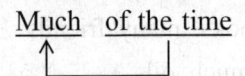

Much　of the time
　↑←――――┘

of が前置詞でその目的語が the time です。of the time は「前置詞＋名詞」ですが、これは Much を修飾している句になります。従って直訳としては

時間の　大部分
└―→　　↑

ということになります。

much time というときには time は無冠詞ですが、much of the time では time は定冠詞 the を伴っています。time と the time とはどういう違いがあるかお分かりですか。

無冠詞の time は漠然と、時間というものを**抽象名詞**でいっているのですが、the time の方は「その時間」の意を込めて時間をいっています。言う人の頭の中に、何か特定された時間帯が想定されているわけです。

much of the time の構成を考えた場合、of the time が Much にかかっているのですから Much が核（中心）になる語だということになります。

Much of the time は was lost の主語であると言いましたが、言葉を換えれば主部ですね。その中の核となっている Much は主語ということになります。

　主語となるものの品詞は名詞か代名詞ですね。だから Much は名詞か代名詞のどちらかです。実は Much の品詞は代名詞と答えるのが正解です。

　この Much がなぜ名詞ではなく代名詞であるかについては説明を加えておきましょう。

Some of the money was spent on books.
　（その金のうちのいくらかが書籍（購入）に使われた）
Many of the villagers were farmers.
　（村人の多くは農夫だった）
Most of the plants in this area are wild.
　（この地域の植物の大部分は野生である）

　これらの例文においては Some, Many, Most は of 以下の限定を受けている代名詞といえます。

　Some, Many, Most はいずれもそれぞれが money, villagers, plants を前提にしている語ですから、そういった名詞に代わる語として品詞は代名詞と考えるのです。

　many や much, some や most や all などが文頭にあって、その後に of the ～が続く文は結構多く登場します。こういう場合の文頭の many, much, some, most, all はすべて代名詞と見なしてください。

　問題の文に戻りましょう。Much of the time was lost. もそういう文の一環としてのものですが、訳は「時間の多くが失われた」でも「その時間の大部分は失われてしまった」としても構いません。

　much が形容詞、副詞、代名詞と品詞を替えて使われることが分かりました。もう少し品詞を替えて登場する語について考察を深めてみましょう。

【答】「私はワインはあまり飲みません」「私はワインが大好きです」「時間の大部分が失われた」

演習題 4

次の各文で下線の語の品詞を考えながら和訳しなさい。

1. He will <u>open</u> his mouth soon.
   He kept his mouth <u>open</u>.
2. Her <u>home</u> is out of order.
   She left Japan for her <u>home</u> country.
   She came <u>home</u> late last night.
3. She is <u>in</u> her room.
   Come <u>in</u>, please.
4. I have never seen a panda <u>before</u>.
   She sat just <u>before</u> me.
   Let's start <u>before</u> the sun rises.

---

1. He will <u>open</u> his mouth soon.

「彼はすぐ口を開くだろう」の文意は明瞭ですね。

open his mouth は文字通りに「口を開く」と訳しますが、この場合、ものを言うために口を開くことを意味していると考えてよいでしょう。この open が動詞であることは明白です。

He kept his mouth <u>open</u>.

この文も何とか意味を取ることはできると思います。keep という動詞が出てきました。keep も動詞としては多義語といえます。

He always keeps his promise. (彼は常に約束を守る)

We keep two dogs and three cats.

(私たちは犬を二匹とネコを三匹飼っている)

などは keep の次に単純に何かが置かれているだけですから、それと keep を併せて「〜を守る」「〜を飼う」と訳せばよいのですが、問題文は keep の次に his mouth が置かれているほかに open という語が添えられてい

ます。

　have とか put とか keep というような、綴りが短く単純と思える動詞ほど様々な意味用法を抱えているのですが、この keep にも毛色の変わった用法があります。

　keep の次に二つの要素を並べて「～を…にしておく」と訳す用法があるのです。

　この二つの要素というのが his mouth と open です。従ってこの二つを順番に訳して「彼は口を開いたままにしておいた」という文意が得られます。これは直訳ですが、意訳すれば「彼の口は開きっぱなしであった」となります。これは何かにあきれ果てて彼がぽかんと口を開けっ放しにしていた状況をいっていると思われます。

　ところで keep の次に来る二つの要素のうちの後の方の open の品詞は何でしょうか。これは動詞ではありません。形容詞なのです。

　keep が二つの要素を従えて「～を…にしておく」という場合は二つ目の要素の位置に来るのは形容詞が多いのです。

You must keep your body *clean*.

　（体を清潔にしておかねばならない）

I kept myself *warm* by walking up and down.

　（あちこち歩き回って私は体が冷えないようにした）

　open は形容詞として次のようにも使われます。動詞ではないことに注意しましょう。

The door is *open*.（ドアは開いています）

【答】「彼はすぐに口を開くだろう」　「彼の口は開いたままだった」

2. Her <u>home</u> is out of order.

　この home はもちろん「家庭」の意味の名詞です。Her home が主語になっていることからも明らかですね。

　out of order の意味が取りにくかったと思います。この句は「乱れて」「狂って」「具合が悪く」「気分が悪く」などの意味がありますが、この文としては「彼女の家庭は乱雑になっている」と取ればいいでしょう。

ここで out of order の分析をしておきましょう。order は「順序」「常態」「秩序」などの意の名詞です。out of は二語ですが、これを一つの前置詞として見るのです。

A dog came *out of* the room.（犬が部屋から出てきた）

のように使います。

My father is *out of* work.（私の父は失業中です）

The boy is *out of* breath.（少年は息を切らしている）

The airplane is *out of* sight.（飛行機は見えなくなった）

この三つの例において out of 〜はいずれも「〜からはずれている」の意に取れば意味が明瞭になってきますね。work は「仕事」、breath は「呼吸」、sight は「視界」を意味しています。

She left Japan for her home country.

「彼女は日本を去って故国に向かった」の意味であることが掴めましたか。leave Japan は「日本を離れる」であり、leave for her home country は「故国に向かう」です。

home country は「故郷の国」つまり「故国」であり、home town ならば「故郷の町」ですね。こういう home は country や town に対して形容詞として働いていて修飾をしているということになるのです。

She came home late last night.

「彼女は昨夜遅く帰宅した」の意味であることは分かりますね。

come home を「帰宅する」と訳せばよいことも知っていますね。ではこの home も名詞と考えてよいでしょうか。

「帰宅する」には go home もありますね。come home と go home とは帰宅する行動の方向と視点の観点から使い分けることは別段何でもありませんね。

They went home after sunset.（彼らは日没後帰宅した）

We came home late at night.（私たちは夜遅く帰宅した）

come と go に関して言えば come here と go there がすぐ思いつき

ますね。

　それでは次に here, there, home 以外の語を come と go に加えてみてください。

　go to school, come to church とか come to my house, come to a river などがすぐ作れますね。

　後の四例の場合には前置詞 to が入っていますね。これはどうしてでしょうか。

　to を伴っている school, church, my house, a river などはすべて名詞ですね。「to ＋名詞」が句になって go や come にかかっているのです。動詞にかかっているから副詞句というわけです。

　それでは to が付かない here, there, home の三つの品詞は何でしょうか。

　come to home とか come to here, go to there とは言わないところを見ると home, here, there は名詞ではないのです。

　here と there は副詞ということに納得がいきますね。home もそれと同じです。come や go と結んで come home, go home として使うときには home は副詞なのです。

```
come  home              come  to school
 ↑_____|  副詞            ↑_____|  副詞句
```

【答】「彼女の家庭は乱れている」　「彼女は日本を去って故国へ向かった」
　　　「彼女は昨夜遅く帰宅した」

3. She is in her room.

　文意は明らかですね。「彼女は自分の部屋にいる」です。この in は前置詞です。その目的語が her room です。in her room が句として is を修飾しています。

```
is  in her room           自分の部屋に いる
 ↑_____|                     |_____↑
```

　ここで使われている is は be 動詞の二大用法のうちの「存在を表す be

動詞」の用法になっていることは納得できますね。

Come in, please.

これは「どうぞお入りください」という場合の決まり文句ですね。この in も前置詞と見てよいでしょうか。

前置詞であるとしたら、その直後に目的語になる名詞か代名詞を必ず伴わなければいけないのです。

そういうふうに眺めると in の後には何もありませんね。please は in とは無関係です。だからこの in は前置詞ではないのです。では in の品詞は何でしょうか。

Come in. は「入りなさい」ですね。Come. だけなら「来なさい」ですね。すると Come in. と、単なる Come. との違いが出てきますね。

それでは今度は Come into the room. を考えてみましょう。これは「部屋に入りなさい」という意味ですね。

部屋の中にいる人が部屋の外にいる人に、入ってもらいたいと思っている場合に、Come in. と言っても Come into the room. と言ってもほぼ同じ伝達内容になることが分かりますね。

そうであれば、この in は into the room に相当するものと考えられなくもないですね。

into the room は Come にかかる副詞句であると考えれば、into the room に当たる in も Come にかかる語、つまり副詞と見ることができるのです。in などという常に前置詞としか思えない語も時には副詞に相当する働きをすることがあるのです。

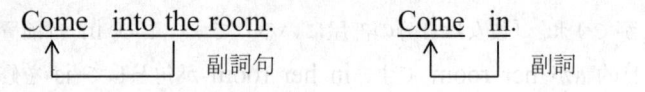

Come　into the room.　　　　Come　in.
　↑_____|　副詞句　　　↑____|　副詞

【答】「彼女は自分の部屋にいる」　「どうぞお入りください」

4. I have never seen a panda before.

ちょっと難しい英文だと思う人がいるかもしれませんね。部分的に少しずつ吟味していきましょう。

never は not より強い否定語です。「決して〜ない」ぐらいの意味を持っています。

panda はお馴染みの動物「パンダ」です。

never を抜いて考えると理解しやすいと思いますが have seen は「have＋過去分詞」で**現在完了**といわれるものです。

saw という過去形であれば「見た」ですね。これと時間的に似通っていますが have seen はここでは「見たことがある」という意味では**経験**を表している現在完了形です。

never という否定が入ることによって have never seen は「見たことがない」となります。

最後は問題となっている before ですが、これは「前に、以前に」の意味です。これは have never seen と結んで「これまでに見たことがない」ということになりますね。have never seen という述語動詞の部分にかかっているのですから before は品詞は副詞ということになります。

文意は「私はこれまでにパンダを見たことはありません」となります。

She sat just <u>before</u> me.

この文では before の次に me がありますから、これを合わせて before me で「私の前に」という意味が得られそうですね。そうであれば before は品詞は前置詞ということになります。

先程の before は時間的な観点での「前に」でしたが、この before は空間的な意味での「〜の前に」と取ることができますね。

just は「ちょうど」の意味でよく使われますね。この just は before me と結んで just before me で「ちょうど私の前に」「私の真ん前に」の意味になります。just は品詞は副詞です。

文意は「彼女は私の真ん前に座った」で明解ですね。

Let's start <u>before</u> the sun rises.

冒頭の Let's が何かお分かりでしょうか。Let's は Let us を短縮したものです。Let's 〜は「〜しましょう」と相手を誘って何かをしようとする

ときに言う命令文の一種です。「〜」の位置には動詞が入ります。

「行こうぜ」と元気よく言う言葉として Let's go. があることは知っていますね。「もう一度やってみようよ」という場合であれば Let's try again. です。こういうように応用を利かせ易い Let's 〜の使い方を是非この機会に覚えてください。

Let's start が「出発しましょう」の意になることはこれで分かりましたね。

その次が問題の before です。先程「〜の前に」の意の前置詞としての before が出てきましたね。空間的な意味での「〜の前に」でしたが、訳し方をここで応用して before the sun rises を訳してみると「太陽が昇る前に」となります。

そうすると先程の Let's start の部分の訳と合わせれば「太陽が昇る前に出発しましょう」となり、全文の文意が完成しました。

訳は完成しましたが before に戻って分析を進めてみましょう。before を前置詞と見ていいかどうかに焦点をしぼってみます。

before が前置詞であるとすれば、その後ろに名詞が来るべきでしたね。その名詞と併せて「〜の前に」と訳すことになるのが前置詞の取り扱い方です。

ところで今、確かに before の後ろに the sun という名詞が来ています。でも before the sun でまとめて「太陽の前に」と訳したりしてはいけませんね。

before の後ろに来ているのは the sun だけではなく、the sun rises が来ていると考えるのが順当です。つまりこの before の場合は、単なる the sun という名詞ではなく、the sun rises という、言ってみれば一種の文のようなものが来ていると見なければいけないのです。

the sun は「太陽」の意の名詞ですが、the sun rises は「太陽が昇る」という一種の文です。一種の文と言いましたが、正確には「節」と言うべきです。文の一部でありながら「主語＋述語動詞」の構造を持つものを**節**といいます。節についてはここで詳述するのを避けますので、用語の解説

のところを参照してください。

　いずれにしても名詞と節とは本質的に違います。節を後ろに従えている before を前置詞と見ることはできないのです。前置詞らしきものであっても、その後に「主語＋述語動詞」が続いていたら、これを接続詞であるとしてください。

　before the sun rises の before は品詞は**接続詞**です。なぜ接続詞というかと言いますと、Let's start と the sun rises を接続しているからです。

　Let's start と the sun rises を接続しているのが before であるということをもう少し丁寧に説明しておきましょう。

　この文の訳し方を考えてみます。最初に the sun rises の部分を「太陽が昇る」と訳します。次に訳すことになる Let's start は「出発しましょう」ですね。

　この二つの部分を、before とは無関係な日本語を加えて繋いでみるとしたらどんな日本文が得られるでしょうか。

　「太陽が昇る直前に出発しましょう」「太陽が昇った後で出発しましょう」「太陽が昇ったので出発しましょう」などができますね。「太陽が昇る三十分前に出発しましょう」なども一つの例です。

　上の四例では下線をした部分はいずれも「太陽が昇る」と「出発しましょう」を接続する言葉として考えられるものです。最初の三例を英語にするとどうなるかを示してみましょう。

　Let's start *just before* the sun rises.
　Let's start *after* the sun rises.
　Let's start *because* the sun rises.

　上例中では just before は before の変形に過ぎませんが、after や because なども品詞でいえば接続詞です。

　接続詞といっても and, but, or という典型的な接続詞とはどこか違うな、という印象を受けるでしょう。

　before, after, because などの接続詞としての特色は、二つの節（主語＋述語動詞）どうしを繋ぐということにあるのです。同じ接続詞であって

も、and, but, or が**等位接続詞**といわれるのに対して、before, after, because などは**従属接続詞**という名を持っているのです。この二種類の接続詞に関しては講をあらためて詳しく研究することにします。

【答】「私はこれまでにパンダを見たことがありません」 「彼女は私の真ん前に座った」 「太陽が昇る前に出発しましょう」

品詞に関しての学修を進めてきましたが、英文を正しく理解する上で、すべての語とは言わないまでも、文意を取る上で文字通りキーワードとなる語についてはその品詞を考えてみることがとても大切であることがお分かりになったと思います。

言い換えれば、品詞に対する認識を深めることは英語の上達のためには欠かすことができない条件だということです。

英語の八品詞名を挙げてください、と言われたら即座に八つが全部出てくるでしょうか。名詞、動詞、形容詞、副詞あたりまでは誰でも口をついて出てくるでしょう。人にもよりますが、その後二つぐらいは追加できても、残りのあと二つがなかなか出てこないものです。

そんな際にとても便利なものがあるので是非知っておいてください。

実は、この八つの各品詞の発音上の頭の文字の読みを盛り込んだ古谷メソッドの歌（短歌）があるのです。それを紹介いたします。

古谷メソッド 原則歌 1
感銘のいよよ新たに蛍雪（けいせつ）の大道（だいどう）を行く前途祝福

これを読みやすいように切れ目を入れてみましょう。

　　感銘の　いよよ新たに　蛍雪の　大道を行く　前途祝福

どうですか。ぐっと口調がよくなったでしょう。

これを短歌と称するのは全体が、五・七・五・七・七 の五句からできている三十一文字だからです。

口調がいいですから何回も繰り返して口ずさんで暗記してください。

どこに八品詞が潜んでいるかお分かりですか。

　冒頭の「**感銘**」の部分の読み方（発音）に注目してください。「**かんめい**」ですね。この「かん」に**間**（**かん**）**投**詞が、「めい」に**名**（**めい**）**詞**が同じ発音で始まるものとして読み込まれているのです。以下も同じです。

　「**蛍雪**」は「**けいせつ**」ですね。ここには**形**（**けい**）**容**詞と**接**（**せつ**）**続**詞が盛り込まれています。

　「**大道**」の部分は「**だいどう**」です。**代**（**だい**）**名**詞と**動**（**どう**）**詞**が入っていますね。

　「**前途**」は「**ぜんと**」ですが、**前**（**ぜん**）**置**詞が入ります。

　最後の「**祝福**」は「**しゅくふく**」ですが、**副**（**ふく**）**詞**が、漢字を替えていますが同じ発音で読み込まれているのです。

　これで八品詞がすべて揃いました。

　歌の意味はいたって簡単です。

　「物事に感銘する気持ちをますます新たにして、学問の正道を歩む者の前途は祝福されている」くらいに解釈してください。

　「蛍雪」は「蛍の光、窓の雪」という言葉から来ていて、「蛍雪」は「学問」の別名にもなっています。

　昔、向学心を持っていても貧しいがために夜、書を読むための灯りを得る代金もない者が多かった時代のことですが、中国の東 晋という国で車 胤(しゃいん)という人が蛍を集めて室内に放ち、その光によって学問を続けました。

　また孫(そんこう) 康という人は窓辺に積もった雪の明かりで書を読んだと言われています。

　この二つの故事から、「蛍雪」は苦労しながら勉学に励むことを意味するようになったのです。

　新鮮な気分で、心を新たにして古谷メソッドを基本に据えて英語に地道に取り組んで学修しようとする諸君の前途には明るい未来が待っているということを示している短歌でもあります。

　それでは第3講の締めくくりとして次の問題に挑戦してください。

演習題 5

次の各文の各語の品詞を言いなさい。
1. These roses smell sweet.
2. Near the door lay a dead cat.
3. Once there lived a great general.
4. At last we found our pet dog outside the door.
5. How strange and impressive is life!

---

1. These roses smell sweet.

「これらのバラは甘く匂っている」が直訳っぽいですが文意です。「このバラは甘い香りがする」と訳しても結構です。

各語の品詞を研究してみましょう。

主語の These roses は This rose を複数形にしたものです。

さっそくですが These の品詞は何でしょうか。代名詞にした方はいませんか。代名詞というのも一理はあるのですが、それでは正しい分析的態度とはいえません。

These はここでは roses にかかっていて「これらのバラ」という「これらの」に当たりますね。roses という名詞を修飾していることが確認できたら形容詞にしなければいけません。出身は代名詞であっても先入観に囚われず、文中で果たしている働きによって単語の品詞を定めるということを忘れないでください。

次の roses はもちろん名詞です。名詞としては述語動詞 smell の主語として生きているということを確認しておきます。

smell は動詞です。これには異論はありませんね。

最後の sweet の品詞はいかがでしょうか。多くの方は形容詞という判定をしていると思います。それで正解なのですが、ちょっと付け加えておきましょう。

smell sweet を直訳すると「甘く匂う」ですね。そうすると、この日本

文だけで分析すると「甘く」は「匂う」を修飾しているということになり、「甘く」を副詞だとすることになるのです。そこから逆算して sweet を副詞とする説が出てくるのです。これは誤りです。

　英文に取り組む際に、このように和訳文からのみ推量したり、和訳文と対照させてみたりして判断を下すことが英語の学習者によく見受けられますが、これは避けなければいけないことです。

　smell という動詞は「〜の匂いがする」「〜の香りがする」の意で用いられるときは「〜」の位置に入るのは形容詞です。sweet を副詞として使うのであれば sweetly と -ly を加えることになるはずです。

　sweet が形容詞だということに触れてもう一つ付け加えておきます。形容詞でもこの sweet は名詞を修飾していませんね。それでも形容詞なのです。

　形容詞は名詞を直接的に修飾するほかに、ある動詞の補語としても使われます。ここがその例ですが、sweet は smell という動詞の補語として生きているということです。

　補語に関しては講を替えて詳しく研究しますので今は十分に理解ができなくても不安に思わないでください。

【答】　These 形容詞、roses 名詞、smell 動詞、sweet 形容詞

2. Near the door lay a dead cat.

　これは倒置文だということに気付きましたか。Near the door という副詞句を文頭に置いて「述語動詞＋主語」という倒置が見られます。

　さっそくですが Near の品詞は何でしょうか。副詞と答える方がかなりいると思います。その根拠は？と問われると、Near は lay を修飾しているからと答える方が多いのではないでしょうか。

　全文訳は「ドアの近くに死んだネコが横たわっていた」で構いません。「近くに〜横たわっていた」という日本語だけから判断すると確かに Near は lay にかかっているような印象を受けますね。

　でもここでもう少し分析的態度を取る必要があります。

Near the door は「ドアの近くに」と訳す部分です。ここでは Near と the door の関係は何であるかを追求してください。

　the door を先に訳してその後で Near を訳すから「ドアの近くに」という訳語が生まれるのです。もし by the door とあれば「ドアのそばに」とでも訳しますね。それと同じです。ここでの by に当たるのが Near です。by が前置詞であれば Near も前置詞なのです。

　near は前置詞としては「～の近くに」の意で使われます。前置詞は常に次に来る目的語である名詞・代名詞を意識して「～」を加えて前置詞そのものの訳語を言うのだということを忘れてはいけません。

　near には確かに副詞として使う用法もあります。

　Christmas is drawing *near*.（クリスマスが近づいている）

がその例です。ここでは near は is drawing を修飾しているので副詞といえるのです。

　本題においては Near が lay を修飾しているのではなく、Near the door が lay を修飾しているのです。そこのところをしっかりと押さえてください。

　<u>Near the door</u>　lay a dead cat.

　次に進みましょう。the の品詞は何でしょうか。冠詞という品詞はありません。a とか the とか冠詞はすべて形容詞ということになります。冠詞を伴う名詞に何らかの意味を添えるということで機能からすると冠詞は形容詞なのです。

　door はもちろん名詞です。Near という前置詞の目的語としての**位置**を持っています。

　lay は当然ながら動詞です。活用形をしっかり覚えてください。lie - lay - lain です。「横になる、横たわる」の意味と結びつけて覚える必要があります。

　混同しやすい動詞に lay があります。lay - laid - laid と活用変化します。こちらは「置く、横たえる」と、意味が紛らわしい上に、活用変化の

中にどちらも lay を含んでいる点にも注意してください。

　a は不定冠詞ですが、品詞は形容詞です。

　dead の品詞はどうでしょうか。これを動詞にした人はいませんか。これはとんでもないことです。確かに dead の訳語は「死んだ」です。日本語文法としては「死んだ」は動詞かもしれません。

　問題は「死んだ」という訳語ではなく、英語としての dead を問題にしているのです。a dead cat のような三語の構成は「冠詞＋形容詞＋名詞」に決まっているのです。

　a cat という「冠詞＋名詞」があって、cat を修飾する形容詞をここに織り込むとすれば「a ＋形容詞＋ cat」という形になります。

　dead の派生語として die と death があります。die は動詞、death は名詞、dead は常に形容詞と覚えてください。

　cat は言うまでもなく名詞です。主語という位置を持って文中で生きています。

【答】 Near 前置詞、the 形容詞、door 名詞、lay 動詞、a 形容詞、dead 形容詞、cat 名詞

3. **Once there lived a great general.**

　これは「昔、ある偉大な将軍がいました」くらいの意味です。

　Once there lived 〜は物語の発端としてよく登場する出だしの文に用いられる構文です。

　Once は「昔、かつて、以前に」などの意味を持っています。lived にかかっていることを確認した上で副詞と答えることになります。 once には副詞として「一度」という意味もあります。

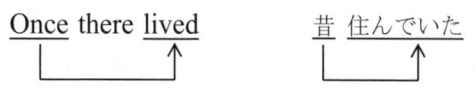

Once there lived　　　昔　住んでいた

　there の品詞はどうでしょうか。この there は「そこに」と訳すわけではありません。「そこに」と訳す there があったらそれは副詞として構いません。ある動詞を修飾しているはずです。

There is 〜, There are 〜, There lived 〜, There came 〜のような形で文頭に出てくる There は一切訳出しません。これらの構文は、物や人の存在や出現をいうときの決まった形としての書き出しなのです。

　訳出しないけれども、次に登場する動詞に関わりがあるということで、これも広義に考えての修飾と見なし、品詞は副詞ということにしている語が there なのです。

　lived はもちろん動詞です。この文の述語動詞になっています。

　a は冠詞ですから品詞は形容詞です。a general で「ある将軍」の意で使われています。

　great は「偉大な」の意で形容詞です。general を修飾しています。

　general は「将軍」の意の名詞です。

【答】Once 副詞、there 副詞、lived 動詞、a 形容詞、great 形容詞、general 名詞

4. At last we found our pet dog outside the door.

　「とうとう私たちは愛犬をドアの外で見つけた」が文意です。

　さっそくですが、品詞判定を始めましょう。

　At は前置詞で問題はありませんね。

　次の last の判定はいかがですか。副詞にした方が多かったのではないでしょうか。副詞にした根拠は何ですか。found にかかっているから、という理由は正しいでしょうか。

　「とうとう見つけた」においては、「とうとう」が「見つけた」にかかっているといって正しいのです。

　日本文としてはそれでいいのですが、英文で果たしてそうなっているでしょうか。

　英文では last が found にかかっているのではなく、At last が found にかかっているのです。

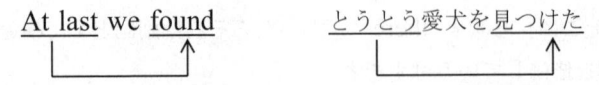

　　At last we found　　　とうとう愛犬を見つけた
　　└─────↑　　　　　└────↑

last ではなく At last が found にかかっていることに納得がいったとすれば、次は At last を分析すればいいのです。

　At が前置詞であることには異を唱える人はいないでしょう。そうであれば、その次の last の品詞は自ずから決まりますね。名詞か代名詞でなければいけません。名詞というのが正解です。

　At を前置詞にしていながら last を副詞にした方はこの矛盾に気が付かなかったことになります。At last を副詞句として認識していることが仇となって last を副詞にしてしまったのでしょう。At last にはそういう盲点が潜んでいるわけです。

　we は代名詞です。種類としては人称代名詞です。

　found は動詞です。find は find - found - found と**活用変化**することは知っていますね。

　our の品詞はどうでしょうか。うっかりと代名詞にした方はいませんか。our を代名詞にしては困ります。

　we は確かに代名詞です。だからといってその所有格の our も代名詞にしてはいけません。

　our という語の次には必ず名詞が来ますね。our school, our house, our friends, our teacher などがその例ですが、our はすべて次に来る語にかかっているのです。

　名詞にかかっている以上はこの our は形容詞なのです。今後も**人称代名詞**の**所有格**はすべて形容詞という判定をしてください。

　次の pet の品詞は何にしましたか。可愛がっている動物をペットと言いますね。それが pet ですから pet は文句なく名詞じゃないかという考えですね。

　ごもっともではありますが、ここでは pet は形容詞なのです。pet dog は「ペットである犬」の意で、pet は軽くではありますが dog を修飾しているのです。

　先程の our が何にかかっているかというと、pet ではなく dog なのです。our dog であれば「私たちの犬」になりますね。our と dog の間に

形容詞 pet が軽く割り込んでいるのです。

dog は pet には違いありませんが、細かに言えば our pet ではなく、our dog と言っている点に注意してください。

dog はもちろん名詞です。found の目的語という位置を持っています。

次の outside の品詞判定は何になったでしょうか。可能性がある選択肢として名詞、形容詞、副詞、前置詞の四つが考えられます。

名詞であれば「外部、外側、外界」ですね。形容詞としては「外部の、外側の」です。副詞であれば「外に、外部に、外側に」になります。前置詞としての意味は「～の外側に、～を越えて」が考えられます。

もうお分かりになりましたね。この outside は前置詞です。前置詞でその目的語が the door なのです。outside the door で「ドアの外側に」という句ができて、それが found を修飾することになります。

前置詞ですからこの outside は「～の外側に」の意で最初から目に入っていなければならなかったのです。こういう細かなところにも目配りができるようになると進歩の過程を辿っていると胸を張って言えます。

the は定冠詞なので形容詞ということになります。

door は前置詞の目的語として生きている名詞です。

【答】 At 前置詞、last 名詞、we 代名詞、found 動詞、our 形容詞、pet 形容詞、dog 名詞、outside 前置詞、the 形容詞、door 名詞

5. How strange and impressive is life!

この文は最後に感嘆符が付いていることから**感嘆文**であるということが分かりますね。うまく訳せましたか。

単語の意味を考えてみましょう。

strange に「奇妙な」というような訳語を当てたのでは文意を取り損なってしまいます。文意を正しく取るためには訳語の選び方も極めて大切なことです。

ここでは strange は「不思議な」から転じた「摩訶不思議な」という含みで使われています。「不可解な」というのもいい線をいっている訳語かも

しれません。品詞はもちろん形容詞です。

　impressive も品詞は形容詞です。訳語はどうでしょうか。「強い印象を与える」とか「深い感銘を与える」という訳語も考えられますが、ちょっと説明的ですね。「感動的な」「感動を誘う」くらいにしておいた方がいいかもしれません。

　life は名詞で問題ありません。life の訳語は「生命」「生存」「生涯」「一生」「寿命」「生き物」「生活」「暮らし」「人生」「元気」「活力」などいろいろあります。ここでは文脈からすれば「人生」が妥当と思われます。

　ところで上に挙げた訳語を利用して訳文は作れましたか。

　次のような訳を付けた方はいませんか。

　「何て不思議で、感動的な人生なんだろう」

　一見すると、よくまとまっていて正解みたいですね。でもこういう訳を作った方は文の構造を理解していないのです。

　まず最初に質問をしてみます。この英文の主語は何でしょうか。

　先程の「何て不思議で、感動的な人生なんだろう」という日本文中には主語を発見することはできません。

　つまり、こういう訳文を作った方は、英文の中の主語を意識しないで、直感に頼った訳文をでっち上げてしまったと言えるのです。

　それでは主語を明らかにしましょう。英文中の主語は life です。だから「人生は」という出だしの言葉が必要なのです。これを使って試訳をしてみます。

　「人生は何て摩訶不思議で、感動を誘うものであろうか」

とでもすれば文意が掴めていることになります。先程の誤訳とこの試訳との違いを解説しておきましょう。

　まず一つは主語として life を正しく捉えていなかったことが挙げられますね。

　もう一つは、strange と impressive という二つの形容詞を life にかけて、「不思議で、感動的な人生」と訳したのがいけなかったのです。

　life は何の修飾も受けていないので「人生は」と主語として切り出して

いくべきなのです。

　では strange と impressive という二つの形容詞は life にかけて訳さないとしたらどう処理したらよいかという点を解決しましょう。

　形容詞という品詞の働きをどのように理解していますか。

　形容詞は名詞を修飾するものである、という一点張りであってはいけないのです。

　形容詞の定義に当たるものを述べた 39 ページを見てください。次のように述べています。

　「名詞を直接的に修飾するか、名詞の性状（性質・状態）を述べる補語として用いられます」

　これをここで適用してみましょう。

　strange と impressive という二つの形容詞は life を直接的に修飾しているのではなく、名詞 life の性質を述べる補語として用いられているのです。

　形容詞の二つの役割のうちの前段の役割ではなく、strange と impressive は後段の役割をこの文では担っているのです。

　この文は感嘆文ですが、文意を損なわないようにして平叙文に書き換えると次のような英文が得られます。

　Life is very strange and impressive.

　この文であれば何の造作もなく訳せますね。strange と impressive は life などにかかってはいず、is という be 動詞の補語として使われているのです。

　この平叙文の very を how に代えて感嘆文の構文に則して how strange and impressive を文頭に置いたのが問題文なのです。

　ただし一つだけ感嘆文にしては語順が正常ではないところがあるのに気付いていますか。感嘆文の語順通りに作るとしたら

　How strange and impressive life is!

となるところです。How strange and impressive を終えたところで、残りの部分は「主語＋述語動詞」の語順にするのが感嘆文の公式です。

life is の語順ではなく、問題文は is life になっていますね。

もう一度問題文を挙げておきます。

How strange and impressive is life!

これは life is を is life という「述語動詞＋主語」の疑問文のような語順にしてしまったものです。

これにはこれで理由があるのです。感嘆文の公式通りに

How strange and impressive life is!

とすると見た目の上で strange and impressive が life に直結してしまい、誤訳例のような誤訳を助長することになりかねないので、それを避けようとする配慮が働いたと見るべきなのです。

この辺りの解説を難しく感じている方は次のような平易な感嘆文を材料にして、先程私が解説した語順の問題を研究してみてください。

How pretty the girl is!　（主語＋述語動詞）

（その少女は何て可愛いのだろう）

この文は正しい語順の感嘆文です。これを平叙文にすると

The girl is very pretty.

です。感嘆文を作るに当たって

How pretty is the girl!　（述語動詞＋主語）

という語順にしたら普通はいけないとされます。

普通だったらやらないことをやっているのが

How strange and impressive is life!

ですが、これはこれで名文といえるのです。

ところで問題文の文意を取ったり、語順の問題をじっくりと解説するのに時間を割きすぎ、各語の品詞を追求することがすっかり疎かになってしまいました。遅ればせながら一語ずつ見当してみましょう。

冒頭の How の品詞は何でしょうか。これを間投詞にした方はいませんか。こういう間違いをする方は結構たくさんいらっしゃるのです。

どうして間投詞にしたかというのは明白ですね。この文が感嘆文だから

です。しかも感嘆文を作るには What で始める場合と How で始める場合の二通りがあることを学校で教わっていますから、その印象が強く残っていて、冒頭の How や What は間投詞であるという思い込みがあるのも無理はありませんね。

　間投詞と感嘆文とは縁があると思っている人が多いかもしれません。間投詞を言った直後に感嘆文を続けることは確かにありますね。次の例がそうです。

Oh! What a lovely day it is today!
（おや、きょうは何てうららかな日なんでしょう）

話を元に戻しましょう。

　感嘆文の冒頭の How や What は間投詞ではありません。語としての当然な機能を果たしていますから、それを追求しなければいけません。

　How strange and impressive において How は strange と impressive を修飾しているのです。だから副詞なのです。

　それは How strange and impressive を very strange and impressive と書き換えたときの very が strange と impressive を修飾していることが明らかであるのと同じです。

　strange は形容詞です。is の補語として生きています。

　and は接続詞です。strange と impressive という二つの形容詞を結んでいます。

　impressive は strange と同じく形容詞です。

　is は動詞です。be 動詞の二大用法のうちの、補語を伴う用法です。

　life は名詞です。is の主語として文中で生きています。

　【答】 How 副詞、strange 形容詞、and 接続詞、impressive 形容詞、is 動詞、life 名詞

　品詞の研究の講もひとまず終わりました。次の講から動詞が登場します。動詞はある意味で英語の勉強の根幹をなしています。今後は古谷メソッドも群をなして登場してきますので腰を据えて学修に取り組んでください。

用語解説 3 （五十音順）

位　置　一般的な意味で用いるほかに、本書では名詞・代名詞の文中の位置という用法で使われている。名詞・代名詞は文中に登場するとき、主語・自補・他補・他目・前目・形目の六つの位置のいずれかの一つとして存在している。

受　身　70 ページ「受動態」参照

過去分詞　go‐went‐gone のような動詞の活用変化の三番目のものをいう名称。主な用法は、「have ＋過去分詞」で完了形、「be ＋過去分詞」で受動態、単独で形容詞の働きもする。

感嘆文　何かに感心したり、嘆き悲しんだりする場合に一定の形式を取って表現する文。通常 How か What を文頭にして感嘆符で終わる。

間投詞　oh や alas のような驚き、悲しみ、喜びなどの感情を表すために挿入される語をいう。

形容詞　13 ページ参照

形容詞句　形容詞の働きをする句をいう。主として「前置詞＋名詞」が形容詞の働きをしている場合にこの語を用いる。前方の名詞を修飾するほかに、不完全自動詞や不完全他動詞の補語としても用いられる。The book is of great use. の of great use は補語として用いられた例である。

現在完了　「have ＋過去分詞」の形を取り、現在までの動作の完了・経験・継続・結果を表す。

従属接続詞　主節と従属節を結びつける接続詞をいう。if, when, while, because などがその代表。

受動態 受身ともいう。Cats catch mice. は能動態であり、Mice are caught by cats.（ネズミはネコに捕まえられる）は受動態である。受動態の文の動詞は「be 動詞＋過去分詞」で表現される。能動態の文の目的語が受動態で主語になり、能動態の行為者である主語は by を付けて後ろにまわる。

所有格 36 ページ参照

助動詞 動詞の前に置く can, may, must, will, shall などをいう。助動詞は主語の人称・数によって形を変えることはない。

節 文の一部でありながら「主語＋述語動詞」の構造を持つまとまりのあるものをいう。

接続詞 品詞の一つで、語と語、句と句、節と節、文と文を結びつける働きを持つ語をいう。種類としては等位接続詞と従属接続詞とがある。

代名詞 36 ページ参照

抽象名詞 peace（平和）、beauty（美）、justice（正義）のような抽象的な概念を表す名詞をいう。

等位接続詞 接続詞のうち、and, but, or のように、語と語、句と句、節と節、文と文を並列に結ぶものをいう。

動　詞 16 ページ参照

倒　置 36 ページ参照

人称代名詞 代名詞のうち、人を表す I, we, you, he, she, it, they などをいう。

品　詞 37 ページ参照

副　詞 37 ページ参照

副詞句 副詞の働きをする句をいう。多くの場合、「前置詞＋名詞（代名詞）」が動詞を修飾するものをいう。

補　語 37 ページ参照

> **名　詞**　17ページ参照
>
> **目的語**　目的語には二種類があり、他動詞の目的語という場合には、他動詞によって表される動作の対象となるものをいう。前置詞の目的語という場合には、前置詞と組み合わされる名詞、代名詞をいう。

第4講　自動詞と他動詞

　人は常にと言っていいほど、頭の中で何かを考えていますね。考えたことを口にする場合、多くは文の形を取ります。

　文には必ず主題としての主語がありますね。主語を言い終わったら次に英語ではすかさず動詞を言わなくてはいけないことをこれまでの講で学修してきました。

　私たちは何かを口にすれば必ず動詞を登場させます。動詞なくしては文を作れないということが分かりますね。

　これまで学修を進めてきた中での平易な文をここで取り上げて再考してみましょう。

　Flowers bloom.（花が咲く）

　Girls sing.（少女たちは歌う）

　この二つの文はいずれも Flowers と bloom、Girls と sing という二語だけで完結しています。

　構造的には実に単純な文だと言えますが、考え方によっては中身は案外濃いものがあるかもしれません。

　北国の厳しい冬が去り、野に花々が咲き始める光景を目にして感動を覚えて Flowers bloom. と人が叫ぶ姿を想像してみてください。

　あるいは、苦しい長い登りの末に頂上に立った少女たちが眼下の絶景を見下ろしながら喜びの余り、期せずして歌を口ずさむことがあるかもしれません。それが Girls sing. です。

　いずれも僅か二語だけの文とはいえ、人生の重みの断片にせよ、何かそんなものを十分に感じさせる文ということができるのではないでしょうか。

　しかし通常、私たちの思いや考えというものは、もっと複雑であって、とても二語だけでは表現し切れないという場合が圧倒的に多いでしょう。

　例えば少女たちが歌うだけなら Girls sing. で十分といえますが、もし少女たちが賛美歌を歌うとしたら

Girls sing a hymn.
ということになります。
　賛美歌は綴り字は hymn ですが、発音は【him】です。he の目的格の him と発音が全く同じです。
　単に歌うだけで、何かを歌うということがなければ sing だけでいいのですが、何かを歌うということを言いたい場合には
   sing a hymn
としなければいけないのです。
　この場合の sing という動詞は、その動作が **働きかける相手**（人とは限りません）を有するものと考えます。
　この a hymn という言葉が、sing という動詞の働きを受ける目標の語となるのです。この場合、a hymn を sing の**目的語**であるといいます。
　このように動詞が働きかける相手を持っている場合、つまり目的語と組み合わせになっている場合に、その動詞を**他動詞**と名付けます。
　それに対して、動詞が働きかけるもの、すなわち目的語となるものを持っていない場合にはその動詞を**自動詞**と名付けます。
   Girls sing.
という場合には sing は目的語を持っていないので自動詞ですが
   Girls sing a hymn.
という場合には sing は a hymn という目的語を持っているので他動詞ということになります。
　このように sing という同一の動詞でも使われ方によって自動詞にも他動詞にもなる可能性があるのです。
　ある動詞が自動詞であるか、他動詞であるかは、それが現実に用いられている場合に判断すべきなのです。
　ただし、ある動詞は自動詞に用いられることが比較的に多く、またある動詞は他動詞に用いられることが比較的に多いということはあります。
　しかし、あくまでもある動詞の自動詞、他動詞の判定に当たっては、他の語との組み合わせによって判断することが大切です。

> **演習題 6**
>
> 次の各文の下線の語が自動詞か他動詞かを区別して和訳しなさい。
>
> 1. The door <u>opened</u>.
>   We <u>opened</u> the door.
> 2. The stone did not <u>move</u>.
>   We <u>moved</u> the stone.
> 3. Tears <u>dropped</u>.
>   She <u>dropped</u> a ball.
> 4. Years <u>passed</u>.
>   We <u>passed</u> a bridge.

1. The door <u>opened</u>.
　We <u>opened</u> the door.

　The door opened. では The door が主語で opened が述語動詞ですが、それだけから成り立っている文です。

　opened は open の過去形ですから The door opened. は「ドアが開いた」と訳せばよいのです。

　主語が The door だからといって The を訳出して「そのドアが開いた」と几帳面に言わなければいけないということはありません。この文が話の発端であるかどうかなどがはっきりしないままに登場している文なので、余り細かなことにこだわらずに訳すことで結構です。

　いずれにしてもこの文では、実は誰かがドアを押すなり、引くなりしたからこそ開いたのかもしれませんが、そういう行為者のことには一切触れずに、ドア自体について、ドアがどうしたのかを述べている文です。

　ドアが何かに働きかけをしているのではないので opened という動詞には目的語がありません。opened は自動詞ということがいえます。

　それに対して We opened the door. においては We が主語で

opened が述語動詞です。先程の The door opened. を「ドアが開いた」としたのを応用して We と opened だけを訳せば「私たちは開いた」となります。

　もし「私たちは開いた」だけで文が完結しているとすれば、「私たちは開いた」の意味が何かを考えなければいけませんね。

　例えば、サッカーの試合などで防御のための陣形作りとして何人かが間隔を狭めて固まっていたのに、戦法をがらりと変えて人と人との間隔を大きく開いた、というようなことも考えられます。

　そうであれば We opened という完結した文においては opened は自動詞ということになります。

　しかし問題文においては We opened はここで完結せずに、その後になお the door があることが肝心なところです。

　the door をどうしても opened と関連させて意味を取ろうとしなければいけなくなります。

　open は「開く」ですが、The door opened. の opened とはちがって、「開く」という動作の対象は何かというと、それがとりもなおさず the door というわけなのです。だから opened the door は「ドアを開いた」となります。

　open という動作の働きかける相手、人間ではないので相手というと語弊を伴うのですが、働きかける対象となるのが the door だということが分かりますね。

　動作の相手となるもの、**動作の対象**となるもの、**動作をする場合の働きかけるもの**、言葉を替えて言えばこうなりますが、そういうものが目的語です。そういうわけで the door は opened の目的語なのです。

　the door という目的語を抱えているということで opened は他動詞ということになります。opened が他動詞で、その目的語が the door ということになります。

　いずれにしても opened という他動詞と目的語である the door は切っても切れない密接な関係にあります。他動詞と目的語はそういう関係にあ

ることを理解してください。

【答】The door opened.「ドアが開いた」 opened は自動詞。We opened the door.「私たちはドアを開いた」 opened は他動詞。

2. **The stone did not <u>move</u>.**
   We <u>moved</u> the stone.

　The stone did not move. では The stone が主語で did not move が述部です。述部の中の move が述語動詞です。

　move の過去形が moved ですが、その否定形が did not move になります。

　The stone が move しなかった、と言っているのですから move を「動く」という意味に取って「その石は動かなかった」と文意が取れます。

　did not move 以外には述部といえる部分がほかにはないのですから、move は自動詞ということになります。

　これに対して We moved the stone. について考えてみましょう。

　We moved. であれば「私たちは動いた」となり、moved は先程と同じ自動詞ということになります。しかし moved の後に the stone があります。

　moved the stone が述部ですから、この述部内の moved と the stone を有機的に結びつけて訳さなければいけません。

　move には「動く」の他に「動かす」という意味もあります。この後者の「動かす」という動作の対象、働きかける相手が the stone というように考えるのが順当です。

　move を他動詞、the stone をその目的語と考えることで「その石を動かす」という結び付きが出てきます。

　move の自動詞としての訳語は「動く」で、他動詞としての訳語は「動かす」ということが分かりましたね。「動く」の場合は主語となっているものが自分で位置を移動するだけですが、「動かす」というときは「～を動かす」というように、動かす対象がないことには動作が完結しないというこ

とがいえます。

　このように move という動詞は自動詞にも他動詞にも使われますが、その際の訳語としては「動く」と「動かす」という区別があるということがいえます。

　しかし先程の open の場合はどうでしょうか。自動詞の場合は「ドアが開く」で、他動詞の場合も「ドアを開く」であり、「開く」は自動詞と他動詞の共通の訳語になっていますね。自動詞と他動詞の区別は訳語の上では付かないことになります。

　open のような場合は訳語では区別が付かなくても、現実の英文においては自動詞として使われているのか、他動詞として使われているのかは関連する語句との関係から判断できるので別段困ることはありません。

【答】 The stone did not move. 「その石は動かなかった」　move は自動詞。We moved the stone. 「私たちはその石を動かした」　moved は他動詞。

3. Tears <u>dropped</u>.
　　She <u>dropped</u> a ball.

　Tears dropped. では Tears と dropped の意味が不明でも、Tears が主語で、dropped が述語動詞であろうと見当を付けることはできますね。

　何故かと言えば dropped は -ed で終わっていますから、drop が規則動詞でその過去形が dropped だろうという推測をするのは難しいことではありません。

　そうであれば動詞の前に置かれている Tears は tear の複数形であり、主語として生きていることから考えて品詞は名詞に違いないとこれも見当が付くわけです。

　そこで Tears の意味を知るために辞書を引くにしても見出しの語としては単数形の tear を選び、品詞としては名詞と動詞があるとしても名詞の部分に目を当てることになります。

　名詞としては tear には「涙」以外には「しずく」ぐらいしかありませんから訳語としては「涙」を第一候補にしておきます。

dropped の方は動詞と判断していますから原形の drop の意味を辞書に当たるにしても、dropped の次に何も来ていないことから自動詞と判断を下し、vi. の部分を見ることになります。

ほとんどの辞書は動詞には自動詞と他動詞の区別を付けています。自動詞は vi.、他動詞は vt. という記号を使っていることを知っておいてください。vi. は intransitive verb（自動詞）の略、vt. は transitive verb（他動詞）の略です。

drop の vi. には「したたる」「落ちる」「倒れる」「飛び下りる」がありますが、主語の Tears は「涙」と見当を付けていますからそれと相性のよい「落ちる」「したたる」を選んで、Tears dropped. は「涙が落ちた」「涙がこぼれた」とすれば文意が得られたことになります。

一方 She dropped a ball. の方は dropped の次に a ball が置かれているので、drop a ball という構成を「他動詞＋目的語」という組み合わせではないかと最初から判断するのです。

従って drop の vt. の部分には「したたらせる」「落とす」「下ろす」「投下する」などがあるにしても、a ball との相性を考えて「落とす」を選び、She dropped a ball. は「彼女はボールを落とした」とすればよいと分かります。

drop の場合には自動詞の訳語は「落ちる」であり、他動詞の訳語は「落とす」という別語があることが分かります。

【答】Tears dropped.「涙がこぼれた」 dropped は自動詞。She dropped a ball.「彼女はボールを落とした」 dropped は他動詞。

4. Years passed.
   We passed a bridge.

Years passed. は主語と述語動詞だけからできている文ですから、これまでの学修の積み重ねから passed は自動詞と判断して構わないということになります。

pass の自動詞としての意味には辞書によれば「通過する」「(時が) たつ」

「通用する」「認められる」「消滅する」「(判決が) 出される」など、様々なものがありますが、主語が Years であることを考えると「(時が) たつ」を選ぶのが最適と思えます。

　主語の Years はもちろん year の複数形です。year は「年」「歳」「年度」などの意味を持っていますが、複数形の Years になると「多年」とか「非常に長い間」の意味を持ちます。

　従って Years passed. は「長い歳月がたった」と文意を取ることができますし、この文での pass は自動詞としての用法だということに納得がいきますね。

　もう一方の We passed a bridge. はその点でどうでしょうか。pass a bridge という句の構成を考えると pass が他動詞で、その目的語が a bridge であると判断を下して良いのではないかと思えます。

　事実、辞書によれば pass の他動詞としての意味には「通過する」「越える」「(時間を) 過ごす」「(食卓などで物を) 回す」などがあります。

　ここでここに示されている四つの訳語について考えてみましょう。

　三番目の「(時間を) 過ごす」というのは pass の目的語として時間を表す語句が入るということです。

We passed the hours pleasantly.
　　（私たちはその数時間を楽しく過ごした）
というように、passed の目的語として the hours という時間を表すものが入っています。

　四番目の「(食卓などで物を) 回す」についても例文を出しておきます。
Will you pass the salt?　（塩を回していただけませんか）
　この文では the salt が食卓上の物に当たりますね。

　この二例で分かることですが、「(時間を) 過ごす」と「(食卓などで物を) 回す」は簡潔に言えば「〜を過ごす」「〜を回す」ということですね。

　ただし目的語である「〜」の位置に来るものが時間であったり、食卓上の物であることを前提にしての「〜を過ごす」であったり、「〜を回す」ということになりますから、最初から目的語として入るものを具体的に示し

ているわけです。
　一般的に言えることですが、他動詞の訳語を言う際に目的語の位置に来るものを具体的に明示するとよい場合があります。これは学習者の便宜を図る配慮からであるといえます。
　その例が「(時間を) 過ごす」「(食卓などで物を) 回す」ですが、そういう特別な場合でなくても他動詞の訳語を考える際に、次に来る目的語を「〜」と意識することは大切なことです。
　pass の他動詞としての意味には「(時間を) 過ごす」「(食卓などで物を) 回す」のほかに「通過する」「越える」の二つを挙げておきましたが、この二つにしても「〜を通過する」「〜を越える」と表現して構わないのです。
　ただこの場合に「〜」の位置に入るものが時間に関するもの、食卓上の物という特殊性がないために特に表現はしないのです。
　「通過する」「越える」の二つの場合に敢えて目的語を繰り入れて表現すれば「(ある地点を) 通過する」「(ある地点を) 越える」ぐらいのことになりますが。
　pass a bridge の a bridge はこの「ある地点」に当たるものですから pass a bridge は「橋を通過する」「橋を越える」になります。更に言えば「橋を渡る」でも構いません。
　【答】Years passed.「長い歳月がたった」　passed は自動詞。We passed a bridge.「私たちは橋を渡った」　passed は他動詞。

　自動詞と他動詞の区別をする学修を進めてきましたが経験的にいろいろなことが分かったと思います。
　単なる形の上からだけのことですが、次のことが言えると分かったはずです。
　主語と述語動詞だけの二語で完結する文であれば、その述語動詞に使われている動詞は自動詞であるということです。
　Tears dropped.
　Years passed.
　この二文がそれに当たります。

でも二語にこだわらなくても構いません。三語以上であっても主語と述語動詞だけでできている文では動詞は自動詞だということです。

The door opened.

がこれに当たります。

更に言えば、述部が述語動詞以外のものを抱えていなければその動詞は自動詞ということです。

The stone did not move.

がこれに当たります。

上の四例で共通に言えることですが、動詞の次に何も置かれていないで文が終わっている場合にはその動詞は自動詞であるということです。

これを逆に言うと、動詞の次に何かが置かれている場合にはその動詞は他動詞である、ということになりますね。

はたしてこの逆の場合の他動詞説は正しいと言えるでしょうか。少なくとも上の四例の他動詞の場合は適用できていますね。

We opened *the door*.

We moved *the stone*.

She dropped *a ball*.

We passed *a bridge*.

上例でのイタリック体になっている the door, the stone, a ball, a bridge が動詞の次に置かれているものに当たります。

確かにこういうものが後ろに置かれている opened, moved, dropped, passed は他動詞だということは納得できます。

でも動詞の次に何かが置かれていれば、その動詞は他動詞だというような単純なことで自動詞と他動詞の区別は可能なのでしょうか。次の問題でこのことを検証してみたいと思います。

演習題 7

次の各文の下線の語が自動詞か他動詞かを区別して和訳しなさい。

1. The boy <u>jumped</u> over the river.
2. She <u>stood</u> in the wind.
3. We <u>walked</u> through the night.
4. We <u>swim</u> in the river every day.
5. My parents <u>go</u> to church every Sunday.

---

1. The boy <u>jumped</u> over the river.

　over the river の部分は「前置詞＋名詞」です。「前置詞＋名詞」も句の一種だということも学修済みですね。

　over が「～を越えて」の意味でよく使われる前置詞であることを知っていれば jumped over the river は「川を飛び越えた」と訳せますね。

　ところで jumped が自動詞であるか、他動詞であるかを考えてみましょう。

　jump は動詞としては「飛び上がる」「跳躍する」の意味で使われますが、自動詞か他動詞かの判定は如何でしょうか。

　自動詞か他動詞かの判定の便法として、その動詞に目的語が有るか否かであるかを見定めればよい、というのがありますね。その便法を適用してみましょう。

　The boy が主語で、jumped over the river が述部です。jumped が述語動詞です。そこまでは間違いありませんが、問題は over the river が目的語かどうかということです。

　jumped over the river を訳すと「川を飛び越えた」となります。これは先程も確認した訳です。

　この訳では over the river の部分が「川<u>を</u>」で、jumped の部分が「飛び越えた」となっていますね。

over the river を「川を」と訳すということから逆算して、「を」という助詞を付けるのだから over the river は目的語であると考える人もいるかもしれませんね。

　あるいはもっと単純に、動詞の次に置かれているものは目的語であると決め込んでしまう方がいるかもしれません。

　こういうような、訳した日本語から逆に判断したり、形の上からだけの判断は厳に慎まなければいけないことです。

　もっと本質的な部分でものを考えなければいけません。

　jump は「飛び上がる、跳躍する」という意味です。こういう動作をするに当たっては、その動作をする対象となるものが有るか無いかです。「飛び上がる、跳躍する」という動作には働きかける相手となるものが有るか無いかです。

　over the river が jump という動作が働きかける対象となっているかどうかを確認してみましょう。jump の後に別な語句を付けてみましょう。

　jump on a bus　（バスに飛び乗る）

　jump to the door　（戸口へ飛んでいく）

　jump from the roof　（屋根から飛び下りる）

　jump out of bed　（寝床から飛び起きる）

　以上の四例において jump の次の on a bus, to the door, from the roof, out of bed がそれぞれ目的語といえるかどうかです。

　言葉を替えれば、on a bus, to the door, from the roof, out of bed がいずれも jump という動作の働きかける対象となっているのかということです。

　on a bus, to the door, from the roof, out of bed はいずれも「前置詞＋名詞」でできていますね。このことをまず確認しておきます。

　「前置詞＋名詞」は単なる名詞とは違って句を作っています。こういう構成の句は**形容詞句**か**副詞句**として、他の語句を修飾する働きをする場合が多いのです。間違っても名詞に相当する働きなどしません。

　他動詞の目的語というものは名詞か代名詞でなければいけないのです。

「前置詞＋名詞」の構成を持つものが目的語になることは絶対にありません。

「他動詞＋目的語」の典型的な例を並べてみましょう。

We moved the stone. （私たちは石を動かした）
We love flowers. （私たちは花を愛する）
We study history. （私たちは歴史を研究する）

この三つの例において moved, love, study がそれぞれ他動詞で、the stone, flowers, history がそれぞれ目的語になっています。

the stone, flowers, history はいずれも名詞です。「前置詞＋名詞」という構成にはなっていません。

move という動作、つまり力仕事を何に対して働きかけようとしているか、その対象物が the stone です。

love は「愛する」と訳しますが、私たちの愛情の対象が flowers なのです。何を相手に愛情を注ぐかというと、それが flowers なのです。

study は「研究する」「学ぶ」ですが、研究の対象が history ということになります。

他動詞と目的語の関係というのは上のように「相手」とか「対象」とか「働きかけるもの」という言葉を使って結びつけられるものです。

動作の対象となるものはすべて名詞（代名詞）であって on a bus や to the door のような前置詞で始まる句ということはあり得ないのです。

それでは jump と on a bus、あるいは jump と to the door の関係が「他動詞＋目的語」の関係でないとしたらどういう関係といえるのでしょうか。

on a bus は jump の目的語ではなく、jump を修飾しているのです。

jump　on a bus　　　　バスに　飛び乗る
　↑＿＿＿｜　　　　　　　｜＿＿＿↑

to the door は jump の目的語ではなく、jump を修飾しているのです。

jump　to the door　　　戸口へ　飛んでいく
　↑＿＿＿＿｜　　　　　　｜＿＿＿＿↑

on a bus や to the door は jump の対象ではなく、何処に jump するか、どの方向へ jump するのかという jump という動作の空間を規定しているのです。

この文の jump が自動詞か他動詞かの検証として本質的なところで考えてみましょう。

jump という動詞で表される動作は、主語となるものがする動作としては他者に及ばない行為です。動作がそれ自体で終わってしまって他者に及ばない動詞を**自動詞**といいます。

英語では walk, run, jump, swim などは典型的な自動詞です。対象となるものがなくて成立する動作を意味する動詞が自動詞です。

他動詞の直後には目的語が続きますが、自動詞の直後には目的語こそ来ることはありませんが、jump on a bus とか jump to the door のように、自動詞がいろいろな語句を後ろに付けて用いられることは結構多いものです。

「動詞＋名詞」の構造の場合は動詞は他動詞ですが、動詞と名詞の間に前置詞を介在させた jump on a bus とか jump to the door のような「動詞＋前置詞＋名詞」の構造の場合には動詞は自動詞であると理解してください。

【答】 The boy jumped over the river. 「少年は川を飛び越えた」
jumped は自動詞。

2.　She stood in the wind.

stood は stand の過去形ですが、stand は「立つ」「立っている」の意であることを知らない方はいませんね。

「立つ」の過去形は「立った」ですから She stood を「彼女は立った」と訳すと「彼女は立ち上がった」という含みがあることになってしまいますね。「立ち上がる」というのには stand up がぴったりなのです。

stand は立ち上がるという動作よりは「立っている」という状態を表すことが多いということを知っておいてください。そういうわけで She stood は「彼女は立った」ではなく、「彼女は立っていた」という状態でここは意味を取ることにしましょう。

次に stood in the wind の訳し方を考えてみましょう。

stood in the wind から言えることは、風がぴゅーぴゅー吹いている中で立ちつくしていた、という状況が考えられますね。それでいいのですが、「風の中を立っていた」と仮に訳すとします。

in the wind の部分が「風の中を」となりました。他動詞の、目的語が付く特有の助詞「を」がここでも登場したようです。だったら in the wind を目的語と見るべきなのでしょうか。そう見ると stood は他動詞ということになります。

でも「風の中を立っていた」は「風の中で立っていた」と言い換えることもできますね。今度は「を」が消えましたから in the wind は目的語ではなくなったようです。従って stood は他動詞ではなく、自動詞に変身したことになりますね。

しかしここで考えてみてください。in the wind を「風の中を」と訳すか、「風の中で」と訳すかという、訳し方一つによって stood が自動詞であるか、他動詞であるかが決められてしまうことは不自然極まりないのです。

日本語は日本語、英語は英語なのです。これまでも繰り返し言ってきています。ここはこう訳すからといって、その訳した日本語に囚われてしまい、そこから逆算して英語の文構造に潜んでいる論理を無視して勝手な推測をしてはいけないのです。

ここで言えば、in the wind をどう訳すかという問題以前に stood が自動詞か他動詞かは別な観点から考えなければいけません。

stood は「立っていた」の意味で捉えていますが、これが自動詞であるか他動詞であるかは in the wind とは関係なく決まることなのです。

stood という動作には働きかける対象など不要だということです。stood は動作が他者には及ばない行為なのです。だから自動詞なのです。ただ独り立ち続ければいいのが stood という動詞であり、目的語などいらないの

です。それが自動詞なのです。

　それでは stood と in the wind との関係は何でしょうか。
in the wind は stood を修飾する副詞句なのです。

stood　in the wind　　風に吹かれて　立っていた

　こういう図式が成立します。in the wind のような「前置詞＋名詞」の構成の句はやはり目的語にはなり得ず、動詞を修飾する副詞句として生きているのです。

【答】She stood in the wind.「彼女は風に吹かれて立っていた」　stood は自動詞。

3. We walked through the night.

　walked が自動詞であるか他動詞であるかは、through the night が目的語であるかないかで決まるともいえますね。

　でもそれ以前に through the night と関係なく、walk が「歩く」という意味であることを知っていればこの walk は自動詞といえるのです。

　walk とか run が「歩く」「走る」の意味で使われている限りは自動詞です。歩いたり走ったりする動作には働きかける対象などありません。ひたすら自分だけが歩けばいいのだし、走ればいいのであって、相手がいなくて成立する行為なので典型的な自動詞です。

　through the night について分析してみましょう。

　through は綴り字は長いですが前置詞です。「～を通して」「～を通って」の意味でよく使われます。「～」の位置には場所、空間を示すものも来ますが、時間的なものも来ます。

　この文の through the night は時間的なものの例に当たります。「夜を通して」が直訳ですが、「夜通し」とか「一晩中」とかにしても構いません。

　through the night は前置詞が作り出す句ですから目的語にはなれません。やはり副詞句として walked を修飾しています。

walked　through the night　　夜通し　歩いた

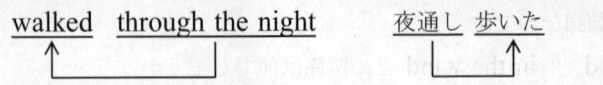

　これまでの学修から分かったと思いますが、動詞の後に「前置詞＋名詞」が続いていたら、この「前置詞＋名詞」は副詞句として直前の動詞を修飾しているのではないかと見ることです。（例外はありますが、今は触れないでおきます）

　「前置詞＋名詞」ですから目的語になることはありません。ですから「前置詞＋名詞」を従えている動詞は自動詞ということになります。

　そしてこの「前置詞＋名詞」が副詞句として直前の動詞を修飾するときに、その動詞で示される動作がどこで行われるかという空間的な規定をしたり、何時行われるのかという時間的な規定をしたりすることが多いということです。

　これまでの例を見てみましょう。

The boy jumped over the river.

における over the river は jumped の空間的な規定です。

She stood in the wind.

における in the wind も stood の空間的な規定です。

We walked through the night.

においては through the night は walked の時間的な規定に当たりますね。

【答】We walked through the night.「私たちは夜通し歩いた」 walked は自動詞。

4. We <u>swim</u> in the river every day.

　これも文意は明瞭ですね。「私たちは川で毎日泳ぎます」の意です。

　swim は「泳ぐ」ですが、泳ぐという動作には働きかける対象はありませんね。何処で泳ぐか、どんな泳ぎ方をするかなどが考えられますが、こういうものは目的語ではありません。swim という動作は他者には及ばないということで自動詞です。

　in the river は前置詞 in が作り出す句ですが swim にかかる副詞句

です。swim をする場所が何処かをいっているのです。in the river は目的語ではありません。

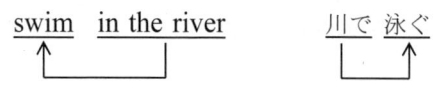

swim　in the river　　　川で　泳ぐ

in the river が swim にかかっていることは分かりましたが、in the river の後にある every day について、この語句が何と関連を持っているかを考えてみましょう。

　We と every day を結んだ日本語は「私たちは毎日」ですね。
　in the river と every day を結んだ日本語は「川で毎日」です。
　swim　と every day を結んだ日本語は「毎日泳ぐ」です。

　「私たちは毎日」と「川で毎日」と「毎日泳ぐ」の三つを比較して考えた場合、結び付きの完結性という点で「私たちは毎日」と「川で毎日」は中途半端なものであることが分かるでしょう。

　「私たちは毎日」は、私たちが毎日何をするのかが表現されていない限り、何を伝えようとしているのか曖昧なままです。

　「川で毎日」も、場所と時間だけは表現されていますが、何をするのかが言われない限り言葉の羅列に終わっています。

　それに対して「毎日泳ぐ」は、主語こそ表現されてはいないものの、何時泳ぐのかということを表現している点で完結しているのです。

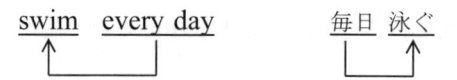

swim　every day　　　毎日　泳ぐ

　このように swim と every day は**修飾・被修飾**の関係にあり、every day が swim にかかっているのです。

【答】　We swim in the river every day.「私たちは川で毎日泳ぐ」
swim は自動詞。

5. **My parents <u>go</u> to church every Sunday.**

　これも平易な文ですから文意は取れますね。「私の両親は教会へ日曜日ごとに行きます」となります。

　go to church が「教会へ行く」であることは誰でも知っていますね。go

to school もそうですが、「〜へ行く」は go to 〜で表します。

go to school を「学校に行く」と訳し、「学校」に「に」という、目的語に付きやすい助詞が付いていても to school が go の目的語になるわけではありません。

go という動詞は働きかける対象など持たないで行える動作です。to church や to school は「前置詞＋名詞」の構造であり go を修飾する副詞句です。

go や come も典型的な自動詞ということができるのです。

ところで「〜へ行く」は go to 〜でいいのですが、go to school や go to church には冠詞が付いていませんね。これはどうしてなのかお分かりですか。

「私は教会の近くに住んでいる」を英語にすると I live near the church. となります。だから church は常に無冠詞で使われるというわけではないのです。

go to school や go to church において school や church が無冠詞で用いられるのは理由があるのです。school や church が「学校」「教会」の建物を意味するのではなく、「授業」「礼拝」の意味で用いられているからなのです。

「授業」や「礼拝」は**抽象名詞**なので無冠詞で使うのです。「授業」や「礼拝」ではなく、それ以外の目的で出向くときには a とか the などの冠詞を伴います。

次の例も見てください。

She went to hospital last month. （彼女は先月入院した）

She went to <u>the</u> hospital to see her son.

（彼女は息子を見舞いに病院へ行った）

建物へその本来の目的で行く場合には無冠詞で、そうでない場合には冠詞が必要になるのです。

学校の本来の目的は授業ですね。教会の場合には礼拝ですね。病院の本来の目的というのは「通院」か「入院」ですね。そういう場合であれば無

冠詞の go to hospital になるのです。

　文末に置かれている every Sunday についても考察しておきましょう。
　every Sunday は go と関係がありますね。でも他動詞と目的語という関係ではありません。every Sunday は前置詞を伴っていませんが「前置詞＋名詞」が副詞句となって動詞を修飾するように go にかかっているのです。

go　every Sunday　　　　日曜日ごとに　行く

　「日曜日に」は on Sunday といいますね。on Sunday は「前置詞＋名詞」ですね。時間に関する副詞句を作るのに day は on を伴いやすいのです。

　それでは何故 on Sunday は on を伴っているのに同じ副詞句の every Sunday は on を伴っていないのでしょうか。

　時間を表す語には day, week, month, year などがありますね。こういう語は前置詞を伴って副詞句を作ることが多いのですが、every や next や last などを前に置いて every day（毎日）、next week（来週）、last month（先月）などとなる場合には前置詞を伴うことなく副詞句として機能するのです。

【答】 My parents go to church every Sunday.　（私の両親は日曜日ごとに教会へ行く）　　go は自動詞。

　自動詞と他動詞の識別法についてかなり学修を進めて来ましたが十分に理解できましたか。自動詞と他動詞を見分けることは英語に強くなる絶対条件であると覚悟してください。

　ある動詞の次に置かれている語句が目的語であるかどうかについてはかなり自信を持って答えられるようになっているのではないでしょうか。

　動詞の直後の語句が名詞か代名詞であれば目的語である率はかなり高く、その動詞は他動詞であるということは経験的に知りましたね。

　同じく、動詞の直後に来ているものが「前置詞＋名詞」の句であれば、これは絶対に目的語になることはなく、多くの場合、動詞を修飾する副詞

句であり、その動詞は自動詞であるということを学修しました。

以上のことは自動詞と他動詞の識別法としては、結果としての形として表れるものをまとめたに過ぎません。

大事なことは、ある動詞が自動詞であるか、他動詞であるかはその動詞が表す動作が働きかける対象を持っている行為であるかどうか、動作が他者に及ばない行為であるかどうかという、本質的な部分で見分けられるようになってほしいのです。

それでは最後に自動詞と他動詞の識別法として、誰にでもこれなら分かるというやり方を紹介しておきましょう。

AさんとBさんが会話をしています。この二人は親友だと思ってください。

場面1　A：　「きのう、私、見ちゃったのよ」
　　　　B：　「え！　何を？」

場面2　A：　「きのう、私、泳いじゃったのよ」
　　　　B：　「え！　どこで？」

場面3　A：　「きのう、私、体験しちゃったの」
　　　　B：　「え！　何を？」

場面4　A：　「きのう、私、12時間も眠ったのよ」
　　　　B：　「え！　どうして？」

場面5　A：　「私、愛しちゃったの」
　　　　B：　「え！　誰を？」

場面1と場面3では、Aさんの言葉に対してBさんは開口一番、「何を」と問いかけていますね。これはAさんの言葉の中の動詞「見る」「体験する」が他動詞として使われていることを示しているのです。

ここでの「見る」は英語では see、「体験する」は experience に当たります。

それに対して、場面2と場面4では、Bさんの最初の言葉は「どこで」と「どうして」ですね。「何を」でないことに注意してください。

これは A さんの言葉の中の「泳ぐ」と「眠る」が自動詞であるということを示しているのです。自動詞だから目的語に当たるものは登場してこないのです。
　場面5の場合には B さんは「誰を」と言っていますが、これは「何を」と同じものです。「愛する」は英語では love ですね。love は典型的な他動詞です。働きかける対象が物ではなく、人間だから「何を」が「誰を」になったのです。

　対話において、目的語を伏せて他動詞を口にした場合には、相手は開口一番にその目的語に当たるものを知りたくて「何を」「誰を」と尋ねるはずです。これは What?　Who?　(Whom?) ですね。それほど他動詞と目的語の結び付きは密接なのです。その答を知って初めて「どうしてなの」(理由)、「いつのことなの」(時間)、「どこでのことなの」(場所) などという質問が加わっていきます。
　ところが自動詞の場合には、情報としては十分ではない言葉を口にしたときには、相手の質問は「どこで」「いつ」「どうして」「どんなふうに」などになる可能性が高いのです。これは Where?　When?　Why?　How? です。他動詞の場合に見られるような What?　Who? を問うことはありません。

　これで第4講を終えます。第5講では自動詞について更に研究を深めていきますので気持ちを新たにして取り組んでください。

用語解説 4 （五十音順）

形容詞句　69 ページ参照
自動詞　動詞で表される動作が働きかける対象（相手）を持たない、言い換えれば、動作が他者に及ばない行為を表す動詞をいう。walk, run, jump, sleep などは典型的な自動詞である。種類としては完全自動詞と不完全自動詞とがある。
述語動詞　36 ページ参照
述　部　36 ページ参照
他動詞　動詞で表される動作が働きかける対象（相手）を持っている動詞をいう。言い換えれば、動作が他者に及ぶ行為を表す動詞である。love, respect（尊敬する）, neglect（無視する）などは典型的な他動詞である。種類としては完全他動詞、不完全他動詞、重目（授与）動詞の三種がある。
動作の対象　他動詞が働きかける相手（人とは限らない）をいう。簡単に言えば、他動詞の目的語のことである。
被修飾　37 ページ「被修飾語」参照
副詞句　71 ページ参照
目的語　目的語というとき、二種類の目的語があるので、どちらのことを言っているのか区別を付ける必要がある。二種類とは、他動詞の目的語と前置詞の目的語である。他動詞の目的語とは、他動詞で表される動作の働きを受ける語、すなわち動作の対象（相手）となる語をいう。前置詞の目的語というのは前置詞の後ろに置かれて、前置詞と組み合わせて句を作る場合の名詞、代名詞をいう。

vi. 自動詞のことを簡潔にいう記号で、辞書でよく使われる。intransitive verb の略

vt. 他動詞のことを簡潔にいう記号で、辞書でよく使われる。transitive verb の略。

第5講　自動詞の二種類

　前の講で自動詞と他動詞について学修しました。自動詞と他動詞の区別は付くようになったと思います。
　自動詞というのは一口で言えば、目的語を持たない、つまり動作が他者に及ばない動詞のことです。
　しかしその自動詞も実は、理屈通りに割り切れるような一律なものではないのです。大別して二種類の自動詞があります。
　この区別ができるようになると英語が一段と面白くなるし、大きなステップアップに繋がることになります。その点については、この講でじっくりと取り組んでみたいと思います。

演習題 8

　次の各文の下線の語について動詞の種類を考えながら和訳しなさい。

1. The concert <u>began</u> with a violin solo.
2. She <u>became</u> a magician.
3. The girl <u>spoke</u> to me in a friendly way.
4. She <u>looks</u> a dancer.
5. The child <u>grew</u> a strong wrestler.

---

1. The concert <u>began</u> with a violin solo.

　The concert が主語であることは間違いありません。concert は「音楽会」「演奏会」または片仮名で「コンサート」でも構いません。
　concert に定冠詞 the が付いている理由は分かりますか。これは「相互理解の the」に当たります。concert といえば、最近私たちが出かけた、あのコンサートであるという相互の了解があって話題にしているのです。

こういう場合は The concert を「その演奏会」と几帳面に訳す必要はありません。単に「演奏会」で十分です。

次の began は begin の過去形です。過去分詞は begun です。begin には「始める」と「始まる」の二つの意味があります。

「始める」の場合には「〜を始める」ということができますから他動詞ということになります。「始まる」は動作が他者に及ばないので自動詞ということになります。

この began はどちらでしょうか。答は先刻から分かっているという方が多いと思いますが、その後の with a violin solo を検討してみましょう。

a violin solo は「バイオリンの独奏」です。「バイオリンのソロ」と片仮名で言っても構いません。これには with という前置詞が加わっていて句になっています。

もしこの with がなかったら began a violin solo となり、これは「バイオリンの独奏を始めた」となり、この began は他動詞ということになります。

でも実際には with a violin solo ですから「前置詞＋名詞」は目的語になることはなく、began を修飾する副詞句になることは間違いありません。

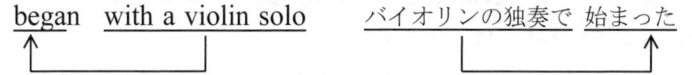

began　with a violin solo　　バイオリンの独奏で 始まった
　↑←―――――――――――――――|　　　　　　　　　|―――――→↑

この演奏会がどんなふうに始まったのかを言っているのが with a violin solo であり、これは began に対する副詞句であり、目的語ではありません。目的語を持たないので began は自動詞ということになります。

この began のように、自動詞であって、動作が他者に及ぶことはなく、当然ながら目的語は持たず、後に何かを伴うとしても副詞か副詞句でしかない自動詞を**完全自動詞**といいます。

この完全自動詞を縮めて**完自**という言葉で今後は使っていきたいのです。完自という用語に完全に慣れ、自分からも使えるようになるまでには時間がかかると思いますので、この講では「**完全自動詞（完自）**」と表記しておきます。

前の講でも自動詞はいくつも出てきましたが、その多くは完全自動詞（完自）だったのです。今後は自動詞を認識する場合に、完全自動詞（完自）か、そうでないかに関心を払うようにしてください。

【答】 The concert began with a violin solo. 「演奏会はバイオリンの独奏で始まった」　began は完全自動詞（完自）。

2. She became a magician.

became は become の過去形です。過去分詞は become であることも知っていますね。become は「～になる」という意味であることも誰でも知っていますね。

a magician は「奇術師」です。今は「マジシャン」という片仮名の呼称でも通用しています。

ところでこの a magician は became の目的語でしょうか。became a magician と並んでいると a magician は何となく became という動詞の目的語のように見えます。本当に目的語でしょうか。

そうではないのです。この文は she という人物が、最初は奇術師ではなかったのですが、何かの事情の変化によって奇術師になったということを示しているのですから、became という動詞の動作が a magician というものに働きかけているのではありません。

a magician は became という動詞の対象となってはいないので目的語とはいえません。従って became は他動詞ではないのです。

a magician が目的語ではないということを次のように考えてみてください。

この a magician なる言葉は主語である she というものに一致する関係であることを became という動詞が言い表しているわけです。

これまでたくさん出てきた他動詞の例を思い起こしてください。次の例で見てみましょう。

She loves her dogs. （彼女は飼っている犬を愛している）

She が主語で、loves が他動詞でその目的語が her dogs です。her

dogs は loves という動詞が働きかける愛情の対象ですから、She と her dogs が一致することはあり得ないことです。

　一般的に言えることですが、他動詞を間に挟んでの主語と目的語が同一人物であったり、同一物であったりすることは決してありません。主語が他者に働きかけるのが他動詞ですから、主語と目的語は明らかに別人、別物なのです。

　She became a magician. においては She と magician は別人とは言えませんね。同一人物というのは多少語弊があるのですが、それに近いですね。何しろ彼女が奇術師なのですから。

　従って became は他動詞ではなく自動詞なのです。だから a magician は目的語ではないのです。

　でもこれまで何度も出てきた自動詞は、その自動詞の後に何も名詞のようなものは付いていませんでしたね。

　名詞があったとしてもそれには前置詞が付いていて副詞句を構成して、その自動詞を修飾するものになっていたのです。上例でも a violin solo は名詞ですが、それには with が付いて副詞句になっていました。

　しかしながらこの became という自動詞は a magician という名詞を伴っています。だから一見すると、他動詞のように思われるのです。

　そこで次のようなことが結論的に言えるのです。

　自動詞にも二種類があることが考えられるのです。すなわち、主語に対して動詞が用いられ、その動詞が単に一つの動作を言い表すだけでよい場合の自動詞と、ここの She became a magician. のように主語に対する動詞が、その主語に一致する言葉を結び付ける働きをする自動詞と、自動詞が二種類に分かれているということです。

　この後者に当たる自動詞を**不完全自動詞**といいます。そしてこの不完全自動詞の後に置かれて、主語と一致することになる名詞を**補語**と称します。この補語になるのは名詞ばかりではなく、形容詞ということもあります。

　完全自動詞を完自と縮めて呼ぶことにしましたが、同じように不完全自動詞を短くして、**不完自**という用語で親しんでもらいたいのです。この講

では「**不完全自動詞（不完自）**」と併記しておきますが、読者の皆さんには「**不完自**」という言葉の方に親しみを持ってもらいたいのです。

【答】 She became a magician. 「彼女は奇術師になった」 became は不完全自動詞（不完自）。

3. The girl spoke to me in a friendly way.

in a friendly way を最初に解明しましょう。friendly は -ly で終わっていても副詞ではなく形容詞です。意味は「親しい」「友好的な」であることは知っていますね。この friendly は way にかかっていることも分かりますね。

way には「道」「道筋」という意味もありますが、「方法、やり方」の意味でもよく使われます。そして「〜の方法で、〜のやり方で」というときに前置詞 in を付けて in a 〜 way という句で登場します。それが in a friendly way です。

in a friendly way は spoke にかかっていることは分かりますね。

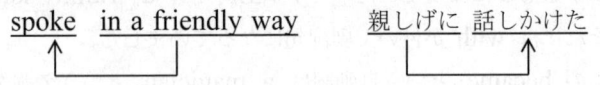

spoke　in a friendly way　　親しげに　話しかけた

次に述語動詞である spoke について研究してみましょう。

spoke は speak の過去形で過去分詞は spoken ですね。

speak は自動詞にも他動詞にも使われます。speak English というときは speak は他動詞です。English が目的語になっていますから。

spoke to me の場合は spoke は自動詞でしょうか。それとも他動詞でしょうか。訳は「私に話しかけた」です。

「に」という助詞が「私」に付いていても to me が目的語ということにはなりません。to me のような「前置詞＋名詞」のかたまりは絶対に目的語になることはありません。to me は副詞句として spoke にかかっているのです。

spoke　to me　　私に　話しかけた

なお speak は「話す」ですが、speak to ～は「～に話しかける」として覚えてしまってください。これも慣用表現です。

ここまで見てきたところでは spoke の後にあるのは to me と in a friendly way という二つの副詞句であって、主語の The girl と一致するような名詞や形容詞はありませんね。従って spoke は動詞の種類は完全自動詞（完自）ということになります。

【答】 The girl spoke to me in a friendly way. 「少女は私に親しげに話しかけた」　spoke は完全自動詞（完自）。

4. She <u>looks</u> a dancer.

dancer は「踊り子」ですが「ダンサー」でも構いません。「踊る、ダンスをする」という動詞 dance に「～する人」の意味の接尾辞 -er を付けたものです。もっとも dance が e で終わっているために、結果的には r だけを添えた形になっていますが。

ところでこの文の述語動詞である looks はどういう意味でしょうか。looks には「見る、注視する」という意味があることは知っていますね。

それを適用すると She looks a dancer. は「彼女はダンサーを見る」とでもなるところです。でもこの訳し方は正しくありません。

「～を見る」に look を使うのであれば look at ～としなければならず、She looks at a dancer. とでもあれば「彼女はダンサーに注視する」の意が得られるのです。

ではこの look の意味は何なのでしょうか。look の直後に前置詞がなくて、名詞や形容詞が来ていたら look は「～に見える」と訳すことが多いのです。彼女がダンサーを見たりするのではなく、彼女がダンサーに見えるのです。彼女と別にダンサーが存在しているのではなく、ここには彼女ひとりしかいないのですが、その彼女がどういうわけか外見なり、様子などからするとダンサーのように思えると言っているのです。

彼女がダンサーに何かを働きかけたりはしていません。存在してはいないものを対象に何かをするわけにはいきませんね。だから a dancer は目

的語ではないのです。

　見る人の主観からすると、事実はともかく、彼女はダンサーなのですから、a dancer はある意味では彼女と一致するとも言えますね。主語と一致する語句を主語と結び付けているのが looks という動詞ですから looks は不完全自動詞（不完自）ということになります。

　主語である She と一致する a dancer は目的語ではなく、補語であるということは既に解説済みですが確認してください。

　「見る」と「見える」は一字違いですが、大きな違いが存在しています。ところが同じ「見える」でも二通りの「見える」があるのです。

　「富士山が見える」と「富士山に見える」とはまるで違う英語になります。

　「ご覧よ、富士山が見えるよ」は英語にすると

　　Look! We see Mt. Fuji.

になります。最初の Look は間投詞的に用いられて注意を促していますが、見る対象が表現されているわけではないので完全自動詞（完自）といえます。

　see が「見える」に当たりますが、見る対象が Mt. Fuji だから Mt. Fuji は see の目的語であり、see は他動詞ということになります。

　では「あの丘は富士山に見えるね」は英語にするとどうでしょうか。

　　That hill looks Mt. Fuji.

となります。That hill と Mt. Fuji は別個の存在ではなく、完全な一致はしていなくても、観察する目に映った限りでは一致していると言えるわけです。

　そうすると主語 That hill と一致する Mt. Fuji を結びつける looks は不完全自動詞（不完自）ということになります。Mt. Fuji は looks の補語というわけです。

　同じ「見える」にも区別しなければいけない二つがあることを解説しました。

　「富士山が見える」の場合の「見える」は目に映るという意味で see に

当たります。

　後者の「富士山に見える」は「〜に見える」という意味で look を使います。

　That hill looks Mt. Fuji. の looks は不完全自動詞（不完）の訳語をいう場合には「〜」を付けて「〜に見える」のように表現します。

　この「〜」の位置に補語が入ります。**不完全自動詞（不完）と補語**とは切っても切れない密接な関係にあります。

　他動詞とその目的語も密接な関係にありますが、その組み合わせと「不完全自動詞（不完）＋補語」の組み合わせとが何時でも区別できるようになるとよいのです。

　これを識別するには実はごく簡単な方法があるのです。

　既に申し上げていますが、他動詞の場合は主語と、目的語で表される名詞は**別物**ですが、不完全自動詞（不完）の場合には、主語と補語とはある意味で**一致するもの**であるということです。She looks a dancer. に話を戻しますが、この looks の訳語を問われたら、「見える」ではなく、「〜に見える」と表現します。こういう不完全自動詞（不完）の look の次には、主語の外見や様子から判断できる主語と一致する名詞や形容詞が補語として来るのです。

【答】　She looks a dancer. 「彼女はダンサーに見える」　looks は不完全自動詞（不完）。

5. The child <u>grew</u> a strong wrestler.

　a strong wrestler は文字通りには「強いレスラー」です。レスリング（wrestling）をする人はレスラーですが、レスリングに限らず、お相撲さんも wrestler と表現できますが、区別するために sumo wrestler といったりもします。

　grew はどう訳したらよいでしょうか。grew は grow の過去形ですが、grow はいろいろな意味で使われます。次の文を見てください。

① We <u>grow</u> lots of vegetables in the garden.
　　（私たちは庭でたくさんの野菜を育てる）

② Bamboos <u>grow</u> only in warm countries.
　（竹は暖かい国でしか育たない）

　①の grow は「～を育てる」の意で他動詞です。lots of vegetables がその目的語になっています。grow という動作の対象として「私たち」が働きかけるのが lots of vegetables です。

　それに対して②では Bamboos が主語で、それが暖かい国で育つと言っています。主語の Bamboos が何かに対して働きかけたりはしていませんね。grow の後にあるのは only in warm countries という副詞句だけです。従って grow は「育つ」という意味の完全自動詞（完自）です。

　問題文に戻りましょう。

The child grew a strong wrestler.

　この grew を①の意味の「～を育てる」という他動詞に取るとどうでしょうか。「その子は強いレスラーを育てた」となります。形の上では「主語＋他動詞＋目的語」に取ることは可能だとしても、子供が主語であり、「子供がレスラーを育てる」のは内容的には不自然ですね。

それに grow を「～を育てる」という他動詞に取る場合には、目的語は花、草木などの植物に限られているのです。

　そこで少し発想を変えてみましょう。This child と a strong wrestler が別人ではなく、同一人物であると考えたらどうでしょうか。つまり grew を不完全自動詞（不完自）に取るのです。

　そうするとどうなるでしょうか。「その子は強いレスラーになった」が得られます。grow には「～になる」という意味があるのです。これは立派な不完全自動詞（不完自）ですね。

　「～になる」は become だけではなく grow もあるのです。grow は「(次第に)～になる」の含みで

　It is growing dark.　（暗くなりつつある）

のように使うことが多いのです。ここでは dark という形容詞が grow の補語になっています。

【答】 The child grew a strong wrestler.「その子は強いレスラーにな

った」grew は不完全自動詞（不完自）。

　自動詞の二種類、**完全自動詞（完自）**と**不完全自動詞（不完自）**について研究を進めてきました。不完全自動詞（不完自）に特有の**補語**というものについての理解も深めてきました。

　「他動詞＋目的語」はともかく、「不完全自動詞（不完自）＋補語」という概念は英語の学習者にとっては最難関の事項の一つなのです。補語というものが現在のところまだ十分に理解できないと言われる方も多いと思います。

　今後も繰り返し補語とか不完全自動詞（不完自）というものに取り組む機会がありますから、焦らずに一歩ずつ進んで行くことにしましょう。

---演習題 9---

次の各文の下線の語について動詞の種類を考えながら和訳しなさい。

1. Sugar <u>tastes</u> sweet.
2. Between Japan and America <u>lies</u> the Pacific.
3. This paper <u>feels</u> rough.
4. I <u>called</u> on him at his office yesterday.
5. Her dream <u>came</u> true at last.

---

1. Sugar <u>tastes</u> sweet.

　主語の Sugar は冠詞を付けず、単数形で使われています。sugar は名詞のうちでも物質名詞といわれるもので、限定を受けない限り the も付かず、このように無冠詞で用いられることが多いのです。

　sweet には「甘い菓子」の意の名詞もありますが、ここでは「甘い」の意の形容詞です。

　tastes は「～の味がする」「味を感じる」「～の味見をする」などの意味を持っている動詞です。実はこの三つの使い方には動詞の種類がからんでいるのです。

　「味を感じる」と「～の味見をする」の二つについて文例を出しておきましょう。

　I cannot <u>taste</u> well because I have a cold.
　（私は風邪を引いているものだから味がよく分からない）

　この場合の taste が「味を感じる」ですが、この taste には目的語はないので他動詞ではなく、主語の I と一致する補語に当たるものもないことから完全自動詞（完自）ということになります。

　I <u>tasted</u> the wine before the meal.
　（食事の前に私はワインを試飲した）

　この tasted は「～の味見をする」の意で the wine が目的語になって

いる他動詞です。それでは問題文の

　　Sugar tastes sweet.

における tastes の動詞としての種類は何でしょうか。tastes の意味は「〜の味がする」です。

　tastes の後の sweet は形容詞ですね。形容詞というものは単独では目的語になることはありません。このことは単純なことではありますが基本的なこととしてしっかりと理解しておいてください。

　目的語というのは他動詞があって、その他動詞で表される動作をすることで主語が働きかけをする相手のことです。だからその相手は名詞か代名詞でなければならないのです。

　働きかけをする相手が形容詞などという実体のないものであったら、他動詞で表される行為を受けとめようがないのです。

　だから tastes sweet において sweet が形容詞である限り tastes を他動詞とすることはできません。

　sweet が目的語でないことが理解できたとします。それではこの sweet は文の中で一体、どんな役割を果たしているのでしょうか。

　sweet が形容詞である以上は tastes を修飾するということはありません。tastes を修飾するのであれば sweetly という副詞の形を取るはずですから。sweet は目的語ではない、副詞として tastes を修飾するわけでもない、となったら残る選択肢はただ一つです。補語ではないかと考えるのです。

　これまでの分析研究においては、補語というものは不完全自動詞（不完自）を介して、主語と一致するものであるということを確認してきました。補語はこれまでのところでは名詞であることが多かったと思います。

　今は補語と見なす sweet は形容詞です。果たして主語の sugar と sweet は一致すると考えられるのでしょうか。

　これまでは主語と一致するものが補語であると再三強調してきました。The child grew a strong wrestler. の例がそうでしたが、主語と補語が一致するという説明は、補語が名詞の場合には相応しいのですが、補語

が形容詞の場合には「一致するもの」にこだわらず、「主語の性質や状態を表すものが補語である」という修正を入れた方が分かりやすいと思います。

そうすると sweet は主語である sugar が持っている性質を表している形容詞ということになり、ずばり補語に相応しいものと考えられますね。

これも大事なことなのですが、補語について考えるとき、補語が名詞だろうと形容詞だろうと何時でも共通して言えることがあるのです。

それは主語と補語の間に常に、**イコール関係**があるということです。このイコール関係という言葉について説明を加えておきましょう。

イコールというのは数式でいうイコールです。等号とも言いますね。記号としての「＝」です。

例えば 3＋2 は 5 ですね。

これを数式でいったら 3＋2＝5 です。

これを英語でいうとしたらどうなるでしょうか。

Three and two is five. または Three and two are five. としてもいいのです。

ほかにも Three plus two is five. または Three plus two are five. とか Three and two makes five. などもあります。

イコールの記号「＝」に当たる英語としては be 動詞が多く使われていますね。だからイコールは be 動詞で表すと覚えてください。

先程、主語と補語との間に常に、イコール関係があると断定しました。そしてイコールは be 動詞であると言いました。

このことをこれまでに出てきた文例を取り上げて実証してみようと思います。

① She became a magician.

② She looks a dancer.

③ The child grew a strong wrestler.

①では補語の a magician は主語の She と一致する姿として見ることもできるし、She のその時の状態と見ることもできますね。だから補語なのですが、この She と a magician はイコール関係にあります。イコー

ル関係は be 動詞で繋ぐことができます。

だから主語の She と補語の a magician を be 動詞で結んでみましょう。became が過去ですから、使う be 動詞も過去形にします。

She was a magician.

という英文が得られました。これは「彼女は奇術師であった」ですね。原文の「彼女は奇術師になった」ということと矛盾はしませんね。ある時、彼女が奇術師になったわけであり、それ以降は彼女は奇術師であったのですから She was a magician. というのは事実として通用する文といえます。

一般化して言えば、be 動詞以外の動詞が不完全自動詞（不完自）として用いられているときに、その不完全自動詞（不完自）を be 動詞で置き換えてできる文は、文法的に正しい文であると同時に、元の文と内容的に矛盾しない文であるということです。

さっそく ② でこれを適用してみましょう。looks を be 動詞で置き換えて得られる文は次の通りです。

She is a dancer.

これは「彼女はダンサーである」となり、原文の「彼女はダンサーに見える」とは文意は確かに違います。is と looks の違いは確かに存在します。

しかし脇からの観察者にとっては「彼女はダンサーである ＋ ように見える」と言うことであって、別段内容としては矛盾することではないのです。

③ でも grew を be 動詞で置き換えてみましょう。ただし当時は子供であった人物がレスラーになったのですから、その間に時が経過し、もう子供ではありませんから The child の代わりに大人になった He を主語にしましょう。

He was a strong wrestler.

この文が文意として含むところは「当時は子供であった彼も今や強いレスラーであった」ということになります。

不完全自動詞（不完自）が使われている文では「**主語イコール補語**」が

常に成立するという命題の解説はひとまず終わりにしようと思いますが、今後もこのことは折に触れて繰り返し出てきますので十分に理解を図るようお願いいたします。

　もうお気付きだと思いますが、不完全自動詞（不完自）を代表する動詞は何かと問われたらすかさず be 動詞と答えてください。

　ただし be 動詞には二大用法がありましたね。**「存在を表す be 動詞」** と 「**補語をとる be 動詞**」でしたね。

　不完全自動詞（不完自）の代表としての be 動詞はもちろんこの後者の「補語をとる be 動詞」です。

　もう一度原文に戻ってこの文の動詞 tastes を be 動詞で置き換えてみましょう。

　　Sugar is sweet.

が得られます。「砂糖は甘い」ですから、原文の直訳「砂糖は甘い味がする」と矛盾するところはありませんね。

　ここで一つ強調しておきたいことがあります。不完全自動詞（不完自）というのは「補語をとる be 動詞」と親戚関係にあります。動詞としての性格の点で同じグループに入る動詞だということです。

　不完全自動詞（不完自）を be 動詞で置き換えて文が成立するということがその何よりの証拠ですが、この tastes という不完全自動詞（不完自）についてその訳語を考えてみましょう。

　taste は「〜の味がする」としましたが、これは「味は〜である」と言い換えても構いません。そうすると最後の部分の「〜である」は補語をとる be 動詞の訳語「〜である」と完全に一致することになります。だから taste sweet は is sweet と無縁ではないということに納得がいきますね。補語をとる be 動詞を味に関していう場合には taste がその代理をしているというわけです。

　【答】 Sugar tastes sweet.　「砂糖は甘い味がする」　　tastes は不完全自動詞（不完自）。

2. Between Japan and America <u>lies</u> the Pacific.

述語動詞の lies は主語が三人称単数現在の形を取っていますが、原形は lie です。lie は lie - lay - lain と活用変化します。

これと紛らわしい動詞に lay - laid - laid と活用変化する lay があります。この二つを区別するために、lie は「横たわる」、lay は「横たえる」と覚えます。

「横たわる」は自分が横になるだけの話なので自動詞です。「横たえる」は何かを横にするのですから、目的語をとる他動詞ということは分かりますね。lie は自動詞、lay は他動詞と認識してください。

この二つの活用変化のどんな形が出てきても自動詞、他動詞の区別を付けて扱うようにしてください。

ところでこの文の述語動詞は lies ですが、その主語は何でしょうか。

文頭の Between Japan and America が主語であるとか、Japan and America が主語であると考えた人はいませんか。

Between は前置詞です。Between A and B という場合には「A と B の間に」と訳します。

従って Between Japan and America は前置詞が作り出す句であって、主語になることは決してありません。

繰り返して何回も言ってきましたが、「前置詞＋名詞」は主語になることはあり得ないのです。主語に成りうるものは名詞か代名詞です。付け加えるとすれば名詞に相当するものです。

そういうわけでこの文の主語は the Pacific を置いてはほかにないのです。Between Japan and America は副詞句として lies にかかっています。lies は「横たわっている」でもいいし、「ある」としても構いません。

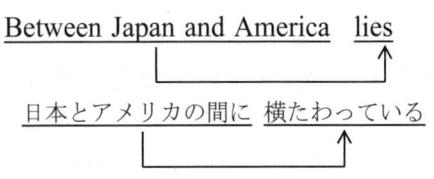

<u>Between Japan and America</u>　<u>lies</u>

日本とアメリカの間に　横たわっている

では何故この文は主語の the Pacific を文頭に置かず、「述語動詞＋主語」という**倒置形**になっているのでしょうか。

もうお分かりになっているかと思いますが lies の動詞の種類は完全自動詞（完自）ですね。lies を挟んで副詞句と主語しかないので lies は典型的な完全自動詞（完自）ということが分かります。

完全自動詞（完自）が動詞として使われている文は**倒置**が起きやすいのです。ただし無条件に倒置が起きるわけではありません。

完全自動詞（完自）を修飾する副詞か副詞句があるときに、それを文頭に置いて「副詞（句）＋述語動詞＋主語」という形の文にすることがよくあるのです。

この文はその条件に適っているというわけなのです。もちろんこの文は倒置を起こさずに

The Pacific lies between Japan and America.

としても申し分のない英語であり、文意も何も変わるところはありません。

なお、この lies に代えて is を用いて

The Pacific is between Japan and America.

という文を作っても文意は lies の場合と変わりません。この is は be 動詞の二大用法のうちの「**存在を表す be 動詞**」に当たります。ここで使われた is は動詞の種類は完全自動詞（完自）ということになります。

不完全自動詞（不完自）の代表は何といっても「**補語をとる be 動詞**」と前に言いましたが、完全自動詞（完自）の代表に「**存在を表す be 動詞**」を挙げてよいことも心得ておいてください。

【答】 Between Japan and America lies the Pacific. 「日本とアメリカの間に太平洋が横たわっている」 lies は完全自動詞（完自）。

3. This paper <u>feels</u> rough.

この文を一見しただけで述語動詞として使われている feels の種類が分かるようになりましたか。

This paper が主語で、述語動詞が feels で、その後にある rough が品

詞としては形容詞であると分かれば、feels は文句なしに不完全自動詞（不完自）と断定できるのです。

　rough は形容詞だから目的語にはなりません。feels が不完全自動詞（不完自）で、rough はその補語としての役割を果たしているのです。

　rough は主語 This paper の性質（紙質）を言っている形容詞です。rough にもいろいろ意味がありますが、紙質としては「ざらざらしている」という訳語が当たります。

　「主語 ＝ 補語」ということをこの文で検証してみましょう。feels が現在時制なので feels の代わりに is を用いて This paper と rough を結べば

　This paper is rough.

が得られます。This paper feels rough. は意味を取るためには、この This paper is rough. を訳すことでよかったのです。

　一般には feel には次のようないろいろな使い方があります。

　The doctor felt my pulse. （医者は私の脈を取った）

　feel はここでは「触る」の意で他動詞です。

　I felt the rain on my face. （顔に雨が当たるのを感じた）

　この feel は「～を感じる」の意で他動詞です。

　We feel we shall win. （私たちは勝ちそうな気がする）

　この feel は「～を思う」の意で他動詞で、we shall win が目的語です。

　I feel sleepy this morning. （今朝は眠い）

　この feel は「～と感じる」の意で不完全自動詞（不完自）です。

　The air feels cold. （空気が冷たく感じられる）

　この feel は「～の感じがする」の意で不完全自動詞（不完自）です。

　この最後の文例の feel が問題文の This paper feels rough. の feels と同じ用法だということが分かりますか。

　This paper feels rough. での feels は「手触りが～である」と訳すこともできます。最後の部分の「（手触りが）～である」は補語をとる be 動詞の訳し方「～である」と一致します。

そういう点からも、この feel に関して言えば be 動詞のようなものだということになるのです。

【答】 This paper feels rough. 「この紙は手触りが粗い」 feels は不完全自動詞（不完自）。

4. I called on him at his office yesterday.

call のような、綴り字が短い動詞ほどさまざまな意味用法を持っています。

They called my name. （彼らは私の名を呼んだ）

この call は「大声で呼ぶ」の意で他動詞です。

Mother called us home. （母は私たちを家に招集した）

この call は「招集する、人を呼び集める」の意で他動詞です。

Did you call me this morning? （今朝、私に電話しましたか）

この call は「電話する」の意で他動詞です。

以上の三つの call はいずれも目的語がはっきりしていて他動詞といえますが、次のような場合は call の動詞の種類はどうでしょうか。

We called for help. （私たちは助けを求めた）

この called の動詞の種類の判定に当たっては、訳文から判断しようとするとどうなるでしょうか。

「助けを求めた」とありますから、「助け」に助詞「を」が付いているから help を目的語であると考え、called は他動詞だという割り切り方をする人がいるかもしれません。

この考え方はまるっきり駄目だということはありません。一理も二理もあるのです。

ただし厳密には次のように考えれば正当性が生じるのです。

call が他動詞で help がその目的語である、という部分を修正して、call for を一つの**熟語動詞**と見なし、その目的語が help であるとするのです。

つまり call for ～を「～を求める」という他動詞に割り切って考えるということです。

実用的にはそれで構いません。そういうようにして

get over ～　　（～に打ち勝つ）
look at ～　　（～を見る）
run after ～　　（～を追いかける）
send for ～　　（〈人〉を呼びにやる）
speak to ～　　（～に話しかける）
stand for ～　　（～を表す）

などの、平易な動詞が作り出す**慣用句**を覚えることは悪くはありません。むしろこういう**慣用表現**は積極的にどんどん身に付けてください。

ただし、そういう表現を覚えることとは別に、次のようにも考えてみましょう。

　for help は「前置詞＋名詞」ですね。直訳すれば「助けを求めて」の意になります。前置詞の for には目的・追求を表す「～のために、～を求めて」の意があるので、その意味での for help が副詞句として call にかかっていると考えるのです。その場合の直訳は「助けを求めて叫ぶ」ですが、必ず「叫ぶ」という仕草を伴わなくても比喩的に使うようになって call for help は単に「助けを求める」となったのです。

　このように考えれば、call for ～を「～を求める」と、他動詞的表現として覚えることと、call は完全自動詞（完自）で for help はそれを修飾する副詞句であると分析することは矛盾することではないのです。

　問題文に戻りましょう。

　I called on him at his office yesterday.

では called の次に on him という句が付いています。その後に at his office と続けています。

　実は call for ～と同じようにして call on ～と call at ～を慣用句として捉えることができるのです。

　call on ～は「（人を）訪問する」であり、call at ～は「（場所を）訪問する」となります。

　call on ～も call at ～も visit（訪問する）で置き換えることができま

す。

　visit は他動詞ですから call on や call at もそれぞれが他動詞であると見ることはできますが、それはあくまでも call on や call at が visit で置き換えが可能であるということを前提にしての、実用からくる便宜的なものだということを知っておいてください。on him や at his office はあくまでも副詞句であり、完全自動詞（完自）である call を修飾しているのです。

　【答】 I called on him at his office yesterday. 「私はきのう、彼を勤め先に訪問した」　called は完全自動詞（完自）。

5.　Her dream came true at last.

　最初に at last に触れておきましょう。at last は「ついに、やっと」の意味で使われる副詞句です。come という動詞を修飾していると見ることには異論はありませんね。

　問題は come true です。come は「来る」の意味が第一義で、圧倒的にこの意味で使われることが多いですね。その場合には完全自動詞（完自）です。

　しかし come には後に形容詞を伴う用法もあります。その場合には形容詞を踏まえて come ～を「～になる」と訳すことになります。この場合の形容詞は補語としてしか考えられませんから come は不完全自動詞（不完自）ということになります。

　come true がこれに当たります。「本当になる」と訳せますが、主語が dream ですから、その dream を絡めて訳せば「夢が本当になった」→「夢が実現した」とすることができます。

　come が形容詞を伴う文例を挙げておきます。

　Everything will come *right* in the end.
　（最後には万事うまくいくでしょう）

　Driving a car will come *easy* with practice.
　（車の運転は練習することで易しくなります）

come が形容詞を伴う用法は上例のように、好都合な結果になる場合が多いといえます。

　come と対になると考えられる go にも形容詞を伴う不完全自動詞（不完自）の用法があります。

The milk in the refrigerator went *bad*.
　（冷蔵庫内のミルクが腐った）

He often goes *wild* with excitement.
　（彼は興奮して取り乱すことがよくある）

　go が形容詞を伴う用法は come の場合と違って、思わしくない状態に変化する際に使われることが多いのです。

【答】　Her dream came true at last. 「ついに彼女の夢は実現した」came は不完全自動詞（不完自）。

　これで自動詞の二種類の研究は一段落したわけですが、講を変えてこれからも動詞を中心とする分析研究は続きますから、自動詞に関することで、自信を持って理解することができないことが生じた場合にはこの講に立ち戻ってみてください。

◆不完全自動詞（不完自）の種類

不完全自動詞（不完自）は次の二つに大別することができます。

（1） **be** 型　ある状態を表すもので、be 動詞で置き換えても意味はあまり変わらないもの

be 動詞, lie stand, sit など	The child *sat* quiet all the time. （その子はずっと静かに座っていた） The notebook *lay* open on the desk. （ノートは机の上に開かれたままだった）
keep, remain など	We *kept* standing in the train. （私たちは車中、立ちづめであった） He *remained* poor all his life. （彼は生涯貧乏なままだった）
seem, look, appear など	She *looks* very happy. （彼女はとても幸せそうだ） He *appeared* very tired. （彼はとても疲れているようだった）
smell, taste, feel, sound など	His plan *sounds* great. （彼の案は聞くとよさそうだ） This persimmon *tastes* bitter. （この柿は渋い） The air *felt* fresh. （空気が爽やかに感じられた）

(2) **become** 型　ある状態になることを表すもの。
become で置き換えても意味はあまり変わらないもの

become, get, grow, turn など	I always *get* nervous before exams. （試験の前はいつも落ち着けない） He *grew* much taller than his father. （彼は父親よりずっと背が高くなった） His face *turned* pale at the news. （知らせを聞いて彼の顔は真っ青になった）
come, go, run, fall など	It will *come* all right in the end. （最後にはうまく納まるだろう） The apples have *gone* bad. （りんごが腐ってしまった） The dam will soon *run* dry. （ダムはすぐに干上がるだろう） Somehow I *fell* asleep then. （どういうわけかその時私は眠ってしまった）
prove, turn out など	The plan *proved* to be a great success. （その案は大成功であった） The rumor *turned out* false. （噂は間違っていた）

用語解説 5 （五十音順）

イコール関係　不完全自動詞（不完自）を介して主語と補語はイコールであるという。また不完全他動詞（不完他）を介して目的語と補語はイコールであるという。この場合、補語は主語の、あるいは目的語の性質、状態を表す語句であり、内容的に一致するものであるから、主語と補語は間に be 動詞を入れてセンテンスを作り出すことができる。目的語と補語においてもこのことは同様に成立する。

完全自動詞（完自）　他者に働きかけることなく動作が完結する動詞を自動詞というが、その自動詞の中でも補語を持たないものをいう。従って完全自動詞（完自）を述語動詞とする文は通常、「主語＋完全自動詞（完自）＋副詞（句）」だけで構成され、目的語や補語を持ってはいない。

自動詞　94 ページ参照

述語動詞　36 ページ参照

相互了解の the　15 ページ参照

他動詞　94 ページ参照

倒　置　36 ページ参照

be 動詞の二大用法　37 ページ参照

不完全自動詞（不完自）　他者に働きかけることなく動作が完結す動詞を自動詞というが、その自動詞の中でも補語を持つものをいう。主語と補語をイコール関係で結びつけるものが不完全自動詞（不完自）であり、主語の性質、状態を述べることになる形容詞、名詞を従える動詞をいう。不完全自動詞（不完自）を代表するものは be 動詞である。

副詞句	71 ページ参照
補　語	37 ページ参照
目的語	71 ページ参照

第6講　他動詞の三種類

　第4講で解説しましたが、動詞には自動詞と他動詞があります。この区別は一口で言えば、目的語を持っているか、持っていないかでしたね。目的語を有しないのが自動詞で、目的語を有するのが他動詞です。

　この場合、目的語とは何であるかということが分かっていないと意味がありませんね。**目的語**は一口で言うと、**動作の対象**となるものです。だから目的語を持っている他動詞は他者に働きかける動作をする動詞ということになります。

　動詞に関しては**自動詞**と**他動詞**の区別がまず基本ですが、第5講では自動詞の二種類について学修をしました。**完全自動詞（完自）**と**不完全自動詞（不完自）**です。完全自動詞（完自）と不完全自動詞（不完自）の区別は補語が有るか、無いかでしたね。補語を有しないのが完全自動詞（完自）で、補語を有するのが不完全自動詞（不完自）です。

　自動詞に関しての**補語**というのは、一口で言えば、主語の性質、状態をいう主語と一致する形容詞や名詞のことです。

　この講ではあらためて他動詞について研究をいたします。最初に他動詞の種類について触れておきます。

　自動詞には完全自動詞（完自）と不完全自動詞（不完自）の二種類がありましたが、他動詞の場合には**完全他動詞**、**不完全他動詞**、**重目動詞**という名称での三種類の動詞があります。

　完全他動詞については実は解説済みであるともいえます。何故かと言いますと、これまでの講に他動詞は何回となく登場しましたが、その他動詞はすべて完全他動詞に分類できる他動詞ばかりだったのです。

　完全他動詞と比較しながら、不完全他動詞や重目動詞についての研究を進めていくことにしましょう。

第6講 他動詞の三種類　123

演習題 10

次の各文の下線の語について動詞の種類を考えながら和訳しなさい。

1. We <u>gave</u> a farewell party for the girl.
   The sun <u>gives</u> us heat and light.
2. He always <u>tells</u> the truth.
   My uncle <u>tells</u> me an interesting story.
3. My uncle <u>teaches</u> history at a college.
   Experience <u>teaches</u> us common sense.
4. I <u>showed</u> a visitor into a room.
   Please <u>show</u> me your passport.
5. She <u>bought</u> a jewel at a department store.
   She <u>bought</u> me a personal computer.

---

1. We <u>gave</u> a farewell party for the girl.

　farewell party は「送別会」です。for the girl は「その少女のための」の意を表す句です。この句は a farewell party にかかっていることが理解できますか。

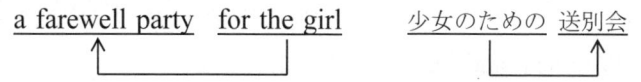

　a farewell party　for the girl　　少女のための　送別会
　　　↑_____|　　　　　　　　　|_____↑

　for the girl のような「前置詞＋名詞」の構成は直前の名詞（ここでは farewell party ）を修飾することがあります。こういう場合には名詞を修飾していることから、この「前置詞＋名詞」を形容詞句であるといいます。

　従って a farewell party for the girl は「その少女のための送別会」という意味のかたまりができたことになります。

　このかたまりは gave という他動詞の目的語であると考えられますね。ただしここで用いられている gave は give の「与える」という意味で用

いられているのではなく、「開く、催す」の意味に使われているのです。
もう一度この文の構成を吟味してみましょう。

　We が主語で、gave が述語動詞で、a farewell party for the girl が目的語ですね。このように「主語＋他動詞＋目的語」でできている文で、ただ一つだけの目的語を有し、補語を持たない他動詞を**完全他動詞**といいます。

　動詞の種類を言う際に縮めた用語に親しむことをこれまでにお願いしてきましたが、完全他動詞も今後は**完他**の名で親しんでもらいたいと思います。この講では「完全他動詞（完他）」と併記しておきます。

　【答】　We gave a farewell party for the girl.　「私たちは少女のための送別会を催した」　gave は完全他動詞（完他）。

The sun <u>gives</u> us heat and light.

　この文で使われている give は文字通りの「与える」でよいですね。gives は他動詞には違いないですが、完全他動詞（完他）と考えてよいでしょうか。

　完全他動詞（完他）であるとする場合には一つだけの目的語を持っていることを確認できればよいことになります。

　つまり gives の後の us heat and light がひとかたまりのものとして、まとまっていれば一つの目的語といえるわけです。

　us は人称代名詞 we の目的格ですね。普通は「私たち<u>を</u>」とか「私たち<u>に</u>」と訳しますね。heat and light は「熱と光」です。

　us heat and light をひとかたまりのものとして訳すと「私たちに熱と光」とでもなりますね。これはこれで意味は取れますが、何か中途半端な、落ち着きがない曖昧な表現に過ぎないと思いませんか。

　先程の「少女のための送別会」というようなすっきりした言葉と比べ併せてみてください。a farewell party for the girl は長い句であっても一つの目的語としてまとまっていたからなのです。

　us と heat and light は一つに融合する言葉ではないということがお分かりになったでしょうか。

us は gives と結び付いて gives us と区切って考えることで「私たちに与える」ときれいに訳すことができるのです。us は gives の目的語であると見ることができます。

　一方、heat and light も gives と結んで gives heat and light とし、これだけを訳すとすれば「熱と光を与える」という訳が生まれますね。ここでも heat and light は gives の目的語と考えられます。

　us は gives の目的語ですが、heat and light も gives の目的語であるということになりました。

　そうなるとこの gives には目的語が二つあるということになります。そうなのです。そう考えなければいけないのです。

　us も目的語であり、heat and light も目的語です。gives は目的語を二つ取っているという意味で gives に**重目動詞**という名を与えることにしましょう。目的語を重ねて取るという意味での「重」です。

　動詞の種類を言う際に、簡潔に言う言葉をこれまでに提示してきましたが、重目動詞の場合にも簡潔に、**重目**とだけ言うことにしたいと思います。この講では「重目動詞（重目）」と併記しておきます。

　重目動詞（重目）とは「他動詞＋目的語＋目的語」という形が述部に表れる場合の他動詞をいいます。

　重目動詞（重目）は目的語を二つ取るというのが最大の特色ですが、この二つの目的語は性格が違います。ここのところを理解することがポイントです。

　重目動詞（重目）の次に最初に置かれる目的語には、通常、人または生き物が入ることが多いのです。重目動詞（重目）の代表は give ですから give を例にして考えてみます。

　give の次の目的語が人の場合であればそれを give と併せた訳は「だれだれに与える」となります。

　give の二つ目の目的語には通常は物（人・生き物以外のもの）を表す名詞が入ります。この目的語と give を併せた訳は「なになにを与える」となります。

今度は一気に二つの目的語を一緒に give と訳すと「だれだれに、なになにを与える」となります。

訳を作る際に、最初の目的語には助詞「に」を、二つ目の目的語には助詞「を」を付けることに注意してください。

The sun gives us heat and light.

を訳すに当たってはそれなりのコツのようなものがあったのです。この gives のような、目的語を重ねて取る動詞を今後は簡潔に重目動詞（重目）と呼んで親しんでもらいたいと思います。

重目動詞（重目）の代表は何といっても give です。「だれだれに、なになにを与える」という語呂が口をついて出てくるようにしてください。

ところで us と heat and light という二つの目的語は、この語順で表現しなければいけないのか、という疑問が生じたとしましょう。置く順番を変えて

The sun gives heat and light us.

としてもよいのか、という問題です。

このままではいけません。これは非文です。非文とは「文に非ず」ということです。

ただ一つだけ改良を加えれば立派な英文になります。us に前置詞 to を加えて

The sun gives heat and light to us.

とすればよいのです。

ただし、この文においては gives を重目動詞（重目）ということはできなくなりました。何故なら gives には目的語が一つしかないことになるからです。

heat and light こそ目的語ですが、to us は目的語ではなくなりました。to us は目的語ではなく、gives を修飾する副詞句になったのです。この gives は動詞の種類は完全他動詞（完他）ということになります。

重目動詞（重目）として give が二つの目的語を並べて使われている場合には、最初の目的語に to を加えて二つ目の目的語の後ろに置くことが

できるということも知っておいてください。

【答】 The sun gives us heat and light. 「太陽は私たちに熱と光を与える」　gives は重目動詞（重目）。

2. He always <u>tells</u> the truth.

tell the truth は「真実を語る」です。柔らかく言えば「本当のことを言う」です。どちらでも構いません。意訳すれば「うそはつかない」ですね。

the truth は tells の目的語であるということは理解できますね。tells は目的語を一つ抱えているわけですから完全他動詞（完他）ということになります。

tells の前に置かれている副詞 always について研究しておきましょう。

always は「いつも、常に」の意味であることは知っていますね。性格の似通った副詞として often があります。「しばしば、何度も、よく」の意味で使われますね。sometimes もあります。これは「時々、時には」の意味です。

この三つの副詞は頻度を表すという点で共通していますが、副詞として文中の何処に置くかという点でも共通したものを持っています。

頻度を表す副詞は動詞の前に置くのが原則です。この文でも always は tells の前に置かれています。ただし動詞が be 動詞の場合、**助動詞**がある場合はその後に置きます。

She is always cheerful. （彼女はいつも快活である）

We must always be honest. （いつも正直でなければならない）

【答】 He always tells the truth. 「彼は常に真実を語る」　tells は完全他動詞（完他）。

My uncle <u>tells</u> me an interesting story.

tells me は「私に語る」と意味を取ることはできますね。an interesting story も tells と結べば「面白い話を語る」とすることができますね。

me も一つの目的語であり、an interesting story も一つの目的語であることが分かったでしょうか。つまり tells は二つの目的語を抱えている

のです。目的語を重ねているということで典型的な重目動詞（重目）といえますね。

　重目動詞（重目）にあっては最初の目的語は人であり、二つ目の目的語は人以外のものであるということも原則通りです。

　訳し方では、最初の目的語に助詞「に」を付けて「私に」とし、二つ目の目的語には助詞「を」を付けて「面白い話を」とするのも型通りです。

　従来の文法書では、ここでいう重目動詞（重目）のことを**授与動詞**といっている場合が多いようです。授与という言葉は give という語感から来ていることは想像が付きますね。

　また文法書では最初の目的語を**間接目的語**、二つ目の目的語を**直接目的語**と称しています。

　なお、この文でも me に前置詞 to を加えて後ろに回して

　My uncle tells an interesting story to me.

とすることができます。

【答】　My uncle tells me an interesting story. 「私のおじさんは私に面白い話を語ってくれます」　　tells は重目動詞（重目）。

3.　My uncle <u>teaches</u> history at a college.

　teach は「教える」という意味ですから、「だれだれに、なになにを教える」という意味で使われることもあり得ますね。その場合には teach は重目動詞（重目）ということになります。

　その点ではこの文の teaches はどうでしょうか。teaches history とあるので、これは「歴史を教える」で「他動詞＋目的語」ということになります。

　at a college は history と結ぶよりは teaches at a college とすることで、これは「大学で教える」となります。at a college は副詞句で teaches を修飾しているということで落ち着きます。at a college のような「前置詞＋名詞」は他動詞の目的語になることはありません。

　結局、teaches の後には目的語と副詞句だけですから teaches は完全他動詞（完他）ということになります。

大学で教えているということは、その大学の学生に教えているわけですが、teaches the students history という含みはあるにしても、the students という言葉は具体的には表現されていないということです。

【答】 My uncle teaches history at a college. 「私のおじさんは大学で歴史を教えている」 teaches は完全他動詞（完他）。

Experience <u>teaches</u> us common sense.

　us common sense は一つの意味のかたまりにはなりませんね。us はやはり teaches と結んで teaches us で「私たちに教える」となることは分かりますね。これは「他動詞＋目的語」です。

　common sense は「常識」を意味します。これも teaches と結んで teaches common sense を「常識を教える」と取ることができますね。

　teaches が us と common sense という二つの目的語を抱えていることが分かれば teaches は重目動詞（重目）ということになります。

　ところで文全体の訳はどうでしたか。主語の Experience は「経験」ですから「経験は私たちに常識を教える」という訳ができあがりますね。直訳はそれでいいのですが、日本語としてはぎこちないところがあると思いませんか。もっとこなれた日本語にしたいものです。

　内容を掴んで言えば「経験によって私たちは常識を知っていく」ということです。これが意訳です。

　Experience は無生物ですね。**無生物**が主語になっているときに、これを**無生物主語**といいます。

　どうしてこういう言葉があるかと言いますと、無生物主語の文は訳す際に、こなれた和訳を作るコツがあるのです。

　無生物主語をそのまま主語として助詞「は」や「が」を付けて訳すのではなく、**副詞句**か**副詞節**の訳であるかのように言葉を入れて扱うのです。

　「経験が」とか「経験は」とするのは直訳です。そうではなく、「経験によって」とか「経験を得ることで」のように、副詞句を扱っているかのように Experience を扱います。

　無生物主語の文は主語の次に他動詞が置かれていて、その目的語が人間

の場合が多いのです。その目的語に助詞「を」や「に」を付けたりせずに、思い切って「が」「は」を付けてしまうのです。つまり目的語を日本文の主語にしてしまうのです。

teaches us の場合も、us を「私たち<u>に</u>」ではなく「私たち<u>は</u>」とするのです。

そうなると動詞の teaches も「教える」という直訳では首尾一貫せず、勢い「知る」とか「学ぶ」ということになります。

無生物主語の文例を出しておきましょう。こなれた日本文を吟味してください。

An hour's walk brought us to the lake.

（一時間歩いたら私たちは湖水のところへ来た）

直訳は「一時間の歩きが私たちを湖水に運んだ」です。

The news made us sad.

（その知らせを聞いて私たちは悲しくなった）

直訳は「その知らせは私たちを悲しくさせた」です。

【答】 Experience teaches us common sense. 「経験によって私たちは常識を知っていく」 teaches は重目動詞（重目）。

4. I <u>showed</u> a visitor into a room.

show は show - showed - shown と活用変化します。show - showed - showed とも活用変化するので規則動詞のようですが、一応は**不規則動詞**として覚えてください。

show にもいろいろな意味があります。動詞としては「見せる」「示す」「証明する、明らかにする」「教える、説明する」「案内する」「陳列する」などが主なものです。

ここでは a visitor が目的語になっているようですから show a visitor の訳としては「客を案内する」と取るのが最適だと分かります。

into a room は「前置詞＋名詞」です。この句は visitor には結び付きませんね。showed と結んで show into a room を「部屋に案内する」と取るのが順当です。

そうすると showed は完全他動詞（完他）ということに落ち着きます。
　show を「だれだれを、どこどこに案内する」と捉える場合に、重目動詞（重目）のような印象を受けますが、「どこどこに」の部分が単なる名詞ではなく、「前置詞＋名詞」である into a room で表現されているので、これは二つ目の目的語ということにはならないのです。
【答】　I showed a visitor into a room. 「私は客を室内に案内した」showed は完全他動詞（完他）。

Please show me your passport.

　me と your passport は一体となった言葉にはならないことは分かりますね。show me であり、show your passport と、それぞれを show の目的語としてきっちり意味を取ることができるからです。show me は「私に見せる」であり、show your passport は「あなたのパスポートを見せる」ということです。
　me は人間であり、passport は人間以外であり、それぞれに助詞「に」と「を」を使い分けて付ける重目動詞（重目）の場合の目的語に me と passport は適っているのです。
　この文においても me を後ろに回す場合には to を加えます。
　Please show your passport to me.
【答】　Please show me your passport. 「パスポートをお見せください」show は重目動詞（重目）。

5.　She bought a jewel at a department store.

　bought は buy の過去形で、buy - bought - bought と活用変化します。jewel は「宝石」です。department store は「百貨店」です。
　bought a jewel は「宝石を買った」の意で、a jewel は bought の目的語に間違いありません。
　at a department store は「百貨店で」の意で、bought にかかる副詞句として問題はありませんね。
　従って bought は完全他動詞（完他）ということになります。

【答】 She bought a jewel at a department store.「彼女は宝石を百貨店で買った」 bought は完全他動詞（完他）。

She <u>bought</u> me a personal computer.

bought の次に二つの要素が並んでいますね。me は人であり、personal computer は人以外のものですね。me と personal computer はそれぞれが bought の目的語として生きています。

bought me は「私に買った」であり、bought a personal computer は「パソコンを買った」ですから、この bought は重目動詞（重目）ということになります。

最初の目的語である me を後ろに回すためにはどうしたらよいでしょうか。to me として後ろに持っていくことでいいでしょうか。

give, teach, show の場合と違って buy の場合には、最初の目的語を後ろに回すには前置詞 for を付けて for me としなければいけないのです。

She bought a personal computer for me.

となります。

「主語＋重目動詞（重目）＋目的語＋目的語」が「主語＋完全他動詞（完他）＋目的語＋副詞句」に変わるときに、副詞句を作る前置詞には to と for の二つがあります。

この使い分けですが、単なる移動の方向だけを意味するのであれば to を使い、そこに利益が感じられる場合には for を使うのが原則です。

for を使う例として buy 以外のものを一つだけ挙げておきましょう。

I made my brother a model airplane.
（私は弟のために模型飛行機を作ってあげた）
＝ I made a model airplane for my brother.

buy にしても make にしても重目動詞（重目）として使われている場合には「買う」「作る」ではなく、「買ってあげる」「買ってくれる」「作ってあげる」「作ってくれる」と捉えるのがよいのです。

【答】 She bought me a personal computer. 「彼女は私にパソコンを買ってくれた」 bought は重目動詞（重目）。

　ここで動詞を分類する場合の言葉について説明を加えておきたいと思います。
　完全自動詞（完自）とか**不完全自動詞（不完自）**とかいいますね。他動詞の場合にも**完全他動詞（完他）**と**不完全他動詞（不完他）**があります。**重目動詞（重目）**も加えなければいけませんが。
　そういう場合の**完全**とか**不完全**とかいう用語について誤解を抱く傾向があるようなので解説をしておきます。
　完全自動詞（完自）とか完全他動詞（完他）という名称で呼ぶと、いかにもその動詞が申し分ないほど立派であるという印象を与えますね。これは全くの誤解であって、**完全**という語は文法用語に過ぎず、特に内容とは関係がなく、意味はないのです。
　同じことは不完全自動詞（不完自）と不完全他動詞（不完他）についても言えることです。**不完全**だなどというと、何か欠陥があって出来損ないの動詞じゃないかというような印象を持ちやすいことは確かです。これも全くの誤解です。
　ただ、完全と不完全とは対照的な言葉であることは確かですね。だから違いを際立たせるためだけに使っている用語だと考えてください。
　違いというのは補語が有るか無いかという一点です。補語が無いのが完全であり、補語があるのが不完全という用語を当てているに過ぎないのです。

> **演習題 11**
>
> 次の各文の下線の語について動詞の種類を考えながら和訳しなさい。
> 1. We <u>think</u> Africa a land of opportunity.
> 2. You will <u>find</u> the hotel very comfortable.
> 3. We <u>call</u> a lion the king of beasts.
> 4. Her words <u>made</u> the mayor angry.
> 5. Proper food and exercise will <u>keep</u> us in good health.

1. We <u>think</u> Africa a land of opportunity.

この文では think が述語動詞ですが、その後に Africa と a land of opportunity という二つの要素が並んでいる点に注意してください。

a land of opportunity は直訳すれば「機会の陸地」です。opportunity は「(良い)機会」の含みがありますから、a land of opportunity は「(成功する)機会に恵まれた陸地」とでもいったような意味に取ればよいでしょう。

We が主語で、think が述語動詞ですが、この think は「思う」という意味ですが、この場合の思うという(心の中の)動作は Africa を対象にして行われていますから、Africa が目的語で think が他動詞であることは確かです。

ところで、ここの a land of opportunity という語句は文の中でどういう働きをしているでしょうか。

think という他動詞は Africa を目的語にしているのですが、同時に a land of opportunity を目的語にしているでしょうか。

即ち、a land of opportunity を考えるということになるでしょうか。

そうはならないでしょう。この文の意味は We 即ち私たちなるものが、Africa という大陸を考える、すると Africa なる大陸が機会に恵まれた大

地であるということが考えの中に成立していることを示すのですから、「私たちはアフリカを機会に恵まれた陸地だと思う」ということになるのです。

この場合、日本語では Africa を「アフリカを」といい、a land of opportunity を「機会に恵まれた陸地と」と訳します。

ここでも英語には存在しない**助詞**というものを用いています。

「アフリカを」の「を」と「機会に恵まれた陸地と」の「と」がそれに当たります。

このように、他動詞が目的語に働いている場合に、その目的語に意味の上から一致する語句が添えられているような文がある場合に、その他動詞を**不完全他動詞**と名付けます。

この場合に、目的語と一致する語句を**他動詞の補語**と名付けるのです。

動詞の種類をいう場合に縮めた用語を用意して親しんでもらうことをこれまでにお願いしてきました。不完全他動詞も短くして**不完他**として今後は親しむと同時に、自分でも言うようにしていただきたいと思います。この講では「不完全他動詞（不完他）」として併記しておきます。

他動詞の補語というのは他動詞が、目的語に働きかけている場合に、その目的語に意味上で一致するような関係にある語句をいうのです。

今述べていることを例文で具体的に実証してみましょう。

今、他動詞 think が目的語 Africa に働いています。その目的語 Africa に一致する語句 a land of opportunity という語句が添えられていますね。だからこの場合の think を不完全他動詞（不完他）と名付けるのです。

その場合に、目的語 Africa と一致する語句 a land of opportunity を他動詞の補語と名付けるのです。

上の説明の中で Africa と a land of opportunity とが一致するということを繰り返して言っていますね。

一致するというのは、前に詳述しましたがイコール関係があるということと同じなのです。

Africa と a land of opportunity とが一致すると言う以上は、この両者はイコール関係があるわけですから、それを証明してみましょう。

前に説明しましたね。イコールを表す英単語は be 動詞です。

Africa ＝ a land of opportunity

これを英文にするために ＝ の記号を be 動詞の is に代えて

Africa is a land of opportunity.

という文が得られました。訳せば「アフリカは機会に恵まれた大地である」ですね。

この文は文法上から見ても、内容から考えても正しい文といえます。内容から考えて正しいというのは、原文の内容と合致しているかどうかという観点からのことです。

We think Africa a land of opportunity. と言うからには、私たちの心の中では Africa is a land of opportunity. という命題は成立しているからです。

上で見たように、不完全他動詞（不完他）の目的語と補語の間には必ずイコール関係が見られるのです。イコール関係があるということは両者はある意味で一致するものであり、目的語の性質・状態を述べることになるのが補語なのです。

他動詞の補語というのは品詞で言えば形容詞か名詞です。上の例文では補語の a land of opportunity は名詞（のかたまり）でしたが、名詞ではなく形容詞であるという場合も今後は出てきますので心得ていてください。

ある動詞の種類が不完全他動詞（不完他）と分かった場合には、その動詞の訳語を言う際に、そのことを踏まえて訳を付けてください。

どういうことを言っているかお分かりでしょうか。

We think Africa a land of opportunity. という文における think の訳語は何でしょうか、と発問されたら、「思う」や「考える」ではなく、「～を…と思う」「～を…と考える」と答えてください。

つまり、ある動詞を不完全他動詞（不完他）であると認識しているということは、その目的語、さらにそれと一致する補語を併せてしっかりと捉えているということです。そのことを不完全他動詞（不完他）の訳語にも表現すべきなのです。このことは大事なことです。今後は不完他（不完全

他動詞）の訳語に「〜」「…」を入れるようにしてください。

【答】 We think Africa a land of opportunity. 「私たちはアフリカ大陸を機会に恵まれた大地だと考えている」 think は不完全他動詞（不完他）。

2. You will <u>find</u> the hotel very comfortable.

　述語動詞として使われている find は普通には「見つける」という訳語を当てていますね。

　それでよい場合が多いのですが、何においてもある事の一点張りというのはよくありません。「見つける」に並行して「分かる」という訳語も find においては欠かせないのです。このことは後程また触れますので覚えておいてください。

　find の後には the hotel very comfortable とありますが、これをまとめて一つの語句と見て意味を取ることができるでしょうか。

　できるとすれば、very comfortable が形容詞ですから、これを hotel にかけて「とても快適なホテル」とまとめることが考えられます。

　確かに「とても快適なホテル」という訳語はまとまっていて、すっきりした表現ではありますが、逆にこの「とても快適なホテル」を英語にしてみよ、と言われたら a very comfortable hotel とせざるを得ません。

　the hotel very comfortable と a very comfortable hotel とでは雲泥の差があると言うべきなのです。

　the hotel と very comfortable を修飾関係で結ぶのをやめたとすると次に考えるべきことは何でしょうか。

　find は他動詞と見て間違いないところですから、その目的語を the hotel very comfortable 全体にせずに、the hotel だけに限ってみるのです。

　「他動詞＋目的語」の部分として find the hotel を取り敢えず考えてみます。ただしこれに「そのホテルを見つける」という訳を付けてしまうとしたら正解に近づけなくなってしまう恐れがあるのです。

　先程言いましたが、find は「見つける」ではなく「分かる」がよいので

す。「見つける」にしてしまうと、勢い「とても快適なホテルを見つける」になってしまうのです。

find を「分かる」にすると、何が分かるのでしょうか、という発想が生まれます。

find の目的語が the hotel だからといって「そのホテルが分かる」だけでは陳述に何か不足しているものがあることが分かりますね。

そこで残されている very comfortable が生きてくるのです。そうなのです。この very comfortable は the hotel と一致する語句なのです。

the hotel と very comfortable は一致する、つまり両者はイコール関係にあるということです。イコール（be 動詞）で繋いでみましょう。

The hotel is very comfortable.

が得られます。

不完全他動詞（不完他）に伴って出てくる目的語と補語の間にはイコール関係があり、それを実証するために be 動詞をイコールという記号に代えて使って文を作る作業をしてきました。

その際に、原形の be をどう変化させて使うのかというルールがあるのです。簡単なことです。原文の時制をそのまま持ち込むのです。

問題文は You will find the hotel very comfortable. です。この文の時制は will find で表されている通り、**未来時制**です。従って be 動詞は未来形の will be に変化させ

The hotel will be very comfortable.

が得られた文となります。訳は「そのホテルはとても快適であろう」ですね。この未来時制の文が原文の内容に最も近いのです。これを踏まえて原文を訳せばいいのです。

問題文の中の動詞 find の訳語は何でしょう、と問われたら何と答えますか。「見つける」です、と答えるのは単純に過ぎます。

「分かる」です、と答える方がいますね。これは十点満点での八点です。では十点の答は何でしょうか。

この文における find の訳語は「〜が…と分かる」と表現してほしいの

です。

　先程申し上げました。不完全他動詞（不完他）の訳語は目的語と補語の両者をしっかりと認識していることを前提にしてくださいということです。

　「〜が…と分かる」という訳語においては、「〜」の位置には目的語が入ります。「…」の位置には補語が入ります。

　ということは訳す順番の問題ですが、不完全他動詞（不完他）が述語動詞になっている文では、目的語と補語を訳すに当たっては目的語を最初に訳し、直後に補語を追いかけるように訳すという基本ルールがあるのです。基本ルールといっても大原則といっても同じです。このことは肝に銘じておいてください。

【答】　You will find the hotel very comfortable.「そのホテルはとても快適だと分かるでしょう」　find は不完全他動詞（不完他）。

3. We call a lion the king of beasts.

　述語動詞 call の次に a lion the king of beasts とありますから、この a lion the king of beasts だけを取り上げて考えたとします。

　a lion は「ライオン」で問題ありません。the king of beasts は訳せば「百獣の王」というところです。

　「ライオン」と「百獣の王」という言葉を並べると「百獣の王であるライオン」とまとめてよいように思えませんか。これは確かにこういうまとめ方をしてよい場合もあります。両者が**同格**といって the king of beasts が lion の言い換え、または説明になっている場合です。

　同格であれば通常、a lion, the king of beasts というように両者の間にコンマを入れますが。

　しかしながら a lion the king of beasts を「百獣の王であるライオン」と訳して、これを call の目的語とした場合に、全体の文意はどうなるでしょうか。

　call には「（大声で）呼ぶ」という意味があります。「電話する」という意味もあります。

　私たちは百獣の王であるライオンを大声で呼ぶのでしょうか、それとも

百獣の王であるライオンに電話をかけるのでしょうか。どちらも現実的にあり得るような話ではありませんね。

call には「呼ぶ」といっても、呼称としての「呼ぶ、名付ける」という意味があります。

call の目的語を a lion the king of beasts 全体ではなく、a lion だけにしぼってみれば「ライオンを呼ぶ」とはなりますが、呼称としてどう呼ぶかということを言っているのではないかということに帰着します。

そうすると a lion の呼称として the king of beasts が考えられ、両者は一致するものということになります。

a lion が目的語で、the king of beasts が補語であると見なせば両者はイコール関係があるはずで

A lion is the king of beasts.

という文が得られます。

この文における call の不完全他動詞（不完他）としての訳語は「～を…と呼ぶ、～を…と名付ける」となります。

目的語である a lion と補語である the king of beasts を訳す順番はルール通りに、a lion を先に訳して「ライオンを」とし、補語である the king of beasts をすかさず追いかけるように「百獣の王」とし、これを加えていくということになります。

【答】 We call a lion the king of beasts. 「私たちはライオンを百獣の王と呼ぶ」 call は不完全他動詞（不完他）。

4. Her words <u>made</u> the mayor angry.

述語動詞 made の次にある the mayor angry をまとめて「怒った市長」にしてはいけません。逆に考えて「怒った市長」であれば形容詞が先に来て angry mayor という語順になるはずですから。

Her words が主語、made が動詞ですが、この make には「ならしめる」という意味があります。他動詞と考えられますから目的語としては the mayor angry ではなく、the mayor だけを取り上げることになります。

Her words が the mayor すなわち市長を動作の対象とします。すなわち市長を何かにならしめようという結果を及ぼすことになるのです。
　その働きの結果、市長が angry（怒った）になるという結果を示していますから、他動詞 made が目的語 the mayor に働いている場合、目的語に意味上一致する語 angry が添えられていて、この angry が他動詞の補語ということになります。
　make には「ならしめる」という意味があると申しましたが、不完全他動詞（不完他）の用法としてはより正確に「～を…たらしめる」というべきです。「たらしめる」というのは硬い言葉のようですから平易に言えば「～を…にする、～を…にさせる」となります。
　この意味の make の用法は幅広いものがあり、「…」の位置には形容詞、名詞ばかりでなく、分詞や原形不定詞なども登場します。この make の不完全他動詞（不完他）としての用法には今後も十分に対処していってください。
　もう一度確認しておきますが、この文の意味するところは次の通りです。
　主語である Her words が目的語である the mayor に働いた結果として、the mayor が angry という状態になりました。the mayor と angry は一致する関係にあります。この間の事情を踏まえて文を訳せば「彼女の言葉は市長を怒らせた」となります。でもこれは直訳なのです。もう少しこなれた日本語にしてみましょう。
　実はこの文は、前に出てきた折に研究した無生物主語の文なのです。Her words が無生物ですね。
　無生物主語はそのまま訳して助詞「が」や「は」を付けずに訳す工夫がありましたね。Her words という単なる名詞を膨らませて副詞句なり、副詞節がそこにあるかのように訳すのがコツなのです。
　「彼女の言葉が」ではなく、「彼女の言葉を聞いて」などとするのがその一例です。そうすると今度は何かを主語に仕立て上げなければ文として格好が付かないのですが、幸いなことに、無生物主語の文には目的語の位置に人を表す言葉が入っていることが多いのです。

この目的語である the mayor を主語に仕立てて「市長は」と助詞「は」を付けて主語を作り出します。後は惰性で自ずから訳が完成します。

【答】Her words made the mayor angry. 「彼女の言葉を聞いて市長は怒った」 made は不完全他動詞（不完他）。

5. Proper food and exercise will <u>keep</u> us in good health.

　主語は Proper food and exercise です。Proper は「適切な」の意の形容詞ですが、この Proper は food と exercise の両方にかかっていると見るのが順当です。

　exercise にもいろいろな意味がありますが、ここでは「運動」と考えます。従って Proper food and exercise の訳は「適切な食べ物と運動」となります。will keep の will について少し触れておきましょう。will は**単純未来**を表すとして「でしょう」とか「だろう」とか訳すことが多いのですが、この文においては別段、未来の予想などを言っているのではありません。軽い**推量**の意味で言っているに過ぎないのです。だから表すところは

　Proper food and exercise keeps us in good health.
という現在時制の文とさして変わるところはないのです。

　なおこの文では主語が Proper food and exercise であり、and で結ばれた複数のものが主語だから keep<u>s</u> ではなく、keep にするべきだと思った方はいませんか。

　確かに通る理屈ではありますが、ここでは Proper food と Proper exercise が揃った場合に、ということで両者を個別に考えて主語にしているのではなく、まとめた一つのものと考えているので動詞は単数として受けるのが順当なのです。

　単数か複数かという問題はこのように、形の上からよりは中身に重点を置いて捉えることもあるということを知っておいてください。

　述語動詞 keep の後にあるのは us in good health ですが、us と in good health を一括りにするのは無理だということは何となく分かります

ね。
　us は形からして人称代名詞の目的格ですから、keep の目的語は us だけではないかと判断が付きます。
　in good health はひとかたまりの語句として見るのは当然ですね。これは「前置詞＋名詞」の句です。健康が良好状態にあることを表すのに使う句です。反対に健康を害していたり、体調が悪い場合には in poor health としたり、out of health を使います。
　ところで肝心の keep ですが、keep にはさまざまな意味用法があります。keep の元々の意味としては「保つ」と「…の状態にしておく」があるということを心得ておいてください。
　この一文が「主語＋不完全他動詞（不完他）＋目的語＋補語」の構文であると考えてよいかどうかを検証してみましょう。
　主語である Proper food and exercise が目的語である us すなわち私たちに働いた結果、私たちが補語である in good health という状態、つまり健康である状態になる、そういうまとめ方ができれば OK ということです。
　目的語である us と補語である in good health が一致したものであるということが肝心な点です。
　果たして us ＝ in good health というイコール関係が両者にあるかどうかを、イコールを be 動詞にして文を作って試してみます。ただし us は便宜的に we とします。原文は will keep とありますから be 動詞には will を添えてみます。
　We will be in good health.
という文が得られました。これは原文の内容に合致しているものだということが分かりますね。
　前に、他動詞の補語になりうるものは形容詞か名詞といいましたが、今は補語になっていると考えられるのは in good health です。これは「前置詞＋名詞」の句であって、形容詞でも名詞でもありませんね。これはどう考えたらよいのでしょうか。

これは次のように考えます。

一般に「前置詞＋名詞」の句は**形容詞句**か**副詞句**のどちらかの機能を持って登場しています。この in good health は形容詞句として生きているのです。

形容詞という品詞は名詞を修飾するだけではありませんね。直接的に名詞を修飾したりはせずに、補語として生きている形容詞の例はいくらでもあります。健康や気分に関して問われて

I am very well.

と答える場合の well は形容詞です。well は何かの名詞を修飾しているのではなく、am の補語として生きているのです。

We will be in good health. の in good health がこの well という形容詞に当たると理解できれば、in good health が形容詞句ながらも補語になっていることに納得できるはずです。

ところでこの文も無生物主語の文だということに気付いていたでしょうか。Proper food and exercise に助詞「は」を付けて全文訳をすれば「適切な食べ物と運動は私たちを健康にしてくれる」とでもなるところです。意味は十分に通りますが、文としては硬いですね。主語の部分に言葉を多く使って**副詞節**を訳すような調子にしてみてください。

【答】 Proper food and exercise will keep us in good health. 「適切な食べ物を食べ、適度な運動をしていれば私たちは健康でいられます」
keep は不完全他動詞（不完他）。

ここまでで動詞の種類は全部出揃いました。動詞には、①**完全自動詞（完自）** ②**不完全自動詞（不完自）** ③**完全他動詞（完他）** ④**不完全他動詞（不完他）** ⑤**重目動詞（重目）**、の五種類があることを学修しました。

その識別がどれぐらいの完成度に達しているかを知るためにも、次の問題に挑戦してください。

> **演習題 12**
>
> 次の各文の下線の語について動詞の種類を考えながら和訳しなさい。
>
> 1. We must <u>choose</u> our niece a birthday present.
> 2. Don't <u>leave</u> the door open.
> 3. Evening dusk <u>falls</u> suddenly in autumn.
> 4. I <u>have</u> one more question to ask you.
> 5. Her rosy face <u>went</u> the color of cream.

1. We must <u>choose</u> our niece a birthday present.

choose は「選ぶ」の意味です。他動詞であることは間違いないようですね。次の our niece は「私たちの姪」です。

our niece は choose の目的語には違いないのですが choose our niece を「私たちの姪を選ぶ」と訳すと何かおかしいですね。何人もいる女の子の中から姪にしたいと思う人を選ぶような異常な事態も連想されます。

選ぶものは姪ではなく、a birthday present だと考えれば「誕生日のプレゼントを選ぶ」となって落ち着きますね。

だから a birthday present は choose の補語ではなく、目的語だということになります。そこまでいけば念のために検討する材料に過ぎませんが、our niece と a birthday present の間にイコール関係があるかどうかです。our niece は人であり、a birthday present は物ですね。こういう両者にイコール関係はなく、一致するものではありません。

そういうことを検討すれば、our niece も目的語には違いありませんが重目動詞（重目）の最初の目的語として「だれだれ<u>に</u>」に当たるものではないかということが分かってきます。

なお、この文では our niece に前置詞を加えて後ろに回すとしたら to ではなく for を使います。

We must choose a birthday present for our niece.

【答】 We must choose our niece a birthday present. 「私たちは姪に誕生日のプレゼントを選んであげなければならない」　choose は重目動詞（重目）。

2. Don't <u>leave</u> the door open.

　「Don't ＋原形動詞」は「～してはいけない」の意で、禁止を表す命令文であることは知っていますね。

　leave の後の the door open をひとかたまりの語句だと考えると「開いたドア」と訳せそうですね。でも逆に「開いたドア」を英語にしようとすれば the open door でなければいけませんね。だから「開いたドア」とする考えは取り下げた方がよいことになります。

　では the door open を「ドアを開く」としてみたらどうでしょうか。open を動詞としてみるのです。でもこれも逆に考えて「ドアを開く」を英語にすれば open the door ですね。the door open とは違います。

　英語では語順が大切ですから the door open に関してはこの語順を尊重した上で、どういう構造になっているかを考えなければいけません。

　まだ leave の意味を考えていませんでしたね。leave も多義語として動詞に限ってもいろいろな意味があります。主なものとしては次の通りです。

　「去る、出発する」「辞める、退学する」「置き忘れる」「…のままにしておく」「残す」

　leave を他動詞と見て、その目的語を the door だけにして leave the door の訳を上の訳語を適用しながら考えてみてください。

　「ドアを去る」「ドアを辞める」「ドアを置き忘れる」「ドアを残す」などはピンと来ませんが、「ドアを…のままにしておく」であれば格好が付くような気がしますね。

　ましてや「…」の位置に、残されている open を形容詞と見なして入れてみたらどうでしょうか。leave the door open に対して「ドアを開けたままにしておく」という見事な訳が生まれてきましたね。

the door と open とは一致するものであり、open はドアの状態をいう形容詞ということで納得がいきますから open は補語なのです。

不完全他動詞（不完他）として leave は「〜を…のままにしておく」という意味でよく使われます。

【答】 Don't leave the door open. 「ドアを開けっ放しにするな」　leave は不完全他動詞（不完他）。

3. Evening dusk <u>falls</u> suddenly in autumn.

dusk は「夕闇、黄昏(たそがれ)」の意味です。evening dusk とあっても「夕闇」で同じです。

述語動詞 falls の後には「突然」の意の suddenly という副詞がありますね。副詞は目的語にも補語にもなり得ません。

その後の in autumn は「前置詞＋名詞」です。この句は「秋に、秋になると」の意味に取るのではないかと推量できますね。そうなるとこれも副詞句として falls にかかっているのではないかと考えて結構です。

そう分析ができれば falls の後には副詞と副詞句しかなく、補語になりうる形容詞と名詞、目的語になりうる名詞が存在しないことが確認できるので falls は完全自動詞（完自）ということになります。

【答】 Evening dusk falls suddenly in autumn. 「秋の夕闇はつるべ落としに暮れる」　falls は完全自動詞（完自）。

4.　I <u>have</u> one more question to ask you.

one more question は「もう一つ質問」の意味です。one more という言葉はよく聞きますね。「もう一つ」という場合に使います。ここでは one more は question にかかっていると見ることができます。

述語動詞の have を「持っている」という意味に取れば他動詞ですね。この one more question を have の目的語と見ると「もう一つ質問がある」ということになります。

それで収まればいいのですが、その後に残っている to ask you をどう見るかにかかってきます。

to ask you は**不定詞**といわれるものです。「to ＋原形動詞」を不定詞ということは知っていますね。不定詞の用法はさまざまですが、大きく分類すれば、①**名詞用法**　②**形容詞用法**　③**副詞用法**の三つがあります。

to ask you がもし名詞用法であったら、これは重目動詞（重目）の場合の二つ目の目的語になる可能性があります。あるいは不完全他動詞（不完他）の補語という可能性もあります。

そういう可能性を探った後で該当しないと分かったら、後は考えられることは形容詞用法として to ask you は後ろから one question を修飾していると見るか、副詞用法の「～するために」と訳す場合に当たるのではないかということです。

「～するために」を適用すると全文の文意は「あなたに質問するために、私はもう一問、質問があります」となります。

これはちょっと保留しておきましょう。

もう一つの to ask you を one more question にかけて訳してみると「私には、あなたに尋ねたい質問がもう一つあります」となります。

この両者はどちらがよいでしょうか。後者の方がずっとよいですね。to ask you は one more question にかかっていて、one more question to ask you 全体が have の目的語になっているのです。

つまりこの文は「主語＋述語動詞＋目的語」だけから成り立っているのです。

【答】　I have one more question to ask you.　「私には、あなたに尋ねたい質問がもう一つあります」　have は完全他動詞（完他）。

5.　Her rosy face <u>went</u> the color of cream.

Her rosy face が主語だと分かりますね。rose は「バラ」ですが、rosy はその形容詞で「バラ色の」の意です。

went を「行った」の意味に取ることができれば完全自動詞（完自）ということになるのですが、それで落ち着くかというと疑問点があります。

went の次の the color of cream は「クリーム色」という名詞です。もし went が「行った」という完全自動詞（完自）であれば「どこどこへ行

った」となる場合には went to 〜というように、前置詞 to が必要になるはずです。

the color of cream には前置詞が付いていないので、これは副詞句にはなりませんから、この名詞のかたまりは目的語か補語と考えられます。

Her rosy face が the color of cream に働きかけるというのは不自然ですから、went を他動詞と見て the color of cream を目的語にする線は消えます。

残るのは the color of cream を補語と見る考え方です。実は go には「〜になる」という不完全自動詞（不完自）としての意味があるのです。この「〜」の位置に the color of cream が入れば the color of cream は主語の Her rosy face と一致するものとして文意が完成します。

【答】 Her rosy face went the color of cream. 「彼女のバラ色の顔は蒼白（クリーム色）になった」　went は不完全自動詞（不完自）。

第6講を終えたところで動詞の五種類が出揃いました。復習の意味合いも含めて締めくくりとして、働き方による**動詞の五種類**の整理をしておきましょう。

(1) **完全自動詞（完自）**　　walk, run, jump, sleep など。

動作が他者に及ばない動詞をいいます。動詞の後に目的語も補語も来ることはありません。動詞の次に何かが置かれているとすれば、それは動詞を修飾する副詞か副詞句です。

(2) **不完全自動詞（不完自）**　　be, become, look, seem など。

自動詞であってもその後に、主語の性質・状態を述べる形容詞、名詞を補語として置く動詞のことをいいます。主語と補語は一致するものであり、主語 ＝ 補語 という関係が常に成立します。

(3) **完全他動詞（完他）**　　love, respect, knock, kill など。

働きかける対象がないことには成立しない動作を表す動詞をいいます。動作の対象（相手）となるものを目的語といいます。

(4) **重目動詞（重目）**　　give, tell, teach, send など。

他動詞の後に目的語が二つ置かれ、「だれだれに、なになにを〜する」

と訳すことになる動詞をいいます。最初の目的語の位置には通常、「人、生き物」が入ります。

(5) **不完全他動詞（不完他）**　　find, think, keep, leave など。

　　他動詞の後に目的語、さらに補語を置くことになる動詞をいいます。この場合の補語は目的語の性質・状態を述べる形容詞、名詞です。目的語と補語は一致するものであり、目的語 ＝ 補語 という関係が常に成立します。

　英文の文意を正しく掴む上での鍵となるのは動詞であるとはよく言われることです。動詞を制する者は英語を制する、という言葉もあります。

　動詞を根底に据えて、その目的語、補語などを的確に捉えていくことで難解だと思えた英文の構造がすっきりと見えてくるものですし、完璧な理解に至ることもよくあるのです。

　そういう点からも、英文中の動詞を見たらその働きによる種類を認識する習慣を身に付けることは、英語に真面目に取り組み、実力を伸ばそうと心がける人にとって必須事項と言えるのです。

　古谷メソッドでは、この動詞の分類を取り上げて短歌にしてあります。既に学修した通りですが、自動詞は二種、他動詞は三種、それも略称で歌い込んでいます。

　この短歌を丸暗記し、五つの略称が口をついて出てくるように親しんでもらいたいと願っています。

古谷メソッド 原則歌 2

自動詞に完・不完あり、他動詞は完と不完と重目動詞

第6講 他動詞の三種類

◆主な不完全他動詞（不完他）

---

keep （～を…にしておく）
leave （～を…のままにしておく）
Don't *leave* the door open.
（ドアを開けっ放しにするな）

---

call （～を…と呼ぶ）　　name （～を…と名付ける）
What do you *call* this flower in English?
（この花を英語で何と呼びますか）
The father *named* his son Chris.
（父親は息子をクリスと名付けた）

---

believe （～を…と信じる）　feel （～が…だと感じる）
find （～が…だと分かる）　think （～が…だと思う）
I *felt* my heart beating violently.
（私は心臓が激しく鼓動するのを感じた）
We *found* the hotel comfortable.
（〈泊まってみたら〉そのホテルは快適だった）

---

appoint （～を…に指名する）　choose （～を…に選ぶ）
elect （～を…に選ぶ）　　　make （～を…にする）
The mayor *appointed* her to be chairperson.
（市長は彼女を議長に指名した）
We *made* Bob captain of the team.
（私たちはボブをチームの主将にした）

◆重目動詞（重目）の分類

目的語を二つ重ねて取る動詞は第四文型を作りますが、最初の目的語に前置詞を付けて後ろに回すと第三文型になります。その前置詞には to と for の二つがありますが、それによって分類すると次のようになります。for の方は「だれだれのために、してあげる」という含みがあります。

第三文型にするとき to を取る重目動詞（重目）	give, bring, send, show, tell, teach, pay, lend, offer, pass, promise, read, hand など The sun gives us heat and light. 　（太陽は私たちに熱と光を与える） →　The sun gives heat and light *to* us.
第三文型にするとき for を取る重目動詞（重目）	buy, find, get, make, choose, order, sing など We bought our daughter a bicycle. 　（私たちは娘に自転車を買ってあげた） →　We bought a bicycle *for* our daughter. I found an old lady a seat. 　（年輩の女性のために席を見つけてあげた） →　I found a seat *for* an old lady.

重目動詞（重目）　ask は例外的に前置詞 of を取ります。
　May I ask you a favor?　（お願いがあるのですが）
→　May I ask a favor *of* you?

用語解説 6 （五十音順）

イコール関係　120 ページ参照

間接目的語　重目動詞（重目）に関して登場する二つの目的語のうち、最初の目的語をいう。人・生き物であることが多い。訳す場合に「だれだれに」と助詞「に」を付ける。

完全自動詞（完自）　120 ページ参照

完全他動詞（完他）　他動詞のうち、一つだけ目的語を有し、補語を持たないものをいう。「主語＋述語動詞＋目的語」の文型を作る動詞をいう。

規則動詞　過去形と過去分詞が walk - walked - walked のように、原形に -ed を加えることができるものをいう。

形容詞句　69 ページ参照

自動詞　94 ページ参照

重目動詞（重目）　他動詞のうち、二つの目的語を有するものをいう。give がその代表であり、give someone something （だれだれに、なになにを与える）というように、目的語を重ねて取るためにこの名称で呼ぶ。授与動詞ともいう。

授与動詞　重目動詞（重目）をいう別名。give で代表される動詞なので授与という名で呼ばれる。

他動詞　94 ページ参照

単純未来　助動詞 will, shall の基本用法として、意志が入らない未来時制を表現する用法をいう。意志未来と対(つい)になる用語。

直接目的語　重目動詞（重目）に関して登場する二つの目的語のうち、二番目に置かれるものをいう。間接目的語が人・生き物であることが多いのに対して、直接目的語は物であることが多い。「な

になにを」というように、助詞「を」を付けて訳すことになる。

同　格　二つの名詞を並べて、後者が前者の言い換え、または説明的な語句になっている場合に、この両者を同格の関係にあるという。両者の間にコンマを入れることが多い。Tokyo, the capital of Japan （日本の首都である東京）という場合に Tokyo と the capital of Japan は同格であるという。

非　文　16 ページ参照

頻度に関する副詞　always, often, sometimes のような、頻度を表す副詞をいう。頻度を表す副詞を置く位置は一般動詞の前、be 動詞や助動詞の後ろが普通である。

不完全自動詞（不完自）　120 ページ参照

不完全他動詞（不完他）　他動詞のうち、目的語のほかに補語を有するものをいう。「主語＋述語動詞＋目的語＋補語」の文型を作る動詞をいう。

不規則動詞　go - went - gone のような、過去形、過去分詞形を作るときに -ed を付けずに、不規則な変化をする動詞をいう。

副詞句　71 ページ参照

副詞節　副詞の働きをする節をいう。（70 ページの「節」参照）副詞節の多くは従属接続詞によって導かれ、主節の前または後ろに置かれる。時には挿入節となり、文中に入ることもある。

不定詞　「to ＋動詞の原形」の形をいうことが多いが、実用的には「to ＋動詞の原形＋目的語・補語・修飾語句」を不定詞のかたまりとして捉えるのがよい。不定詞の文中における働きには名詞用法、形容詞用法、副詞用法、独立用法の別がある。原形不定詞に対して「to 付き不定詞」といって区別をすることもある。

補　語　37 ページ参照

未来時制　未来のことを表現する場合の動詞が will, shall という

助動詞を伴った形をいう。

無生物主語　日本語と違って英語には無生物を主語にした文が多く見受けられる。無生物主語の文を訳すに当たっては、無生物主語を訳して助詞「は」「が」を付けてそのまま主語にする直訳を避けるのが望ましい。意訳の方法としては、無生物主語を条件や理由を表す副詞句や副詞節のように膨らませて訳すとよい。無生物主語の文では、目的語の位置に人・生き物が置かれていることが多いので、それを日本文の主語に仕立てるのが通常である。

目的語　71 ページ参照

第7講　文の要素と五文型

　英文を一読して意味が取れない、訳せないという場合はよくありますね。単語の意味が分からないというのであれば辞書を引くことで解決はつきますが。

　短い文でも文意が取れない、長文ではどこから手を付けてよいか分からない、あるいは英文のレベルが今の自分の実力でこなすにはちょっと高すぎるのではないかと思えるようなときもあるでしょう。

　そういう場合に、皆さんはこれまでに、どういう対処をしてきたでしょうか。

　これは自分のレベルを越えているからと半ば諦めてしまうか、そうでなければ、ここはこういうことを言っているのではないかと、自分の勘を働かせ、フィーリングで見当を付けて大胆極まる訳文をでっち上げてしまう人がいたのではないでしょうか。

　これからの学修においては自分勝手なフィーリングや勘に頼ることを止めて、英文の構造の内部に潜んでいる**論理**を大事にしてほしいのです。

　英文に正面から取り組もうとするならば、取るべき方策は具体的には次の通りです。

文意を正しく取るための手順

① まず、文の**主語**を正しく選定すること。
② **主語**が定まったら、対になる**述語動詞**を定めること。
③ **述語動詞**の意味用法から**動詞の種類**を考えること。
④ **述語動詞**に伴う**目的語**、**補語**、**修飾語句**を正しく捉えること。

主語（S）、述語動詞（V）、目的語（O）、補語（C）、述語動詞の修飾語句（M）の五つを古谷メソッドでは文を構成する要素として定めています。
　英文に取り組み、分析をし、正しく理解する上で、文をこの構成要素で区分することは欠かせない作業だと考えています。

文の構成要素

(1) **主　語**（Subject）　文の主題となるもの。名詞、代名詞、その相当語句がなる。訳す場合に助詞「は」「が」を添えるのが普通である。

(2) **述語動詞**（Verb）　主語のなす動作や状態を述べる動詞。完全自動詞（完自）、不完全自動詞（不完自）、完全他動詞（完他）、重目動詞（重目）、不完全他動詞（不完他）の五種類の一つとして使われる。

(3) **目的語**（Object）　動作の対象（相手）となるもの。名詞、代名詞、その相当語句がなる。他動詞があれば必ず存在する。訳す場合に助詞「を」「に」を添えるのが普通であるが、例外も多い。

(4) **補　語**（Complement）　次の二種類がある。
　①主語の性質・状態（性状）を述べる形容詞、名詞、その相当語句を自補という。主語と自補の間にはイコール関係が成立する。（S＝C）
　②目的語の性質・状態（性状）を述べる形容詞、名詞、その相当語句を他補という。目的語と他補の間にはイコール関係が成立する。（O＝C）

(5) **述語動詞の修飾語句**（Modifier）　述語動詞を修飾する副詞、副詞句をいう。述語動詞の後方に置かれることが多いが、前方に置かれることもある。

五つの文の要素を、英語にした場合の頭文字を使って、主語は S、述語動詞は V、目的語は O、補語は C、述語動詞の修飾語句は M という記号にして、文の分析を行うときに下線の下に書き入れることにします。
　それでは次のような平易な一文の意味を考えながら、文の構成要素で文を区切り、構成要素ごとに下線を施し、SVOCM の記号を付けてみてください。

In early spring lots of flowers bloom in the fields.

　やや難しいかなと思える単語は bloom だけですね。「(花が) 咲く、開花する」の意です。
　In early spring は文頭にあるからといって S にしてよいでしょうか。S ではないとしたら何を付けたらよいでしょうか。
　bloom に下線をして V を付けることは確かですね。それ以外には動詞は見あたりませんから。それでは bloom の主語は何でしょうか。下線をして S を付けてください。
　すべての語句に下線を施し、SVOCM の五つのうちの、いずれかの記号を付けてください。
　できましたか。正解は次の通りです。

<u>In early spring</u> <u>lots of flowers</u> <u>bloom</u> <u>in the fields.</u>
　　　M　　　　　　S　　　　　V　　　　M

【解説】 In early spring は「早春に」の意です。文頭にあっても主語ではありません。前置詞で始まったものが文頭にあることはよくありますが主語になることは絶対にありません。多くの場合、副詞句として述語動詞を修飾しているのです。咲く時期が何時であるかをいっているのです。従って文の要素の記号としては M を付けるのです。

```
In early spring   bloom        早春に 咲く
  M         ┗━━━━━┛ V         ┗━━━┛
```

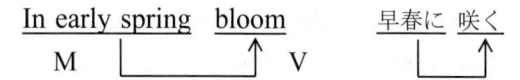

　lots of flowers は「たくさんの花」ですが、これが bloom の主語です。何が咲くのか、と問えば、「たくさんの花」と答えますね。lots of flowers がこれに当たります。flowers だけを S にするような中途半端なことはしないでください。

　in the fields は後ろから bloom を修飾している副詞句ですから M とします。どこで咲くのかという場所を言っているのです。in the fields は「前置詞＋名詞」ですから目的語になることは絶対にありません。

　in the fields を O にした人はよく考え直してください。目的語になりうるのは名詞か代名詞だけです。前置詞で始まる句は名詞の役割をすることはありません。

　結局この文は、M ＋ S ＋ V ＋ M の要素でできていて、目的語も補語もありませんでしたから、ここでの述語動詞 bloom は完自（完全自動詞）ということになります。

　ここで、M という文の要素について誤解を持っている方がいらっしゃるのではないかと思い、解説を加えておきます。

　M というのは「述語動詞を修飾する副詞、副詞句」という定義を忘れないでください。M ＝ 修飾語句 ではないのです。M は Modifier から頭文字を取ったものではありますが、単なる修飾語というわけではありません。何回も言いますが、述語動詞を修飾するものだけに与える記号が M なのです。

　ですから、例えば early は spring を修飾している形容詞ですね。early は spring に対しては修飾語なのです。だからと言って early に下線をして M などとしてはいけません。early は spring にこそかかっていますが、述語動詞である bloom にはかかっていません。In early spring が bloom にかかっているのです。

　文の要素で文を区切る練習として一問をやっただけですが、やり方はお分かりになったでしょうか。

かなりの語数から成る文であっても、主語のかたまり、目的語のかたまり、補語のかたまり、述語動詞を修飾する語句のかたまり、というように、要素としての意味のまとまるものをかためていく時に、一文での要素の総数は決して多くはありません。

語句を細分化して考えるのではなく、文の要素本位で文を眺める基本姿勢をこの講で作ってもらいたいと思います。

上の文では lots of flowers をまとめて S にしましたが、S ばかりでなく、O にしても、その中の修飾関係を考えて、意味の上でのまとまりを持つかたまりとして文の構成要素を捉えていくことが読解の上でとても大切なことなのです。

では次のページの問題に挑戦してください。

> ### 演習題 13
>
> 次の各文を文の構成要素で区切ってください。
>
> 　One day two strange cowboys came to our ranch. They looked very strong and cheerful. They wanted to meet my father. My father gave them some work to do. About at noon I found them sleeping under the tree by the brook.
>
> 　(注)　ranch　(大規模な)牧畜場　　cheerful　快活な
> 　　　　brook　小川

　この文章は、大規模な牧畜場に住む少年の目に映ったある半日の出来事です。出来事と言っても大げさなものではありませんが。

　一文ずつ取り上げていきますので、文の要素の区切りをしっかりと付けてみてください。

> One day two strange cowboys came to our ranch.

　「ある日、見慣れないカウボーイが二人、私たちの牧畜場にやって来た」という文意は掴めたと思います。

　冒頭の One day は「ある日」ですが、冒頭にあるからといって、これを S にした人はいませんか。One day はこの文の主題になどなっていません。One day が主題だということは came の主語だということです。そうしたら「ある日が来た」ということになってしまいます。

　came は何といっても V は間違いのないところです。何故かというとこの文には動詞は came しかありませんから、came を置いては述語動詞はあり得ないことになります。

　came が V であるとすれば、では何が来たのかを考えればいいのです。やって来たのは二人の見慣れないカウボーイですね。だから came の主語

は two strange cowboys なのです。two strange cowboys に下線をしてSを付けてください。

cowboys だけを S にする考えは採りません。主部を主語という用語で捉えていこうと前にも申し上げました。主語のかたまりが two strange cowboys であり、これを S とするのです。

two とか strange は cowboys に対する修飾語ですが、修飾語句だからといって two や strange を M にしてはいけません。

M というのは定義上、述語動詞を修飾する副詞、副詞句であり、ここでは述語動詞である came を修飾していないものを M にしてはいけないのです。

strange は「奇妙な」ではなく、ここでは「見慣れない、知らない」の意が順当です。「奇妙なカウボーイ」などと訳すと、では一体、どんなカウボーイのことをいっているのだろうということになりますね。この牧畜場にいる少年から見て「見慣れない」「よそ者の」という意味でいっているのです。

to our ranch の区切りはどう付けましたか。目的語と考えて O にした人はいませんか。O は駄目ですよ。to our ranch のような「前置詞＋名詞」のかたまりは目的語になることは絶対にありません。目的語になれるのは名詞・代名詞に限られています。

第一、came という動詞は他者に働きかけるような動作をすることはありません。「来る」「行く」などというのは対象を必要とする動詞ではありません。典型的な自動詞です。正確に言えば完自（完全自動詞）なのです。

to our ranch は came の対象などではなく、どこにやって来たのかをいう場所を示す副詞句として捉えなければいけないのです。つまり came にかかっている M なのです。

One day が文の要素として何であるかをまだ解答していませんでしたね。これも M です。came にかかっているからです。何時やって来たのかという時期を言っているからです。

第7講 文の要素と五文型　163

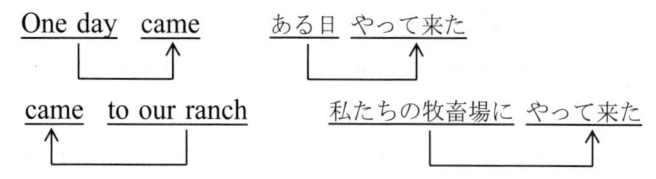

One day　came　　　ある日　やって来た
　　　↑　　　　　　　　　↑
　　　└─────┘　　　　　└─────┘

came　to our ranch　　私たちの牧畜場に　やって来た
↑　　　　　　　　　　　　　　↑
└──────┘　　　　　　└──────┘

　One day は「ある日」ですが、これに似ている語句として some day があります。これは「(未来の)いつか、そのうちに」を意味します。the other day は「先日」の意味で過去のある日のことを言うのに使います。
　結局、この一文の文の要素による区切りの正解は次のようになります。

One day　two strange cowboys　came　to our ranch.
　M　　　　　　S　　　　　　　　V　　　　M

では第二文に移りましょう。

They looked very strong and cheerful.

　文意は「彼らはとても強くて、快活そうに見えた」というところです。
　They が S で、looked が V であることは誰にでも分かりますね。次の very に下線をして M にした人はいませんか。
　very は strong と cheerful にかかっている修飾語ですが、述語動詞 looked にかかっていない以上は M にはなりません。
　very が strong にかかっていると見たら very に付けた下線を右に延長してください。very strong and cheerful が要素として一つのかたまりになるのです。
　ではこの very strong and cheerful は文の要素としては何でしょうか。O でしょうか。C でしょうか。M でしょうか。
　strong と cheerful はどちらも形容詞ですから、very が加わった very strong and cheerful になったところで、これは形容詞的なものに変わりはありません。形容詞は後ろに名詞が続いている場合は別として、単独では目的語になることはありません。

looked very strong and cheerful は「とても強くて、快活そうに見えた」と訳すところから、very strong and cheerful は looked を修飾する M ではないかと考える方がいるかもしれませんね。

述語動詞にかかっていれば確かに M でよいのですが、very strong and cheerful は本当に looked にかかっているでしょうか。かかっているというのはともかく、looked と very strong and cheerful の両者には強い関係があることは事実です。

先程言いましたが、very strong and cheerful は形容詞的なものですから、動詞である looked を修飾するということはありません。動詞を修飾するのは副詞、副詞句でなければいけないからです。では very strong and cheerful をどう考えたらいいでしょうか。

ここで looked の意味を考えてみましょう。look はここでは「～に見える、～らしい」の意味で使われています。動詞の訳語の中に「～」が入るのは補語を取る不完自（不完全自動詞）の特色なのです。

looked は不完自（不完全自動詞）で very strong and cheerful がその補語なのです。very strong and cheerful は主語である They の性質・状態を述べているのです。性質・状態を一口にいう性状という言葉もありますが、strong は状態を、cheerful は性質を表していると言えます。

不完自（不完全自動詞）をめぐっては「S ＝ C」ですから、「＝」を be 動詞で置き換えて

They were very strong and cheerful.

という文が内容的に原文と一致し、また文法的に正しい文として成立するのです。

文の要素による区切りは結局次の通りです。

They　looked　 very strong and cheerful.
　S　　 V　　　　　 C

文を文の要素で区切るやり方が理解できるようになったかと思います。次の文に移りますが、単純に解決できない厄介な部分が出てきたかもしれません。でも文の要素の定義に基づいて試みてください。

第 7 講　文の要素と五文型　165

> They wanted to meet my father.

　この文は意訳すると「彼らは私の父との面会を求めた」ということです。二人のカウボーイたちは職を求めて放浪していたと考えられます。辿り着いたこの大牧畜場で働きたいと思ったのでしょう。

　They は文句なく S ですが、V を何に付けるかちょっと迷いますね。動詞としての wanted があり、meet があるからです。wanted に下線をして V とし、更に meet にも下線をして、これにも V を付けるというわけにはいきません。一つの文には V は一つでなければいけないのです。

　次のようなことを考えた人はいませんか。wanted to meet にまとめて下線を付け、これを V として、my father を O とするのです。

　これは内容的に見てもとても合理的な解決をしている一面はあるのですが、次のことを考え併せてください。

　例えば can meet というものを考えるとすれば、これは二語をまとめて V とするのです。can meet は「助動詞＋動詞」の構造だからです。can meet を V にしても主体性は meet の方にあります。can は助動詞に過ぎないからです。

　can meet であればまとめて V ですが、wanted to meet をまとめて V にするのはちょっと乱暴な扱いということになるのです。

　この一文に wanted と meet という二つの動詞が登場しています。品詞は確かにどちらも動詞です。ただ言えることは、一つの文に**述語動詞**は一つしか存在しないというのは事実です。これは大原則として今後も肝に銘じておいてください。

　wanted と meet のどちらかが V であって、もう片方には V という記号を付けてはいけないのです。

　結論から言うと、wanted がこの文の述語動詞です。S である They の直後にあることと、meet と違って過去形という具体的な形を取っていることも V とする大きな決め手になります。

meet は品詞こそ動詞ですが、不定詞を作り出す**原形動詞**であり、述語動詞にはなれません。今後も単なる動詞と述語動詞とはしっかりと区別を付けるようにしてください。繰り返しますが、一つの文には述語動詞は一つしか存在しないのです。

wanted がこの文の V であって meet は V にはなれないということは次のように考えれば分かりやすいかもしれません。

S である They と wanted を結んだ日本語は「彼らは欲した」ですね。これは全文訳をする場合にそのまま生きる言葉です。

それに対して They と meet を結んだ日本語は「彼らは会う」です。でもこれは全文訳でそのままで活かせるというものではありません。meet の意味上の主語は They であることは確かですが、「会う」という動詞の主語は形の上では存在していないのです。

wanted がこの文の V であることは十分に理解できたと思います。want は「欲する、望む」と訳すことから分かるように完全他動詞（完他）です。何を欲するかという対象が考えられるからです。だから want の次に置かれているものが目的語になります。

want は不定詞を従えて want to ～ という形でよく使われることは知っていますね。「～したい、～したがる、～することを欲する」と訳しますが、この不定詞が want の目的語になるのです。

want の次に不定詞が続いていますが、不定詞を指摘してください、と問われたら to meet ですと答えてはいけません。to meet my father です、と答えるのが正解なのです。

不定詞というと「to ＋動詞の原形」をすぐ連想するのはよいのですが、実用的には、その動詞が抱えている目的語、補語、修飾語句を併せたものを不定詞のかたまりとして捉えることが正しいのです。

この場合も、彼らが欲したものは to meet ではなく、to meet my father だということがお分かりになりますね。

wanted の目的語が不定詞であるというのであれば、不定詞を、meet の目的語である my father を加えた to meet my father とすることですべ

てが納得のいく解決を見ることになるのです。

to meet my father が不定詞であることが理解できたら、これに下線をして O にしてください。これが wanted の目的語であって、彼らが欲したことの内容です。

文の要素で切る正解は次の通りです。

<u>They</u>　<u>wanted</u>　<u>to meet my father</u>.
　S　　　V　　　　O

次の一文に移ることにしましょう。

My father gave them some work to do.

「父は彼らに、やるべき仕事を与えた」というのが文意です。少年の父親はカウボーイたちの願いを聞き入れて、牧畜場で働くことを許し、仕事を与えたことが分かります。

文の要素による区切りとしては My father が S で、gave が V であることは間違いありません。

文末に do という動詞がありますが、これは述語動詞には程遠いもので V にはなりません。

give は「だれだれに、なになにを与える」という使い方をすることが多い動詞です。「だれだれ」の部分には多くの場合、「人」が入ります。この文では them が入っていますが、これは give の目的語です。「なになに」の部分があれば、それも give の目的語です。こういう使い方をする give であれば重目(重目動詞)ということになります。

them は give の目的語として「だれだれ」の部分に当たりますが、「なになに」の文に当たるものは、この文では何でしょうか。

それを some work と考えてよいでしょうか。some work を何と訳しますか。もし some work を「いくつかの仕事」と訳す人がいたら考えを改めてください。単数名詞と結ぶ some を「いくつかの、いくらかの」と訳してはいけません。

単数名詞に付く some は「ある」または「何らかの」という意味です。もちろんこの some は形容詞として work にかかっています。

ところで some work だけを「なになに」に当たる目的語として取り上げると後に to do という不定詞が残ります。

to do を不定詞と称することには問題はありませんね。to do は「to ＋原形動詞」そのものですが、do が目的語や補語などを抱えていないので、先程の to meet my father の場合と違って、この二語だけを不定詞と言って構わないのです。

不定詞というものには名詞用法とか形容詞用法とかいう、用法、言い換えれば働きがあるということは知っていますね。この to do という不定詞の働きは何ですか、と問われたら答えられますか。

to do は後ろから work にかかっています、というのが答です。いわゆる**形容詞用法**です。

ではかけた訳は何ですか、と問われたら「やるべき仕事」と答えることになります。

work　to do　　　　やるべき　仕事

つまり work と to do は密着した関係にあります。そうなると work を前から修飾している some も加えた some work to do が give の「なになにを与える」という場合の「なになに」に当たることになります。some work to do は「やるべきある仕事」または「やるべき何らかの仕事」の意味にまとまります。

修飾関係を正しく見抜いて、文の要素のかたまりとして文中の語句を捉えることは英文解釈や和訳をする上でとても大事なことだということがお分かりになったでしょうか。

結局、この文の要素による区切りは次のようになります。

My father　gave　them　some work to do.
　　S　　　　V　　　O　　　　O

それでは問題の最後の文に取り組むことにしましょう。

> About at noon I found them sleeping under the tree by the brook.

　これはうまく訳せましたか。「正午頃、彼らは小川の近くの木の下で眠っているのが分かった」というのが文意です。
　少年はお昼が近づいたので、母屋に戻って食事をしてもらうために、広い牧畜場の何処かで働いているカウボーイたちを呼びに行ったのです。ところがカウボーイたちは半日も働かないうちに仕事の疲労から、横になって眠り込んでしまったという情景を思い浮かべてください。
　About at noon は「正午頃」の意です。この About は前置詞で「およそ〜、約〜、〜ほど」などの意味でいろいろな語句に付けて使われます。
　About at noon は文頭にあっても S ではないことは分かりますね。S は何といっても、その後の I のために取って置かなければいけませんから。
　About at noon は found の時期をいっているのですから found にかかる M ということになるのです。found を「気付いた」と訳すとすれば、何時、気付いたかといえば、お昼頃だということから分かるように、About at noon と found は修飾、被修飾の関係にあるのです。About at noon には M を付けます。
　I が S ですから、その直後の found が V になります。sleeping も動詞のようなものですが、述語動詞からはほど遠いもので V などにするわけにはいきません。V は一つの文には一つしかないということは何時でも適用しなければいけません。
　found が V ですが、これは原形 find を想定していろいろ考えてみましょう。
　find は「〜を見つける」という使い方をする場合は完他（完全他動詞）ですね。この文では found の次に them という人称代名詞の目的格がありますから、この them が found の目的語、つまり O ということにな

ると考えていいでしょう。

　find には「〜を見つける」という完他（完全他動詞）のほかに、目的語の次に別な要素が入り込んで、「〜が…であるのが分かる」と訳すことになる場合が結構多いのです。この場合には find を「見つける」ではなく、「分かる」という訳し方をすることに注意しておいてください。

　find を「〜が…であるのが分かる」と捉える場合に、「〜」の部分が目的語ですが、「…」の部分に入るものとして、目的語とイコール関係があるような語句が来ます。この「…」は他動詞の場合の補語というわけです。

　このイコール関係をこの文で検証してみましょう。

　目的語と見ている them は二人のカウボーイを指していますが、sleeping under the tree by the brook はカウボーイたちの、その時の状態を表している語句だと見ることができますね。

　them ＝ sleeping under the tree by the brook

を実証するために、「＝」を be 動詞に替えて文にしてみます。them は they に置き換え、「＝」は be の過去形 were を使い

　They were sleeping under the tree by the brook.

という文が得られます。

　これは少年の目で捉えたカウボーイたちの姿ですね。内容的に見ても問題文と何ら矛盾するところはありません。こういう彼らの姿を認めたのが

　I found them sleeping under the tree by the brook.

という文なのです。

　sleeping under the tree by the brook は O である them とイコール関係がある語句なので C ということになります。

　sleeping だけを C にしたり、under the tree や by the brook を M にしたりしてはいけません。

　under the tree は sleeping にかかる修飾語句であることは確かです。by the brook も tree にかかる修飾語句です。

　これまでに何回も言ってきていますが、修飾語句 ＝ M ではありません。修飾語句でも述語動詞（ここでは found）にかかっていれば M ですが、

第7講　文の要素と五文型　171

found にかかっていない under the tree や by the brook を M にしてはいけないのです。

by the brook が tree にかかり、under the tree by the brook が sleeping にかかることによって sleeping under the tree by the brook 全体が them とイコールになる補語のかたまりとなるのです。

目的語と補語を従えているということで found は不完他（不完全他動詞）であることが分かりますね。

「不完他（不完全他動詞）＋目的語＋補語」の構文においては、訳出に当たっては目的語を最初に訳し、その後で補語を訳します。

だから found them sleeping under the tree by the brook は「彼らが小川の近くの木の下で眠っているのが分かった」と訳すことになります。

もし、補語を目的語より先に訳してしまうと「小川の近くの木の下で眠っている彼らを見つけた」という訳が得られますが、こういう訳をしてはいけないのです。

不完他（不完全他動詞）としての find は「見つける」ではなく、「～が…であると分かる」と捉えることを忘れないでください。

文の要素による区切りは次のようになります。

<u>About at noon</u> <u>I</u> <u>found</u> <u>them</u> <u>sleeping under the tree by the brook</u>.
　　　M　　　 S　 V　 O　　　　　　　C

文の構成要素本位で問題文の一文一文を分析してきました。どういう要素で構成されていたかを見ると次のとおりです。

　第一文は　M＋S＋V＋M
　第二文は　S＋V＋C
　第三文は　S＋V＋O
　第四文は　S＋V＋O＋O
　第五文は　M＋S＋V＋O＋C

という要素でできていました。V を修飾する M をここから外すと

　① S＋V
　② S＋V＋C

③ S + V + O
④ S + V + O + O
⑤ S + V + O + C

となります。この文型を上から、第一文型、第二文型、第三文型、第四文型、第五文型といいます。V を修飾する M はどの文型にも登場する可能性があるので殊更付けませんでした。

もう一度整理すると英文は次のようになります。

文の要素による五文型

第一文型　S + V　　　　　　　V は完自（完全自動詞）
第二文型　S + V + C　　　　　V は不完自（不完全自動詞）
第三文型　S + V + O　　　　　V は完他（完全他動詞）
第四文型　S + V + O + O　　　V は重目（重目動詞）
第五文型　S + V + O + C　　　V は不完他（不完全他動詞）

入り組んだ複雑な構造の文でも英文の一文一文は、上の五文型のうちの一つに必ず納まっています。これに M を加えたとしても、文中の語句を要素ごとに、かたまりとして捉え、下線を施してみれば、その要素のかたまりは限られた数でしかありません。

長文なんて恐れるに足らず、という自信を持つためにも、今後は、こういう要素本位で英文を分析する論理的思考を身に付けることを期待しています。

それでは今度は次の問題に挑戦してみましょう。

第 7 講 文の要素と五文型　173

演習題 14

次の文を読み、それぞれの下線部を一つのセンテンスと見なして文の構成要素（SVOCM）で区切ってください。

A lady-teacher was travelling on a bus, and she recognized a man sitting opposite her. She waved and smiled, but the man looked surprised, and she realized that he was not the man she thought. She decided to apologize when she got off the bus.

"I'm sorry," she said. "I thought you the father of one of my children.

（注）wave　手を振る　realize　気付く　apologize　謝る

さっそく第一文から分析を進めていきましょう。私が出す解答を目にする前に自分の解答を作っておいてくださるようにお願いをしておきます。

A lady-teacher was travelling on a bus,

「ある女性教員がバスで旅をしていた」の意は掴めたでしょう。

文頭の A lady-teacher は S と考えて間違いはありませんね。「一人の女性教員」でもいいのですが、「ある女性教員」と訳した方がよいでしょう。不定冠詞の用法で「ある～」と訳す場合があるのです。特に話の冒頭に登場する人物に付いている不定冠詞であることを考え併せましょう。

次の was travelling が V ですね。was travelling は「be ＋現在分詞」で進行形になっていますが、be 動詞の was は助動詞の働きをしています。was だけを V にしてはいけません。V として肝心なのは travelling ですが、was travelling を述語動詞として指摘します。

on a bus は「バスで」の意味ですが、これに何の記号を付けましたか。動詞の次に置かれているからと言って O にしてはいけません。travel という行為の対象になっているわけではありません。

on a bus は「前置詞＋名詞」です。「前置詞＋名詞」は動詞の目的語になることはありません。どういう乗り物で旅をするかという手段を言っていて was travelling を修飾する M ということになります。

was travelling の travel は完自（完全自動詞）で、この文は第一文型ということになります。区切りは次の通りです。

```
A lady-teacher   was travelling   on a bus,
     S                V                M
```

she recognized a man sitting opposite her.

少し難しい単語が出てきましたので文の要素が定めにくかったでしょう。

she が S なのは間違いありません。次の recognized は規則動詞の過去形なので、これを V とすることに躊躇(ためら)いはなかったと思います。

recognize は「（前に見たもの、知っているもの）に気付く、識別する」の意味で他動詞ということが分かります。従って目的語が存在するはずだと考えるのが順当です。

recognized の目的語としては a man が考えられます。そうだとすると recognized a man は「（一人の）男に気付いた」となります。ここまでのところは考え方として間違ってはいません。

次にその後の sitting opposite her の部分を分析してみましょう。sitting は sit の現在分詞と考えられます。opposite は直後に her が続いていることから「～の向こう側に、～の反対側に」の意の前置詞と考えます。前置詞としては綴り字が長いですが。

opposite her は「前置詞＋名詞」ということになれば句になります。この句の働きをどう見るかが肝心です。opposite her を「彼女の反対側に」あるいは「彼女の向かい側に」と意味を取ることになります。バス内の座席の配置が関係しますが、列車のように向かい合わせの座席があると考えれば分かりやすいですね。

opposite her という句の働きですが、sitting にかかっている副詞句と

いうことが分かりましたか。sit opposite her であれば「彼女の向かい側に座る」です。これを現在分詞形にしたのが sitting opposite her です。

sitting opposite her を文の要素としてどう考えるかということになります。これを独立した O か、C か、M かと考えると同時に、そうはならずに何かに所属してかたまりを作っているのではないかという見方も取ってください。

結論を言いますと、sitting opposite her は man を修飾する句として、a man sitting opposite her 全体を recognized の目的語として見るのが正解です。かたまりとしての訳は「彼女の向かい側に座っている男」です。

区切りは次のようになります。

```
she   recognized   a man sitting opposite her.
 S        V                 O
```

the man looked surprised

単純な文のようですが、the man を S にした後で looked surprised のところでちょっと引っかかりますね。

looked を規則動詞の過去形と見なしたら V とすることができます。次の surprised も過去形と過去分詞が同じ規則動詞の単語です。

the man が S、looked を V と定めたら surprised は V ではなくなります。ということは surprised は過去形ではなく、過去分詞ということを意味します。過去分詞としての働きは何でしょうか。

その前に looked の意味を考えてみましょう。look は「～のように見える、～のようである」の意味でよく使われることを知っていれば、この「～」の位置に surprised が入っているのではないかと推測できます。looked surprised は「驚いたように見えた」となります。

こういう使い方をする look は不完自（不完全自動詞）で、surprised が補語になります。surprised が補語ということは、主語である the man のその時の状態を表しているわけです。S ＝ C ということから the man was surprised（その男は驚いていた）という内容が成立します。

この部分は第二文型として、区切りは次のようになります。

```
the man   looked   surprised,
  S         V          C
```

he was not the man she thought

ここの区切りはうまくいきましたか。難しい部分を含んでいますが。was not は was の否定形なので was not でまとめて V とします。

she thought の処理が厄介なことは確かです。でも発想は豊かにしてください。もし he was not the man だけだったら、he を S、was not を V、the man を C にするところですね。he was not the man で「彼はその男ではなかった」という文意が取れますから。

そうなると he was not the man she thought 全体も「S + V + C」ということになるのではないかという判断が出てきます。つまり she thought は the man と一緒になって C を構成しているのではないかという発想です。

実は the man she thought は「彼女が考えていた男」の意なのです。何故そうなるかと言いますと、the man と she thought の間に関係代名詞の省略があるので、she thought が先行詞の the man と結び付くのです。こういう関係代名詞の働きについては講をあらためて十分に学修しますのでご安心ください。この部分の区切りは次の通りです。

```
he   was not   the man she thought.
 S      V             C
```

She decided to apologize

She が S、decided を V とします。過去形の動詞は述語動詞になる

からです。apologize も品詞としては動詞ですが、「to ＋動詞の原形」すなわち不定詞として登場しているのですから述語動詞と考えるわけにはいきません。

　問題は to apologize という不定詞の働きです。decide には「～しようと決める、決心する」の意味があります。そうなると decide は完他（完全他動詞）と考えられ、その目的語として to apologize をはめ込むことで文の区切りは解決します。decide to apologize は「謝罪することを決心する」の意味になります。

　区切りは次のようになります。

> She　decided　to apologize
> 　S　　　V　　　　O

I thought you the father of one of my children.

　最後の文になりました。この一篇の話の落ちの部分です。すっきりと文意が取れましたか。

　I が S、thought が V であることは確かです。you は think の目的語のような印象を受けますね。I thought you だけならば「私はあなたのことを考えた」とでも訳せそうですから。だから you をひとまずは O としておきましょう。

　その後の the father of one of my children の部分の意味がすっきりと取れましたか。「私の（数多くいる）子供たちのうちの一人の父親」の意です。ここからブラックユーモアのようなものを感じ取れましたか。

　例えばアメリカは離婚社会として有名ですね。結婚して子供を設けてもすぐ離婚、結婚を繰り返すことは日常茶飯事ですから、父親が違う子供たちを抱えて生活している母親は珍しくはありません。そういうことが背景になっていての the father of one of my children の意味合いが成立するのです。

　ところでその the father of one of my children は意味のかたまりか

ら一つの文の要素として見ることができそうですね。O でしょうか。C でしょうか。名詞のかたまりですから M になることはありません。

thought を V としましたが、think には「～を…と考える、思う」という不完他（不完全他動詞）の用法があるのを思い出してください。この場合「～」と「…」の位置に入るものどうしはイコール関係が成立することも知っていますね。you と the father of one of my children がイコール関係にあるのではないかと考えてみましたか。

これを検証してみましょう。イコールに当たるものは be 動詞でしたね。両者を be 動詞で結んでみます。

You are the father of one of my children.

という文が得られました。事実関係はともかくとして、この女性教員が一瞬であったにせよ、目の前の男性を子供たちのうちの一人の父親ではないかと思ったのですから内容的にも成立することになります。それにしてもアメリカ女性らしい逞しい母親像が浮かび上がってきますね。

文の区切りは次のようになります。

I	thought	you	the father of one of my children.
S	V	O	C

最後に全文訳を添えておきます。

【全文訳】 ある女性教員がバスで旅をしていた。彼女は向かい側の席に座っている男性に見覚えがあった。彼女は手を振って微笑んで見せたが、男性は怪訝な顔つきであった。男性が思っていた男ではないと彼女は気付いた。バスを下車する際に謝罪しようと彼女は決めた。

「申し訳ありませんね。あなたが、私の子供たちの一人の父親ではないかと思ったものですから」と彼女は言った。

この講では、英文を文の要素（SVOCM）で区切ることで文意を正確に掴む練習をしました。

述語動詞を定めることは当然ですが、主語のかたまり、目的語のかたまり、補語のかたまり、述語動詞を修飾する副詞、副詞句のかたまりを的確に捉えることに慣れたと思います。

文をかたまりに仕分けて、要素を定めた段階で文構造が解明され、ほぼ正確に文意が掴めてしまうことが実感できたのではないでしょうか。

文をこういう要素本位で区切ってみると、そのかたまりの数は、せいぜい六個どまりだと思います。六個というのは、動詞が不完他（不完全他動詞）の場合でも、SVOC の四つが存在しますが、それ以外に M が二つあるとしての合計数です。

動詞が重目（重目動詞）の場合にしても SVOO の四つに M が二つあっても合計は六個にしかなりません。

どんな英文でも、その数少ないかたまりで構成されているのですから、難文と思われるものにも、この分析法でどしどし挑戦してください。古谷メソッドの分析の真髄を発揮して欲しいと思います。

今後は皆さんの前には長文がたくさん登場してくると思います。長文にもいろいろなタイプがありますが、多くは**従属節**というものを抱えているために、大文字で始めた文がピリオドに至るまでに多くの語数でできている長い文になってしまうという場合です。

そういう場合は、全文とは別に従属節の内部も一つの文と見て、文の要素で区切る古谷メソッドによる分析を施してください。

文中の主語を持つ述語動詞ごとに、その動詞が五種類のどれに当たるかを追求して、それに伴う目的語、補語、修飾語句を明らかにしていく作業を欠かさずに実行してもらいたいと思います。

そうすることによってのみ、一つ一つの英文の真意に辿り着けるということを筆者は確信を持ってお約束いたします。

文 の 要 素

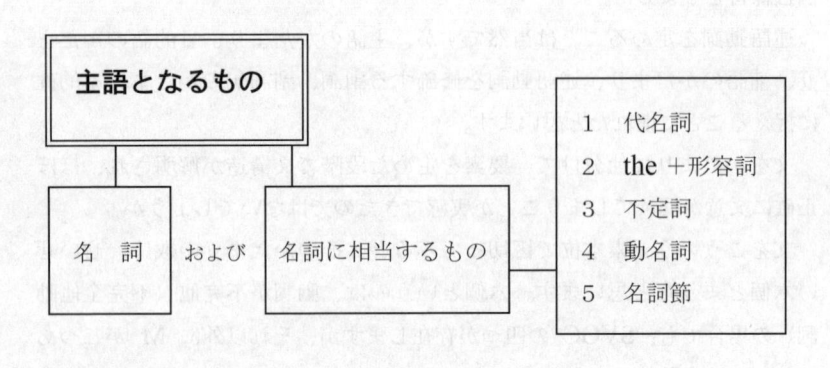

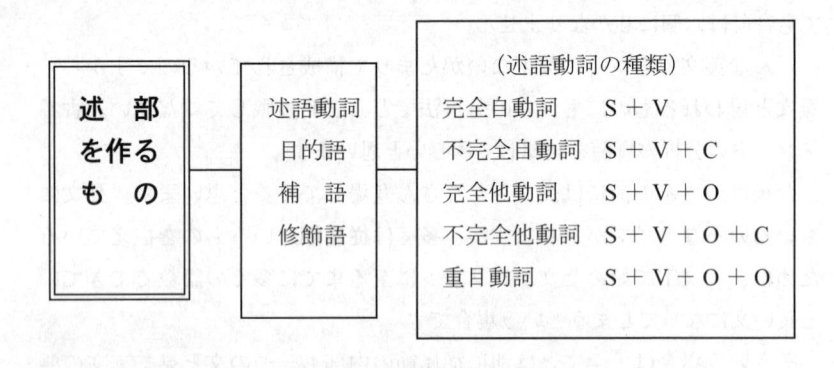

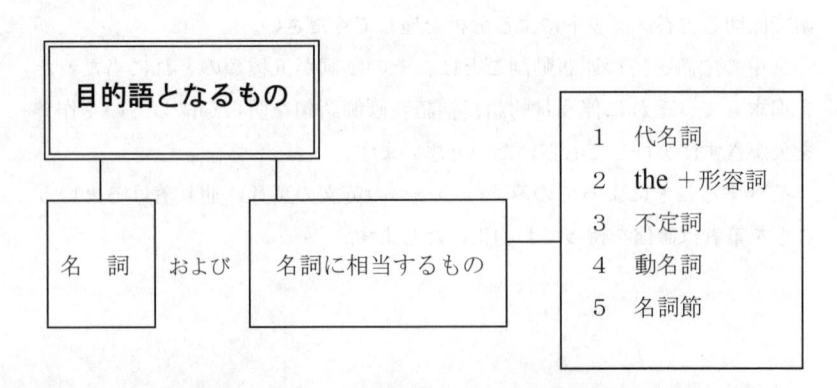

主語となるもの: 名詞 および 名詞に相当するもの
1. 代名詞
2. the ＋形容詞
3. 不定詞
4. 動名詞
5. 名詞節

述部を作るもの:
- 述語動詞
- 目的語
- 補語
- 修飾語

（述語動詞の種類）

完全自動詞	S＋V
不完全自動詞	S＋V＋C
完全他動詞	S＋V＋O
不完全他動詞	S＋V＋O＋C
重目動詞	S＋V＋O＋O

目的語となるもの: 名詞 および 名詞に相当するもの
1. 代名詞
2. the ＋形容詞
3. 不定詞
4. 動名詞
5. 名詞節

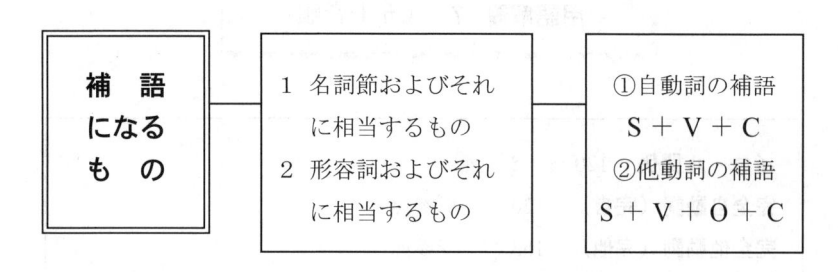

| 補　語
になる
も　の | 1　名詞節およびそれ
　　に相当するもの
2　形容詞およびそれ
　　に相当するもの | ①自動詞の補語
　　S＋V＋C
②他動詞の補語
　S＋V＋O＋C |

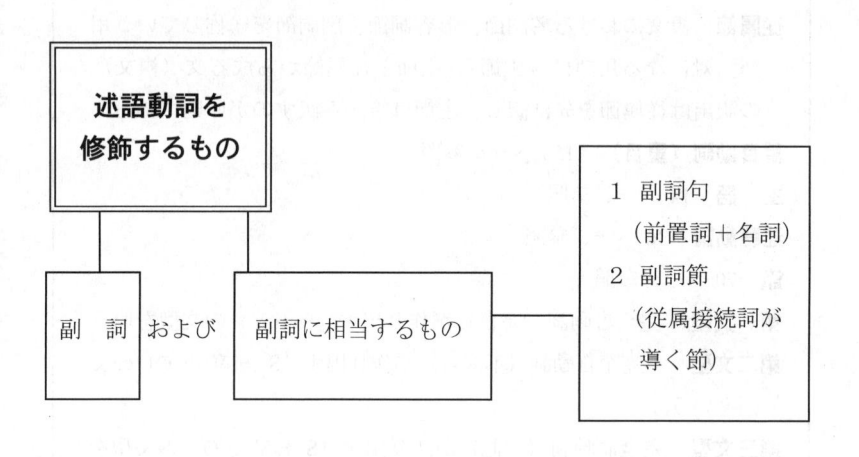

述語動詞を
修飾するもの

| 副　詞 | および | 副詞に相当するもの | 1　副詞句
　　（前置詞＋名詞）
2　副詞節
　　（従属接続詞が
　　　導く節） |

用語解説 7 （五十音順）

イコール関係 120 ページ参照
完全自動詞（完自） 120 ページ参照
完全他動詞（完他） 153 ページ参照
原形動詞 現在、過去、過去分詞、現在分詞と活用変化をする動詞の元の形をいう。
現在分詞 13 ページ参照
修飾語 35 ページ参照
従属節 複文における名詞節、形容詞節、副詞節を総称していう用語。対になる用語は「主節」。主節と従属節から成る文（複文）の訳出は従属節を先に訳し、主節は後から訳すのが原則である。
重目動詞（重目） 153 ページ参照
主　語 14 ページ参照
述語動詞 36 ページ参照
節 70 ページ参照
第一文型 完全自動詞（完自）が作り出す「S + V」の文型をいう。
第二文型 不完全自動詞（不完自）が作り出す「S + V + C」の文型をいう。
第三文型 完全他動詞（完他）が作り出す「S + V + O」の文型をいう。
第四文型 重目動詞（重目）が作り出す「S + V + O + O」の文型をいう。
第五文型 不完全他動詞（不完他）が作り出す「S + V + O + C」の文型をいう。
倒　置 36 ページ参照

被修飾 37ページ「被修飾語」参照

不完全自動詞（不完自） 120ページ参照

不完全他動詞（不完他） 154ページ参照

不定詞 154ページ参照

文の構成要素 主語（S）、述語動詞（V）、目的語（O）、補語（C）、述語動詞を修飾する副詞、副詞句（M）の五つを文の構成要素という。

補　語 37ページ参照

目的語 71ページ参照

第8講　名詞・代名詞の文中の位置

　どんな英文を取り上げても、その中に名詞あるいは代名詞はふんだんに登場していますね。この名詞や代名詞が文中でどんな役割を果たしているかに関心を持ったことがありますか。

　名詞や代名詞は文の中に登場している限り、何らかの役割を必ず果たしているのです。これには例外はありません。

　何らかの役割と言いましたが、これには六つの種類があります。一つだけここで言いますと、**主語**という役割です。これは分かりやすいですね。

　ついでにもう一つだけ言えば、**他動詞の目的語**という役割です。

　具体的に理解してもらうために例文を出しましょう。

We love peace.

　文意は明確ですね。「私たちは平和を愛します」と訳せるでしょう。

　この文から名詞、代名詞を拾い出しなさい、と言われたら We と peace を指摘すればよいですね。

　この場合に We という代名詞が文中で果たしている役割は何ですか？と問われたら、We は love の主語の役割を果たしています、と言えばいいのです。簡潔に答えるとすれば、We は love の主語です、でよいのです。

　We という代名詞は love の主語という**位置**を持っているということになります。

　では peace という名詞が文中で果たしている役割は何ですか、と問われたら、peace は love の目的語の役割を果たしています、と答えればよいのです。簡潔に言えば、love の目的語です、でよいのです。

　peace という名詞は love の目的語という**位置**を持っているということになります。

　この辺まではこれまでの学修から十分に理解できるのではないでしょうか。

　先程、役割には六つがあると言いました。そのうちの二つを紹介しまし

た。あと四つ残っています。

　名詞・代名詞が文中で果たす役割は六つに限られていますが、この六つの役割は、言葉を替えれば、**六つの位置**といいます。

　名詞・代名詞は文中において使われている限り、必ず、例外なしに六つの位置のいずれか一つを持っているということになるのです。

　名詞と代名詞を併せて一気に言う言葉として「**名代**」を今後は使うことにしましょう。名代は「めいだい」と読みます。

　名代が文中で六つの位置の一つに必ず納まっているということは譬えて言えば次のようなことです。

　野球というスポーツを考えてみましょう。競技において、選手は守備に付くときは必ず、投手、捕手、一塁手、二塁手、三塁手、遊撃手、左翼手、中堅手、右翼手という九つのポジションのどれか一つに付きますね。

　ポジションを持たずに守備に付くというような例外の選手はいません。また一人の選手が二つのポジションを兼ねるということもありません。

　一人の選手は必ず一つのポジションを持って守備に付いています。全く同じことが名代（名詞・代名詞）についても言えます。ポジションが位置に当たります。

　個々の名代（名詞・代名詞）が選手です。守備に付くということは、実際の文中に登場するということです。

　文中に登場している名代（名詞・代名詞）は例外なくポジションを一つ持っています。

　野球の場合にはポジションは九つですが、名代（名詞・代名詞）の位置はわずかに六つです。

　個々の名代（名詞・代名詞）の位置を考えるということは、個々の名代（名詞・代名詞）が文中でどういう役割を果たしているかを追求するということです。

　先程、主語という位置、目的語という位置の二つの位置だけを紹介しましたが、位置を考えることの重要性を分かりやすく言えば次のようなことになります。

例えば英文の中に peace という単語が出てきたとします。意味は「平和」でよいと分かっています。peace を平和と訳した後に、全文訳をしている最中であれば、必ず何らかの助詞を付けることになりますね。「平和が」とするか、「平和を」とするのか、あるいは「平和の」とするのかという問題が出てきます。

どういう助詞を選ぶかという判断は何を根拠にすればいいでしょうか。

それは peace という名詞が、文中の他の語句とどのように関わっているか次第なのです。

名詞をめぐっての、この語（句）と語（句）の関係を追求するのが名代の六つの位置の分析研究です。

今後は「**文中の位置**」という言葉が頻繁に使われます。位置は役割と同じ意味で使うことをわきまえておいてください。

では次のページの問題に取り組むことにしましょう。

演習題 15

次の各文で dog あるいは dogs が文中で果たしている役割（位置）を明らかにしなさい。

1. <u>Dogs</u> are usually faithful to their keepers.
2. This puppy will be a good <u>dog</u> in two years.
3. Many people keep <u>dogs</u> here in this area.
4. Some people are especially friendly to <u>dogs</u>.
5. We call such a man a <u>dog</u> in the manger.
6. Wolves are more like <u>dogs</u> than like wild cats.

1. <u>Dogs</u> are usually faithful to their keepers.

「犬は通常、飼い主に対して忠実である」という文意は掴めましたか。

語句の解説を最初にしておきましょう。usually は「いつもは、たいてい」の意の副詞です。usually は一般動詞の前に置かれる副詞ですが、be 動詞の場合には後ろに置かれます。

faithful は「誠実な、忠実な」の意の形容詞です。「～に誠実な、～に忠実な」という場合には faithful to ～となります。

their は人称代名詞 they の所有格ですが Dogs を受けています。keepers は「飼い主」ですが、これは「犬を飼う」を keep dogs ということから、keep に「～する人」を意味する -er を付けたものです。

ところで当面の問題は冒頭の Dogs という名詞の文中の位置は何ですか、ということです。Dogs はこの文の中で、どういう役割を果たしているかと言っても同じです。

これは別段、難問ではありませんね。Dogs はこの文では主語として生きています。述語動詞 are の主語といっても同じことです。位置という言葉を使って答えるとすれば、Dogs は are の主語という位置を持っているということになります。

名詞の位置を言う場合には、このように、「〜の（are の）…（主語）」と、英語を入れて具体的に答えるように習慣付けてください。

因みに第 7 講で学修した、文の要素で文を区切る実践をこの文でも試みてみましょう。

Dogs が S、are が V、usually が M までは難なく付いたことと思います。ここで are の動詞の種類を考えると不完自（不完全自動詞）ですから、次に C が来るはずですね。

この C は faithful だけではなく、faithful to their keepers 全体を C と考えます。to their keepers が faithful にかかっているからです。

<u>Dogs</u>　<u>are</u>　<u>usually</u>　<u>faithful to their keepers</u>.
　S　　　V　　　M　　　　　　C

【答】 Dogs の文中の位置は are の主語。

2. This puppy will be a good <u>dog</u> in two years.

「この子犬は二年後には立派な大人の犬になるだろう」が文意です。

puppy は「子犬」です。縮めて pup ということもあります。This は「これは」ではなく、「この」に当たります。this や that は**指示代名詞**といわれますが、この this は品詞は代名詞ではなく、形容詞です。this は puppy にかかっているからです。

in two years は「二年後に」の意を表す副詞句です。前置詞 in は時間の経過をいう場合に使います。「五分後に」は in five minutes です。

問題になっている dog の文中の位置は何でしょうか。これを解く鍵は will be にあります。will は助動詞だから除外します。

この be を「〜である」という、補語をとる be 動詞と考えれば補語は a good dog ということになりますね。

a good dog という言葉のかたまりは、dog を核としている、あるいは dog が核となっている、といいます。a も good も dog にかかっているからです。

a good dog が be の補語であるなら、その核である dog という名詞

の文中の位置は補語ということになります。

　dog の文中の位置は be の補語、と答えれば正解といえるのですが、ここで古谷メソッドの用語による答えを言ってもらいたいので解説をいたします。

　ここで使われている will be の be は、動詞の種類は先程確認したように不完自（不完全自動詞）です。dog は不完自（不完全自動詞）の補語だから、これを縮めて「**自補**」といいます。これが古谷メソッドで使って欲しい用語です。

　これによって答えるとすれば dog の文中の位置は be の自補ということになります。この「**自補**」という言葉を自分でも積極的に使うようにしてください。補語には二種類があるので、それを区別するためにも補語ではなく、**自補**なのです。

　例によって、この文も要素による区切りを付けてみましょう。

　This puppy　will be　a good dog　in two years.
　　　S　　　　V　　　　C　　　　　M

【答】　dog の文中の位置は be の自補。

3. Many people keep <u>dogs</u> here in this area.

　「この地域では犬を飼う人が多い」が文意です。

　keep dogs は「犬を飼う」です。in this area は「この地域で」の意の副詞句だということは分かりますね。

　この in this area と here との関係はお分かりでしょうか。一種の同格的なものです。

　同格的と言ったのは、同格というのは名詞と名詞の間で普通言われるからです。その点では here は副詞、in this area は副詞句です。here と in this area を一体化して「この地域で」でよいのです。

　それでは dogs の文中の位置の追求に入りましょう。これは難問ではありませんね。keep の目的語であると答える人がたくさんいるはずです。それで正解といえるのです。

ただし、ここも古谷メソッドの用語で答えてもらいたいのです。keep は動詞の種類は完他（完全他動詞）です。完他の目的語を短く、「他目」といいます。「他動詞の目的語」を短縮したものです。この「他目」も気軽に使えるようにしてください。

従って dogs の文中の位置は keep の他目である、と言います。

<u>Many people</u>　<u>keep</u>　<u>dogs</u>　<u>here</u>　<u>in this area</u>.
　　　S　　　　V　　　O　　　M　　　　M

【答】 dogs の文中の位置は keep の他目。

4. Some people are especially friendly to <u>dogs</u>.

「犬に対して特別な親しみを感じている人もいる」という文意は掴めていますね。

Some people の訳出に当たって留意したいことを説明します。Some people を「何人かの人々、いくらかの人」というように頭から訳すのは直訳としてはいいのですが、もっとこなれた日本語文にする方法があります。some または some が名詞に付いたものが主語として文頭にある場合は、「〜もある」というように、主語を最後に訳すとよいのです。上の「親しみを感じている人もいる」がこれに当たります。

例を挙げて置きましょう。

Some say "Yes" and some say "No."
（イエスと言う人もいれば、ノーと言う人もいる）

実は一つ前の 3 の Many people の訳し方も「多くの人が」と頭から訳さず、「〜する人は多い」と訳し上げるのがよいのです。

especially は「特別に、並外れて」の意の副詞で friendly を修飾しています。

friendly は -ly で終わっていますが形容詞で「〜に好意的な、〜に優しい」の意味で、「〜に」の部分は to 〜で表します。

to は前置詞ですから dogs はその目的語ということになりますね。この to dogs は friendly を修飾しています。

前置詞の目的語というときに、これを短縮して「**前目**(ぜんもく)」といいます。ここでこの用語を使えば、dogs の文中の位置は to の**前目**である、と言うことになります。この**前目**という用語も今後はふんだんに登場してきますので慣れ親しんでください。

文の要素で切ると次のようになります。

<u>Some people</u>　<u>are</u>　<u>especially friendly to dogs</u>.
　　S　　　　V　　　　　　C

【答】 dogs の文中の位置は to の前目。

なお、「前置詞の目的語」という言葉に触れておきますが、単に目的語というと「他動詞の目的語」を連想するのが普通です。だから混乱や誤解を防ぐために、前置詞と組み合わさる名詞に、目的語以外の別な名称を与えてもよいぐらいなのです。

ただ前置詞の次に人称代名詞が来る場合に me, us, him, them などの目的格を取りますね。そういうこともあって、他動詞、前置詞の別はあっても一律に目的語という名称が従来から使われてきたのです。

5. We call such a man a <u>dog</u> in the manger.

such a man は「そのような人」の意味です。such は形容詞で「そんな、こんな、そのような」を意味します。such は形容詞として一風変わった癖を持っています。

名詞が不定冠詞と形容詞を伴って登場するときは「a ＋形容詞＋名詞」の語順が普通ですが、such は形容詞であるのに a の前に出て「such a ＋名詞」の語順を取るのです。such a man はそういう例です。

such a man の次の a dog in the manger はどういう意味か分かりますか。manger は「かいば桶」です。だから a dog in the manger は文字通りには「かいば桶の中の犬」と訳せます。訳はそれでいいのですが、この言葉には故事来歴があります。

イソップ童話の中の一つですが、牛がいない留守に、牛のかいば桶の中で昼寝をしていた犬の話です。牛が帰ってきて、かいばを食べたいと思っ

ているのに犬は強引に居座り、腹をすかせている牛はかいばを食べることができません。

この話から、自分には必要がないものを、他人が使うのを阻むような意地悪な人のことを a dog in the manger というようになったのです。

この dog の文中の位置は何でしょうか。即答できた方も多いかと思います。はっきりしていない方は、この文の述語動詞である call の動詞の種類を考えてください。

call の後ろに such a man と a dog in the manger の二つが置かれていることに目を付け、such a man を目的語、a dog in the manger を補語と見ることができないかを検討してみるのです。

第五文型の目的語と補語であれば両者はイコール関係があり、such a man と a dog in the manger は一致するはずのものです。試しに be 動詞を使って両者を繋いでみましょう。

Such a man is a dog in the manger.
が得られました。

「そういう人はかいば桶の中の犬である」が直訳ですが、「そういう人はかいば桶の中の犬のような人である」を踏まえているわけで、文法上からも、内容的に見ても正しい文といえますね。

そうすると a dog in the manger は不完他（不完全他動詞）call の補語ということになり、その中の核となっている dog は call の補語といってもよいことになります。

ここでまた用語を一つ覚えてもらいたいと思います。

dog は不完他（不完全他動詞）の補語ですから、「他動詞の補語」を短縮した意味合いで「**他補**（たほ）」という名称を与えます。

dog という名詞の文中の位置は call の**他補**である、といいます。**他補**という名称にも親しんでもらいたいと思います。

念のために文型についても明らかにしておきましょう。

We が S、call が V、such a man が O、a dog in the manger が C となる第五文型です。

文意は「私たちはそういう人をかいば桶の中の犬と呼びます」となります。

We　call　such a man　a dog in the manger.
　S　　V　　　O　　　　　　C

【答】dog の文中の位置は call の他補。

6.　Wolves are more like <u>dogs</u> than like wild cats.

　いよいよ最後の文になりました。この一文は文意を取ることができましたか。

　名詞の文中の位置も、主語、自補、他目、前目、他補と五つが出てきました。dogs の文中の位置で最後の六番目のものが出てきて六つが揃いそうですね。

　Wolves は wolf (狼) の複数形です。-f で終わる名詞の複数形は原則として f を v に替えて -es を付けます。

　wild cat は「山猫」です。犬を含めて動物の種類が出てきていますね。

　more ～ than …というのは比較級を用いた比較構文だということが分かります。「…よりも～」と訳します。

　dogs の文中の位置を解明するに当たっては、dogs の前にある like が鍵となっています。wild cats の前の like も同じ働きをしている語と考えていいですね。

　like は「～に似ている」の意の形容詞です。like の訳語を言うときに「～」が入っていますね。こういうことは普通の形容詞にはないことなのです。like は特殊な形容詞だということです。

　今、この「～」の位置に入っているのは dogs と wild cats です。like dogs は「犬に似ている」と訳します。like wild cats は「山猫に似ている」と訳します。

　先程、like は特殊な形容詞だと言いました。何が特殊かと言いますと、like は**目的語を従える形容詞**なのです。like ～という形で用いられるとき、この「～」を like の目的語といいます。

dogs や wild cats は形容詞 like の目的語ですから短縮して古谷メソッドでは**形 目**といっています。「形容詞の目的語」→「**形目**」です。

目的語を従える形容詞の代表は like ですが、それ以外の同じ用法を持つ形容詞が登場しない限り、**形目**はめったに出てくるものではありませんが、言葉としてはしっかり覚えておいてください。

dogs の文中の位置は like の形目ということになります。

この文も文の要素で切ってみましょう。Wolves が S、are が V、more like dogs than like wild cats が C となります。more like dogs than like wild cats が何故まとまって C のかたまりになるかは実は理解が難しいところなのです。

ヒントとしては than like wild cats が副詞節として前方の more にかかっているとだけ今は言っておきます。この辺りを本格的に分析するのはずっと後になってからで十分ですから。

この文意は「狼は山猫に似ているよりは犬に似ている」となります。are が不完自（不完全自動詞）ですから文は第二文型です。

Wolves　are　　more like dogs than like wild cats.
　　S　　V　　　　　　　C

【答】 dogs の文中の位置は like の形目。

ここまで分析研究をしてきましたが、1～6の英文の中で dog または dogs は

① **主語**　② **自補**　③ **他目**　④ **前目**　⑤ **他補**　⑥ **形目**

という六つの位置のいずれかで使われていました。

名代（名詞・代名詞）は文中で使われる際に何らかの位置を持って存在しているのであり、位置を持たずに登場しているということはあり得ません。このことは英文を正しく理解する上で、分析上特に大切にしてもらいたいことの一つです。

構文が複雑であったり、長文でどこから手を付けたらよいか分からないようなときに、名詞と代名詞に目を向け、その文中の位置を徹底的に追求することで文の構造を知る端緒とし、文意を掴む分析の出発点にしようと

いうわけです。

　このことを古谷メソッドでは次のように歌っています。

> **古谷メソッド 原則歌 3**
> 名代（めいだい）の六つの位置は主語に自補、他目前目、他補に形目

　「名代」は何回も繰り返していますが、名詞と代名詞を縮めて言った言葉です。英文の中に、どんなにたくさんの名詞や代名詞が出てこようと、それがすべて六つの位置のどれか一つに納まっているということを知っていて、これを手がかりにして英文の構造を明らかにし、筆者が発信しているメッセージを十二分に解読する分析の出発点として活用することが大変な武器になります。

　古谷メソッド特有の用語についてもう一度解説をしておきます。

主語…これは解説不要ですね。文の主題になるものです。
自補…不完自（不完全自動詞）に伴って出てくる補語をいいます。主語の性質・状態を述べる形容詞、名詞です。
他目…完他（完全他動詞）や重目（重目動詞）の目的語をいいます。
前目…前置詞の目的語になるものをいいます。
他補…不完他（不完全他動詞）に伴って出てくる補語をいいます。目的語の性質・状態を述べる形容詞、名詞です。
形目…形容詞の目的語をいいます。目的語と取る形容詞の代表は like です。like の他には unlike と worth しかないと思ってください。worth は「〜の価値がある」の意です。

　なお名代の六つの位置を徹底的に追求することで十全に文意を理解する試みの中で、外見は名詞ではないものの、働きにおいて名詞に相当する語句が数多く登場してきます。

　そういう場合はそれを見極め、名代の六つの位置を探る試みをその都度適用しなければならないのです。そういう名詞相当語句には次のようなものがあります。

> ### 名詞に相当する語句
>
> 1. **不定詞**
>   *To know oneself* is difficult.
>   (自分を知ることは難しい)
>   名詞用法の不定詞が is の主語として使われている。
> 2. **動名詞**
>   My hobby is *collecting foreign stamps*.
>   (私の趣味は外国切手の蒐集です)
>   動名詞が is の自補として使われている。
> 3. **名詞節**
>   Everybody knows *that the earth is not flat*.
>   (地球が平らでないことは誰でも知っている)
>   that 節が knows の他目として使われている。

　名詞に相当する語句のうちの一つは、**不定詞**が名詞に相当する働きをするものです。不定詞の**名詞用法**といわれるもので、「〜すること」と訳せばよいとされているものがこれに当たります。

　二つ目は**動名詞**です。ただし動名詞は〜 ing の形を取り、見た目は**現在分詞**と区別が付きません。だからこそ文中の位置も含めていろいろな角度から検討して動名詞なのか現在分詞であるかの区別を付ける必要があります。なお現在分詞が名詞相当語句になることはありません。

　三つ目、これが最後ですが、名詞節といわれるものがあります。名詞の働きをする節のことを名詞節といいます。節というのは一口で言えば、文の一部でありながら「S ＋ V」の構造を持つものの総称ですが、こういう大きなひとかたまりが単一の名詞の場合と同じように、文中の位置をしっかりと持っていることに注意してください。

名代の六つの位置の中に、自補と他補があります。その自補と他補についての古谷メソッドの原則歌がありますので紹介しておきます。

> **古谷メソッド 原則歌 4**
> **自補は主語の、他補は目的の性状を述べる名詞、形容詞なり**

ここで使われている言葉は理解できるでしょうか。二段構えになっています。まず「他補は目的の」の部分を一時除去してみてください。一つは自補について言っている部分が残ります。

「**自補は主語の性状**を述べる名詞、形容詞なり」とまず言っているのです。

自補は不完自（不完全自動詞）が伴う補語のことをいいます。**自動詞の補語**を縮めたものです。**性状**は「性質と状態」を意味しています。

自補は主語とイコール関係があり、主語と内容的に一致するものです。

自補は従来の文法書で**主格補語**と言われているものです。

次に「**他補**は目的語の性状を述べる名詞、形容詞なり」と言っています。他補は不完他（不完全他動詞）が伴う補語のことをいいます。**他動詞の補語を縮めたものが他補**です。

他補は目的語とイコール関係があり、目的語と内容的に一致するものです。他補が従来の文法書で**目的格補語**と言われているものです。

次に演習問題として、イソップの童話を取り上げます。

A SELFISH DOG と題する、牛のかいば桶を独占して意地悪をした犬の話です。

> **演習題 16**
>
> 次の各文の名詞、代名詞の文中の位置を明らかにしなさい。
>
> 　A sleepy dog went to the barn and jumped into a manger full of hay and curled himself up for an afternoon nap.
> 　When he had been sleeping comfortably for some time, the oxen came in for their supper.　Then the dog awoke, and began to growl at them.
> 　"Stop a moment," said one of the oxen.　"Do you want to eat this hay?"
> 　"No," said the dog, "I don't want to eat it at all."
> 　"Very well, then," said the ox, "we do want to eat it, for we are very hungry and tired."
> 　"Oh, go away," growled the dog, "and let me sleep."
> 　"What an ugly, snappish fellow!" said the ox. "He will neither eat the hay himself, nor let us eat it!"

　ここでは名詞、代名詞の文中の位置ばかりでなく、動詞の種類や文の要素の区切りによる文型にも総合的に触れながら、これまでの学修の成果を確認していくことにしましょう。長文を少しずつ切り取って提示します。

A sleepy dog went to the barn

　ここでの名代は dog と barn です。
　ここは単語の意味さえ分かれば文意はすぐ取れますね。
　sleepy は sleep（睡眠）に -y を付けたもので「眠たい」の意の形容詞

です。barn は「納屋」です。

　went が完自（完全自動詞）であることは分かっていますね。その主語は A sleepy dog ですから、その核となっている dog の文中の位置は went の主語です。

　to the barn は副詞句として went を修飾しています。barn の文中の位置は to の前目です。

　文意は「眠くなった犬が納屋に行った」です。文の区切りは次の通りで、第一文型です。

<u>A sleepy dog</u>　<u>went</u>　<u>to the barn</u>
　　S　　　　　V　　　　M

【答】 dog の文中の位置は went の主語、barn の文中の位置は to の前目。

and jumped into a manger full of hay

　ここでの名代は manger と hay の二つです。

　manger は「かいば桶」です。hay は「干し草」です。

　ここは full of hay を正しく理解できれば問題はありませんね。full は「いっぱいの、満ちた」の意の形容詞ですが、「～でいっぱいの、～で満ちた」という場合には full of～として使います。「～」の位置に hay が来ているので full of hay で「干し草でいっぱいの」の意味になります。これは後ろから manger にかかっています。

　ここで次のことに注意してください。

　形容詞が名詞を修飾するときは「形容詞＋名詞」の語順が普通です。full は形容詞ですから、manger を修飾するのであれば full manger とでもするのが順当ですが、ここでは full は manger の後ろに置かれています。

　このように、名詞を後ろから修飾する形容詞を古谷メソッドでは**後形**と言っています。「後ろからかかる形容詞」を略したものです。

　それに対して、もし full manger（いっぱいになっているかいば桶）となっていれば、full は**前形**であるといいます。full は前から manger に

かかっているからです。

古谷メソッドに、このことに触れた原則歌があるのです。ここで紹介しておきましょう。形容詞の用法を歌ったものです。

> **古谷メソッド 原則歌 5**
>
> **形容詞は前形、後形、自補に他補、名詞代用も有りと知るべし**

この原則歌を簡単に解説しておきます。

形容詞は名詞を修飾する場合には**前形**となるときと**後形**として使われるときがありますよ、と言っています。

名詞を修飾していない場合には**自補**か**他補**として働きますが、それ以外に**名詞の代用**として使われることも有るので知っておいてください、と言っています。

では本文に戻ります。

full は形容詞として manger を修飾していますが、full だけが manger にかかっているのではなく、full of hay 全体が manger にかかっていると見るのが正しいのです。manger full of hay は「干し草でいっぱいのかいば桶」ということになります。

manger full of hay の場合がそうですが、full が単独ではなく、full of hay 全体が名詞を修飾するという場合は後形になるのです。

jumped は典型的な完自（完全自動詞）です。この jumped を修飾する副詞句は into a manger ではなく、into a manger full of hay であると考えるようにしてください。

この部分も第一文型です。

　and jumped　 into a manger full of hay
　　　　V　　　　　　M

【答】manger の文中の位置は into の前目、hay は of の前目。

and curled himself up for an afternoon nap.

　ここでの名代は himself と nap です。

　curled himself up の部分が分かりましたか。ここでは curl は「体を丸くする」の意味で使われている動詞です。up はその意味を強めるために添えられたもので、品詞は副詞です。

　himself は犬を指している代名詞です。この himself は curled の他目として使われていることが分かりますか。curled は完他（完全他動詞）で、その他目が himself です。curl himself で「自分の体を丸める」ということになります。

　ここでちょっとした質問をしてみましょう。

　「自分の体を丸める」を英語で何と言いますか。

　curl himself です、は駄目ですよ。それでは応用が利きません。正解は curl oneself です。

　こういう場合の oneself はいろいろ姿を変えて使われます。例えば「私は体を丸めた」であれば I curled myself up. とします。このように便利に使える oneself があることを知っておいてください。

　for an afternoon nap は「午後の昼寝をするために」の意です。nap は「うたた寝」です。居眠りや短い昼寝などに使います。nap は名詞ですから当然、文中の位置がありますね。もちろんここでは前置詞 for の前目です。

　afternoon に触れておきます。これを名詞に考えた方は多かったと思います。確かに名詞として使うことが多い語ですが、ここでは nap を修飾する形容詞として使われているのです。このように本来であれば名詞と思われるものが別の名詞の前に置かれて、臨時に形容詞の役割をすることは結構多いということを知っておいてください。

　文の要素で切ると次のようになります。第三文型です。

　and <u>curled</u>　<u>himself</u>　<u>up</u>　<u>for an afternoon nap</u>
　　　　　V　　　　O　　　　M　　　　M

【答】 himself の文中の位置は curled の他目、nap は for の前目。

When he had been sleeping comfortably for some time,

ここでは名代は he と time の二つです。

When は「何時？」の意味の疑問詞ではないことは分かりますね。「〜するとき」の意味で使われるときは接続詞です。接続詞といっても and, but, or とは毛色が違う接続詞で、**従属接続詞**といわれているものです。

従属接続詞が出てきたら大事なことは、その接続詞がどこまで生きているか、ということです。

この When の場合、どこまで生きているか、と問われたら、for some time まで生きています、と答えることになります。もちろん time までです、と答えても構いません。

When は for some time までを支配していると言うこともあります。その言葉で意味するところは、When を「〜するとき」と捉えるとき、「〜」の部分は he had been sleeping comfortably for some time であることを示しているのです。

言い換えれば、he had been sleeping comfortably for some time を訳し終わった直後に When そのものの訳、すなわち「とき」を加えるということです。

この When は副詞節を作る接続詞であるといいます。When から for some time までが副詞節です。この副詞節を訳し終わったら、次には the oxen came in for their supper を訳すことになります。

had been sleeping という動詞の形は何を意味するか分かりますか。進行形ですが、過去完了進行形といいます。過去のある時点まで「〜し続けていた」という場合に had been 〜 ing を使います。

comfortably は comfortable を副詞形にしたものです。comfortable は「快適な、気持ちの良い」の意の形容詞です。

for some time は「しばらくの間」の意で副詞句になっています。time の文中の位置は for の前目です。

要素による区切りは次の通りです。sleep は完自（完全自動詞）ですから、sleep が had been sleeping と形を変えても第一文型には変わりはあ

りません。

文意は「犬がしばしの間、気持ち良さそうに眠っていたとき」となります。

<u>When</u> <u>he</u>　<u>had been sleeping</u>　<u>comfortably</u>　<u>for some time</u>
　　　 S　　　　V　　　　　　　　M　　　　　　M

【答】he の文中の位置は had been sleeping の主語、time の文中の位置は for の前目。

the oxen came in for their supper.

ここでは名代は oxen と supper の二つです。

oxen は ox の複数形です。ox は「雄牛」ですが、「牛」で構いません。

came in が続いていますが、この in は何か分かりますか。この in は前置詞ではありません。前置詞にしては前目がありません。次の for their supper は in とは関係ありません。もちろん in の前目などではありません。

in は came に何らかの意味を添えている副詞です。came だけなら「来た」ですが、came in は「入ってきた」となります。

for their supper は「夕食を求めて」の意の副詞句です。

oxen の文中の位置は came の主語です。supper の文中の位置は for の前目です。

先程、この文に先立つ When he had been sleeping comfortably for some time を副詞節といいましたが、それに対してこの the oxen came in for their supper を主節といいます。

主節と**従属節**からできている文があれば、従属節である副詞節を先に訳し、主節は後から訳します。

文意は「牛たちが夕食を取りに入ってきた」です。区切りは次のようになります。第一文型です。

<u>the oxen</u>　<u>came</u>　<u>in</u>　<u>for their supper</u>
　　S　　　　V　　M　　　　M

【答】 oxen の文中の位置は came の主語、supper の文中の位置は for の前目。

Then the dog awoke,

ここでは名代は dog 一語です。

Then は「その時」の意の副詞です。then は「それから」の意味でもよく使われます。

awoke は awake の過去形です。過去分詞は awoken ですが、過去、過去分詞を awaked - awaked とすることもあります。awake は「目覚める」の意で完自（完全自動詞）です。

「その時、犬は目覚めた」が文意で、第一文型です。

<u>Then</u>　<u>the dog</u>　<u>awoke</u>
　M　　　　S　　　　V

【答】 dog の文中の位置は awoke の主語。

and began to growl at them.

ここでは名代の指摘には注意が必要です。一見したところでは名代に当たるのは them だけのようですが、名詞相当語句があるのです。to growl at them という不定詞も指摘することになります。これは後ほど解説をします。

growl at them は「牛たちに向かってうなる」の意です。growl at them という三語を見て、growl が完自（完全自動詞）か完他（完全他動詞）かが分かりますか。

growl の後の at them が「前置詞＋代名詞」ですね。これは絶対に他目（他動詞の目的語）にはなれません。動詞の後の「前置詞＋名詞（代名詞）」は他目にはなれず、多くの場合、副詞句として動詞を修飾するのです。

だから growl at them という形を見て growl は完自（完全自動詞）ということが分かるのです。

ところで began to growl at them に文の要素を付けることができましたか。そもそも began は完自ですか、それとも完他ですか。

begin には「始まる」という意味がありますね。「新学期が始まる」というような場合です。「始まる」という動詞は他者に対して何も働きかけているわけではないので完自（完全自動詞）です。

「始まる」とは違って「始める」というときは、「〜を始める」ですから対象となるものがあり、これは完他（完全他動詞）です。

この began の場合はこのどちらでしょうか。主語は犬ですから、犬は何が始まったのでしょうか、それとも犬は何を始めたのでしょうか。

began to growl at them を「牛たちにうなり始めた」とうまく訳せた人も多いでしょう。「うなり始めた」というのは「うなることを始めた」と同じです。そう考えると began は他動詞だということが分かりますね。

結局、この began は完他（完全他動詞）で、他目は to growl at them なのです。to growl at them という不定詞が名詞の働きをしていて、他目になっているのです。そういう見方から名代の指摘としては名詞相当語句である to growl at them を取り上げなければいけなかったのです。

文の要素による区切りは次の通りです。第三文型です。

and <u>began</u>　<u>to growl at them</u>
　　　　V　　　　O

【答】 them の文中の位置は at の前目、to growl at them の文中の位置は began の他目。

"Stop a moment," said one of the oxen.

ここでの名代は one と oxen です。その他に moment を指摘された方も多くいるかと思います。それも正解と言えます。moment をどう考えるかについてさっそく始めたいと思います。

最初に Stop a moment について文の要素を考えてみましょう。Stop は完自（完全自動詞）ですか、それとも完他（完全他動詞）でしょうか。a moment は Stop の他目でしょうか。そうでないとしたら Stop と a moment の関係は何でしょうか。

Stop a moment は形の上からは「他動詞＋目的語」のように見えます

が、「他動詞＋目的語」と取ると「a moment を止めろ」ということになります。

moment は「瞬間、ちょっとの間」の意ですから、「瞬間を止めろ」というのは意味が通じません。

従って a moment は Stop の他目ではないことになります。

a moment は Stop を修飾する副詞句と見たらどうでしょう。「ちょっとだけ止めろ」ということになります。何を止めるのかというと、うなることを止めてくれと牛は要請しているのですね。

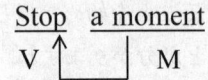

<u>Stop</u>　<u>a moment</u>
　V　↑　　　M
　　└──┘

a moment が副詞句として働いていることは分かりましたが、a を取った moment が副詞ということにはなりませんね。moment 自体はあくまでも名詞のはずです。それでは moment という名詞の文中の位置はどう考えればよいのでしょうか。a moment は for a moment の省略形だと見ればよいのです。for a moment なら副詞句ということが形の上からもはっきりしているし、moment の文中の位置は for の前目ということになります。

では次に "Stop a moment" という発言全体を文の一要素と見て、この文に区切りを付けることを試みてください。

said one of the oxen の部分では**倒置**があることは、これまでの経験で分かっていますね。say を「〜を言う、〜と言う」と訳すことで他動詞と見ることができるので、区切りは次のようになります。

"Stop a moment,"　said　one of the oxen.
　　　O　　　　　　V　　　　S

文意は「『うなるのを、ちょっとだけ止めてくれ』と、牛の一頭が言った」となります。

【答】 moment の文中の位置は（省略されている）for の前目、one の文中の位置は said の主語、oxen の文中の位置は of の前目。

"Do you want to eat this hay?"

　ここでの名代としては you と hay の他に、名詞相当語句として to eat this hay という不定詞を指摘するのが正解です。

　上の文は牛が言った言葉ですね。動詞として want と eat の二つがありますが、どちらが述語動詞であるかは今までの経験で分かりますね。

　eat の方は不定詞を作っているから述語動詞にはなりません。

　不定詞というのは to eat ではなく to eat this hay だということも今はしっかりと捉えることができていますね。

　eat this hay という部分だけを分析すれば、eat が完他（完全他動詞）で this hay がその他目です。

　eat と this hay は「他動詞＋目的語」という緊密な関係で結ばれていますが、これが to と一体となって不定詞がここに存在しているのです。

　to eat this hay が不定詞だということが分かりました。ではこの不定詞の文中における働きは何でしょうか。

　ヒントとして別の質問をしましょう。want は自動詞ですか、他動詞でしょうか。

　want と to eat this hay という不定詞がどういう関係にあるかを追求すればすべてが解決しそうですね。

　want は元来、「～を欲する、～を求める」という完他（完全他動詞）なのです。そう考えると次の不定詞がその他目になりますね。want to eat this hay を「この干し草を食べることを欲する」と訳せば want が他動詞であることがはっきりしますが、「この干し草を食べたいのです」と訳すと want が他動詞であることがはっきりしなくなってしまうのです。

　要は和訳した場合にどうのこうのではなく、英語そのものを分析することによってすべてを解明していくのが古谷メソッドの真髄なのです。

　文意は「あなたはこの干し草を食べたいのですか」となります。

　干し草の詰まったかいば桶を占領している犬に向かって尋ねた牛の言葉です。

　要素による区分は次のようになります。助動詞には V を付けます。

<u>Do</u> <u>you</u> <u>want</u> <u>to eat this hay</u>?
　V　　S　　V　　　O

【答】 you の文中の位置は want の主語、hay の文中の位置は eat の他目、to eat this hay の文中の位置は want の他目。

"No," said the dog, "I don't want to eat it at all."

ここでは名代としては dog, I, it, all の四つの他に名詞相当語句として to eat it を指摘します。

said the dog が割り込んでいることによって "No," と "I don't want to eat it at all." が分離していますが、これは元来

The dog said, "No, I don't want to eat it at all."
を意味する文なのです。

it は this hay を受ける代名詞ということは分かりますね。

want to eat it の部分だけに限って分析すれば、want が完他（完全他動詞）で to eat it がその他目であることは学修済みですね。

ただし先程とは違って at all という正体不明のものが付いていることが気になっている方が多いのではないでしょうか。

この at all は否定語と一緒に用いられて「少しも〜ない」という**強い否定**を作る副詞句です。not 〜 at all で「少しも〜ない」と覚えてください。at all は**慣用表現**であるとしても、at が前置詞で all はその前目であることには変わりはありません。

at all は不定詞の中に存在しているのではなく、at all は not と併せて want を否定する語句になっているのです。at all 自体の構成は「前置詞＋代名詞」ですから副詞句といえます。

I am hungry. を否定にすれば I am not hungry. ですが、これを I am not hungry at all. とすれば「私は少しもお腹はすいていません」という強い否定になります。

said the dog を除いた場合の文の要素による区切りは次のようになります。文意は「『とんでもない、そんなものは少しも食いたくないよ』と犬は

No, I don't want to eat it at all.
M　S　　V　　　O　　M

【答】dog の文中の位置は said の主語、I の文中の位置は don't want の主語、it の文中の位置は eat の他目、all の文中の位置は at の前目、to eat it の文中の位置は want の他目。

"Very well, then," said the ox,

ここでは名代は ox 一語だけです。

この文は犬の I don't want to eat it at all. という言葉を受けて牛が言った言葉です。

Very は well を強めている副詞です。

then は「その時」ではなく、「それなら」を意味しています。

文意は「『それなら大変結構です』と牛は言った」となります。

この文は said を述語動詞と見て、文の要素による区切りを付けると次のようになります。said を完他（完全他動詞）と考え、第三文型になります。

"Very well, then," said the ox
　　　　　　　　O　　　V　　　S

【答】ox の文中の位置は said の主語。

we do want to eat it,

ここでは名代とその相当語句として we, it, to eat it の三つがあります。

we はもちろん牛たちを意味しています。文意は明瞭なようですが、want の前にある do は一体何でしょうか。

do が否定文を作るために存在しているなら we don't want to eat it となるはずで、これなら分かりますね。

否定でないのであれば we want to eat it でよいはずです。一体何のために do は入っているのでしょうか。

この do は**強意の助動詞 do** と言われるものです。動詞の前に置いて動詞を強める効果を持っています。

だから do want は want を強めたもので、訳すとしたら「本当に欲しているんだよ」ぐらいの意味があると考えてください。

do want を発音する場合には do を want よりも強く発音します。

「私たちは干し草を本当に食べたいと思っているのですよ」が文意となります。

<u>we</u>　<u>do want</u>　<u>to eat it</u>
　S　　　V　　　　O

【答】we の文中の位置は do want の主語、it の文中の位置は eat の他目、to eat it の文中の位置は want の他目。

for we are very hungry and tired.

ここには名代は we 一語しかありません。

冒頭の for は何でしょうか。前置詞と見なしてよいでしょうか。前置詞であればその後ろに前目となる名詞か代名詞が続いているはずですが、その点はどうでしょうか。

for の直後には確かに we という代名詞が来ていますが、us という目的格にはなっていません。we は次の are の主語として生きています。ということは for と we は無関係であり、for は前置詞ではないということになります。

この for は前置詞ではなく、「というのは〜だからなのです」という意味を持つ接続詞です。前の言葉を受けて、その理由を述べる場合に先頭に置く語です。

接続詞といっても、この for は前に出てきた when とは違って、従属接続詞ではなく、and, but, or と同じで**等位接続詞**といわれる部類に入る接続詞です。

前置詞であるか、接続詞であるかという区別を for に関してするのは簡単です。for が接続詞の場合には、その直後に必ず we are に見られるような「主語+動詞」が続いているからです。

hungry は「空腹の」という形容詞ですが、形容詞としての働きは何で

しょうか。

　古谷メソッド原則歌5では、形容詞の働きを、前形、後形、自補、他補、名詞代用と挙げていますが、この hungry はもちろん自補に当たります。

　we are very hungry は分かりましたが、その後の tired は何でしょうか。これは「疲れた」の意味の形容詞であり、and で hungry と結ばれていて tired も are の自補です。

　文意は「というのは、私たちはとてもお腹をすかせていて疲れているからです」となります。

　文の要素で区切る場合に接続詞の for は要素にはならないので外します。are は不完自（不完全自動詞）なので第二文型ができます。

　for we　are　very hungry and tired
　　　 S　 V　　　　 C

【答】 we の文中の位置は are の主語。

"Oh, go away," growled the dog,

　ここでは名代は dog 一語しかありません。

　Oh が**間投詞**であることは知っていますね。ここでは「おや！　そうかね」くらいの意味に当たります。

　go away は命令文として使われたものです。away は「離れて、遠くに」を意味する副詞です。もちろん go を修飾していると考えてください。

　growled は先程も出てきた語ですが、「うなった」という意味もありますが、ここでは引用されている "Oh, go away," と the dog との間にあることからも分かるように said の代用にもなっています。growled the dog は「V + S」の形の倒置形であり、dog の文中の位置は growled の主語です。

　文意は「『おや、そうかね。あっちに行ってくれ』と犬はうなって言った」となります。

【答】 dog の文中の位置は growled の主語。

and let me sleep.

ここでの名代はもちろん me 一語です。

この部分は前の Oh, go away に続く犬の言葉として捉えてください。let me sleep は命令文です。

let は動詞ですが、これまであまり出てくることはなかった動詞ではないでしょうか。ただし Let me ～とか、Let us ～という形で「～させてください」の意味でよく使われます。Let us ～は Let's ～としても出てきたのを覚えている方もいるでしょう。let 自体は「～させる」という訳語を与える動詞です。**使役動詞**という言葉を聞いたことがありますか。let は使役動詞の一つです。

let me sleep が「私を眠らせる」の意味であることは分かりましたが、これを文の要素で切るとどうなるでしょうか。

let が V で、me が O であることはよいとしても、sleep に何を付けるかで迷いますね。ここはいろいろな考え方をする余地があるのですが、思い切って次のようにしましょう。

me と sleep の間にはどういう関係があるかといいますと、me は目的格ではありますが、「私が眠る」というような、一種の「主語＋動詞」の関係が潜んでいるといえます。

イコール関係とはやや違うのですが、このイコール関係を拡大解釈して me が sleep するのだから me = sleep とし、me が他目だから sleep を他補としてしまうのです。このとき、me は sleep の**意味上の主語**である、という表現もあるのです。

この辺のところの解説は難しくて、十分に納得がいかなかったかもしれませんが、今は何もかも分かったというわけではなくても構いません。今後の学修が深まる中で理解できることも多く出てくるはずです。今は、基本に忠実に分析を行っている段階なのに、ややレベルの高い文が入り込んできてしまうことがあるのです。

ここの文意は「そして私に眠らせてくれ」です。

and let me sleep
　　 V　O　C

【答】 me の文中の位置は let の他目。

"What an ugly, snappish fellow!" said the ox.

ここでの名代は fellow と ox です。

What an ugly, snappish fellow! は最後に**感嘆符**が付いていることから分かるように**感嘆文**です。

ここで質問しますが、fellow は名詞ですね。では fellow の文中の位置は何でしょうか。お分かりになっているでしょうか。

この感嘆文は fellow の後に you are か he is を補うと文として形が整います。犬に向かって言ったのであれば you are を、仲間の牛に向かって言ったのであれば he is を補うことになります。

What で始まる感嘆文の多くは「What a ＋形容詞＋名詞＋ S ＋ V」の形を取ります。この文では「S ＋ V」の部分が省略されているのですが、you are にせよ、he is にせよ、補う V が be 動詞ですから What an ugly, snappish fellow は be 動詞の自補ということになります。

従って先程の質問の fellow の文中の位置は何か？に対する答は省略されている are にせよ、is にせよ、be 動詞の自補ということになります。

なお、こういう形の感嘆文においては What は代名詞ではなく、fellow にかかる形容詞の役割をしています。

ugly の前に不定冠詞 an が使われているのは ugly の発音が母音で始まっているからです。不定冠詞 a と an の使い分けは次に来る単語の発音が母音で始まるかどうかということは知っていますね。

細かなことですが、ugly の後にコンマが付いていますね。これは何のためのコンマか分かりますか。

これは文の区切りのためというよりは ugly と snappish という二つの形容詞を並べるために軽く入れたものです。

名詞の前に形容詞を二つ並べることはよくあります。例えば a　tall

Japanese girl という場合は tall と Japanese という二つの形容詞を girl に付けていますが、tall と Japanese の間にはコンマは入れません。入れないのが普通です。

ただし、ugly と snappish というような、同質の形容詞を並べるときにはコンマを入れることがあるのです。「ugly で、しかも snappish な」という感じです。ugly は「醜い」、snappish は「怒りっぽい、がみがみ言う」の意の形容詞です。

fellow は通例、形容詞を伴って「男、人」の意味で使います。「奴(やつ)」の意味で使うときは親愛の情を示したり、逆に軽蔑の意味合いを込めて使ったりもします。

相手に呼びかけるときに使う My dear fellow は親愛を表す場合に当たります。

この What an ugly, snappish fellow! の文意は「『何て醜くて、がみがみどなる奴なんでしょう、あの犬は！』と牛は言った」ぐらいのところです。

この感嘆文を、後ろに he is を補って文の要素で区切ると次のようになります。

<u>What an ugly, snappish fellow</u>　<u>he</u>　<u>is</u>!
　　　　　　C　　　　　　　　　　　S　V

【答】 fellow の文中の位置は省略されている be 動詞の自補、he の文中の位置は is の主語。

He will neither eat the hay himself,

ここでの名代は He, hay, himself の三語です。

He はもちろん犬を指しています。助動詞 will はここでは**単純未来**ではなく、**意志**を表しています。ただし、次の neither が否定を意味しているので will not ～が表す「～しようとはしない」に当たります。

neither という難しい語が出てきましたが、これは否定語です。eat the hay を否定していますが、同時に次の文にある nor と関連して使われてい

ることに注意します。

　neither 〜 nor …は「〜ではなく…でもない」と訳す**否定の相関語句**と見てください。

　従って He will neither eat the hay までの部分は「犬は干し草を食べようとはしない」の意が得られますね。

　最後に置かれている himself は犬を指している代名詞ですが、どう訳したらよいでしょうか。

　himself のような、人称代名詞に -self または -selves を付けたものを**再帰代名詞**といいます。

　himself は再帰代名詞といっても代名詞ですから文中の位置を持っています。ここでは主語の He を強める語として使われているのです。だから He と同じく、主語の位置を持っているということになります。次の例を見てください。

　I myself went to see her.（私自身が彼女に会いに行った）

　ここでは主語 I の直後に myself が置かれているから分かりやすいのですが、myself は I と同じく主語の位置を持っているといえます。ところがこの文は

　I went to see her myself.

というように myself を後ろに移しても文意は同じです。myself は後ろにあっても主語の位置を持っているということになります。

　himself を加えた文意は「犬は自分では干し草を食おうとはしない」となります。

<u>He</u>　<u>will neither eat</u>　<u>the hay</u>　<u>himself,</u>
　S　　　　V　　　　　　O　　　　　S

【答】 He の文中の位置は will eat の主語、hay の文中の位置は eat の他目、himself の文中の位置は will eat の主語。

nor let us eat it

　ここでの名代は us と it の二つです。

nor は neither 〜 nor …の形で使われて「〜ではなく…でもない」の意であることは説明しました。nor はここでは let us eat it を否定にしています。

　let us eat it の部分はうまく訳せましたか。let us は let's と短縮して書き、「〜しましょう」という一種の命令文として使うことが多いのですが、ここは命令文ではないので違います。

　let は「〜させる」という**使役動詞**として使われ、us という目的語と原形動詞 eat を伴っています。

　「let ＋人＋原形動詞」は「だれだれに〜させる」と訳します。上の文では否定語 nor がこれに加わりますから文意は「私たちに干し草を食べさせようともしない」となります。

　let を使役動詞などと言いましたが、それは別として動詞の種類は何だか分かりますか。次の us が eat it の意味上の主語に当たることから us を let の他目、eat it は let の他補と見なすことにしましょう。let は不完他（不完全他動詞）ということになります。

　　nor　let　us　eat it
　　　　　V 　O　 C

【答】 us の文中の位置は let の他目、it の文中の位置は eat の他目。

【全文訳】 眠くなった一匹の犬が納屋に入っていって、干し草がいっぱいのかいば桶の中に飛び込み、午後の昼寝をしようとして体を丸めた。

　犬が気持ち良さそうにしばらくの間眠ったとき、牛が夕食を取るために入ってきた。その時、犬は目を覚まし、牛に向かってうなり始めた。

　「ちょっとうなるのを止めてくれないか」と牛の一頭が言った。「君はこの干し草を食べたいのかね」

　「いいや、干し草なんて少しも食べたくないね」と犬は言った。

　「それなら大変結構だ」と牛は言った。「私たちは干し草を本当に食べたいんだよ。私たちはとてもお腹をすかせているし、疲れているからね」

　「おや、そうかい。あっちへ行ってしまえ。おれに眠らせろよ」と犬はうなりながら言った。

「何て醜く、しかもがみがみうるさい奴なんだろう」と牛は言った。「奴は自分では干し草を食おうとはしないくせに、私たちに食べさせてくれようともしない」

用語解説 8 （五十音順）

位　置　69、184 ページ参照

一般動詞　be 動詞以外の動詞を一括していう用語

完自（完全自動詞）　120 ページ参照

完他（完全他動詞）　153 ページ参照

強意の助動詞 do　動詞を強めるために動詞の前に置く do をいう。三人称単数現在の動詞であれば does を、過去形動詞の前であれば did を置く。do, does, did の後の強められる動詞はすべて原形になる。

形　目　形容詞の目的語を短縮した用語。目的語を取る形容詞は like, unlike, worth の三つに限られているが、これらの形容詞の後に置かれる名詞・代名詞は形目としての位置を持っているという。

後　形（ごけい）　「後ろに置かれた形容詞」を短縮した用語。something white は「何か白いもの」の意であるが、white は後ろから something を修飾している。この場合 white を後形（ごけい）という。

再帰代名詞　人称代名詞に -self, -selves を付けたものをいう。再帰代名詞は他動詞や前置詞の目的語として使われるほかに、強意のためにも使われる。

使役動詞　make（～させる）、let（～させる）、have（～させる、～してもらう）などを使役動詞という。いずれも目的語の次に原形、現在分詞、過去分詞のいずれかを補語として置くことも共通している。

自　補　「自動詞の補語」を短縮した用語。補語の二種類のうちの一つ。不完全自動詞（不完自）を介して主語の性質・状態を述べ

る形容詞、名詞をいう。主語とイコール関係にある。

従属節　182ページ参照

重目（重目動詞）　153ページ参照

主格補語　自補（自動詞の補語）を意味する伝統的な文法用語。「S＋V＋C」におけるCをいう。

主　語　14ページ参照

述語動詞　36ページ参照

前　形（ぜんけい）　名詞を修飾する形容詞が名詞の前に置かれている場合のことをいう用語。

前　目　「前置詞の目的語」を短縮した用語。前置詞と組み合わせて作る名詞、代名詞をいう。

他　補　「他動詞の補語」を短縮した用語。二種類の補語のうちの一つ。不完全他動詞（不完他）の目的語の性質・状態を述べる形容詞、名詞をいう。目的語とイコール関係にある。

他　目　「他動詞の目的語」を短縮した用語。第三文型「S＋V＋O」、第四文型「S＋V＋O＋O」、第五文型「S＋V＋O＋C」のすべてのOをいう。

同　格　154ページ参照

動名詞　動詞の原形に -ing を付けたもので、形は現在分詞とまったく同じであるが、文中において名詞の役割をするものをいう。

不完自（不完全自動詞）　120ページ参照

不完他（不完全他動詞）　154ページ参照

不定詞　154ページ参照

補　語　37ページ参照

名詞用法　主として不定詞が名詞の働きをしている場合をいう用法。動詞の原形に -ing を付けたものが動名詞として使われている時には 〜ing の名詞用法ということがある。

目的格補語　他補を意味する従来からの文法用語。「S＋V＋O＋C」の文型におけるCをいう。
目的語　71ページ参照

第9講　前置詞が作る句の働き

　前置詞というとすぐに at, in, on, to などの綴り字の短い語を連想しますね。もっと綴り字の長い前置詞は有りますか、と問うと against や between を思い浮かべる人もいるでしょう。

　でも前置詞には、それよりもっと長い綴り字の notwithstanding なんていう前置詞もあるのです。信じられないような長さですが、これもれっきとした前置詞です。これは「〜にもかかわらず」という意味です。

　この例で分かるように、前置詞の訳語を言う場合は必ず「〜」を加えて言わなければいけません。これは大事なことです。

　先程の notwithstanding を例に取れば、書く際には「〜にもかかわらず」ですが、読む場合には「なになににもかかわらず」と読むことになります。

　前置詞はその後に、必ず名詞か代名詞が置かれています。前置詞とその語が組み合わさることでできたものを**句**といいます。**句**という言葉はいろいろな折に使われますが、二語以上の語が集まって、まとまった意味を持つものに名付ける言葉です。

　前置詞という名前の由来ですが、名詞・代名詞の前に置かれる詞ということから「前置詞」となったのです。「詞」は「言葉」という意味です。

　前置詞は常に名詞か代名詞と組み合わさることで使われますが、この「前置詞＋名詞」を句として捉えることが前置詞の勉強の基本になります。

　前置詞の次に置かれる名詞・代名詞を前置詞の目的語といいます。略して**前目**というのが古谷メソッドでの用語です。これは既に学修済みですね。

　前にも説明しましたが、目的語というと、最初に他動詞の目的語を連想しがちなのですが、前置詞の後に入る語句を指していう言葉としても目的語を使わざるを得ないということも頭に入れておいてください。

　前置詞が作る句の働きを理解することが肝心な点です。次のごく平易な二つの文でスタートしましょう。

演習題 17

次の各文を、前置詞に注意して和訳しなさい。

1. The books on the desk are mine.
2. There are some books on the desk.

この二つの文はどちらも楽に意味が取れることと思います。on the desk という全く同じ語句がどちらにも登場していますが、これに焦点を合わせて分析研究をしていきましょう。

1. The books on the desk are mine.

on the desk が「前置詞＋名詞」の句です。on が前置詞で、その前目が the desk です。

on という前置詞が持つ意味としては「上」という概念がありますね。概念などという難しい言葉を使ってしまいましたが、気にしなくても結構です。

そうすると on the desk は「机の上」ということになりますね。「上」といっても、on は「上の方」ではなく、机の上に接している上を意味しています。

on the desk の意味内容を「机の上」と捉えるのは正しいのですが、実はこれではちょっと物足りないのです。あと一字、**助詞**を加えて欲しいのです。

あと一字というのを例えば「に」にしてみましょうか。すると「机の上に」となりますね。

別な助詞にしてみましょう。「で」だったら「机の上で」になります。

助詞を付けるにしても一字に限らなければ、まだまだいろいろなものが付く可能性があります。「から」を付ければ、「机の上から」ができます。

単に「机の上」よりも、「机の上に」「机の上で」「机の上から」の方が、はるかに具体的なイメージが出てきますね。この後者の三つにはそれぞれ

別な言葉を続けることができます。例えば
　「机の上に用意した物を置きなさい」
　「机の上で飛び跳ねてはいけない」
　「机の上から物を片付けなさい」
などとすることができます。
　そうすると on the desk における on の訳し方も「～の上に」「～の上で」「～の上から」などといろいろな場合があるということが分かりますね。
　それでは原文に戻って
　The books on the desk are mine.
においては on the desk には「机の上」以外の、どういう訳語を付けたらよいでしょうか。
　考えどころは on the desk という句が、英文中のどの部分と関係が密接であるかということです。
　この文の場合は books と関係が深いと考えられます。関係があるという場合には、関係があるものどうしを結ぶ日本語が存在するはずです。
　books on the desk を訳せば、「机の上の本」というまとまった言葉があらたに誕生するわけです。
　books と on the desk は関係があったわけですが、どういう関係ですか、と問われたら、「on the desk が books を修飾しています」あるいは「on the desk は books にかかっています」と答えてください。

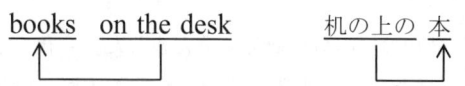

　books　　on the desk　　　　机の上の　本
　　↑＿＿＿＿＿｜　　　　　　　　｜＿＿＿↑

　この場合には on the desk は「机の上の」と訳すことになり、on は「～の上の」に当たることが分かりました。
　話は変わりますが、問題文の中にある mine をどう訳していますか。「私のもの」と訳した方が多かったのではないですか。
　これは間違いとは言いませんが、mine を何時でもためらわずに「私のもの」と一点張りに訳すことにしている方には考えを改めていただきたいと思います。

確かに mine を始めとする**所有代名詞**といわれる代名詞の一群が存在し、「～のもの」という訳語を付けて覚えるのが慣例になっているようです。

しかしながら所有代名詞というのは、その場その場で代名詞として生きているのです。上例では mine は「私のもの」として捉えるのではなく、my books を意味している代名詞なのです。だから「私の本」ときちんと表現する方がよいのです。

「私のもの」というと、「私の持ち物」「私の財産」などという言葉に繋がってしまいますが、そのような意味は何も含まれてはいないのです。mine であれば my ～、yours であれば your ～と捉えるようにしてください。

ところで on the desk は books を修飾していることは十分に理解できましたね。このように前置詞が作り出す句は、その前方にある語句を修飾する働きがあります。この場合にこの句を**形容詞句**といいます。名詞を修飾するものは形容詞ですね。その名称を句にかぶせて言っているのです。

これを適用していえば、on the desk という句は books という名詞を修飾しているので形容詞句ということになります。

この文を念のため文の要素で切ってみましょう。

<u>The books on the desk</u> <u>are</u> <u>mine</u>.
　　　　　S　　　　　　V　　　C

【訳】 机の上の本は私の本です。

これで on the desk を含む最初の文の分析研究を終えました。今後も前置詞が作り出す句には、やたらにたくさん遭遇していくわけですが、前置詞を嫌がらず、むしろ前置詞が出てきたら、前置詞をめぐる周辺を徹底的に理解し、難文でも正しく読解する足掛かりにしてもらいたいと思います。

そのために、文中に前置詞が出てきたら、次の五項目を順番に言葉にしてください。

1　前置詞の指摘。具体的には「○○が前置詞です」と言います。
2　その前目の指摘。具体的には「その前目は●●です」と言います。
3　句の指摘。具体的には「従って○○が作り出す句は○○●●です」

と言います。

4　句の働きの指摘。具体的には「○○●●は△△を修飾しています」と言います。

5　かけた訳を言う。具体的には「○○●●を△△にかけた訳は□□□になります」と言います。

この五項目を「**前置詞をめぐる五項目**」と名付けることにしましょう。

ではさっそく The books on the desk are mine. の文でこの前置詞をめぐる五項目を実践してみましょう。

1　on が前置詞です。

2　その前目は the desk です。

3　従って on が作り出す句は on the desk です。

4　on the desk は books を修飾しています。

5　on the desk を books にかけた訳は「机の上の本」になります。

五番目でできた訳は、そのまま崩さずに全文訳に活かすことはもちろんです。

以上の「**前置詞をめぐる五項目**」は五箇条のご誓文ではありませんが、前置詞に関して何か曖昧で分かりづらいことが感じられたら即刻適用してください。霧が晴れ上がるように、周辺の全貌がすっきりと見えてくる思いがするはずです。

ではもう一つの on the desk を含む文に進みましょう。

2. There are some books on the desk.

この文は皆さんにはとっくに文意も分かっているし、どうということのない平易な文かもしれません。

でも、ちょっと余計なことを考えてみましょう。

まず、この文には books on the desk という部分があります。これは先程の The books on the desk are mine. という文の中に出てきた books on the desk と形の上でまったく同一の部分です。

先程はこの books on the desk を「机の上の本」と訳しました。形が同じだからといって、この文の books on the desk を「机の上の本」と

訳してよいでしょうか。

books には some という形容詞が付いています。some books は訳せば「何冊かの本」です。だから books on the desk だけではなく、some を加えて some books on the desk の意味を取るとしたら「机の上の何冊かの本」となりますね。

このように some books on the desk の意味を取るとすると、残った部分は There are だけですね。これは「～がある」という存在を表す be 動詞が作る代表的な構文ということは知っていますね。

そうすると全文の意味は「机の上の何冊かの本がある」となります。でも何か、この日本語は文として不自然だということはお分かりになりますね。

これは on the desk という句を books にかかる形容詞句に取ったのがいけなかったのです。

on the desk は books とは関係がなく、are という動詞にかかっているのです。かけた訳は「机の上にある」になります。

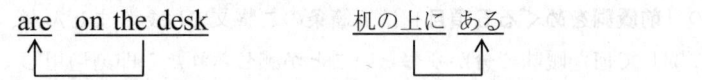

are on the desk　　　　　机の上に ある

存在している場所を示しているのが on the desk です。

この on the desk は動詞 are を修飾しているので副詞句ということになります。

文の要素で切ると次のような第一文型が得られます。

There　are　some books　on the desk.
　M　　V　　　S　　　　　M

【訳】 机の上に何冊かの本がある。

念のために、この文で「前置詞をめぐる五つの項目」を実践してみましょう。

1　on が前置詞です。
2　その前目は the desk です。

3 従って on が作り出す句は on the desk です。
4 on the desk は are を修飾しています。
5 on the desk を are にかけた訳は「机の上にある」になります。

　前置詞が作る on the desk という句は前の文では形容詞句でしたが、今度の文では副詞句として働いていることが分かりました。
　「前置詞＋名詞」の働きには**形容詞句**と**副詞句**という二種類があります。そしてこの二種類しかありません。どちらの働きをしているかを常に見極めてください。
　古谷メソッドでは前置詞に関する原則歌を次のように歌っています。

> **古谷メソッド 原則歌 6**
> **前置詞は目的をとり句を作り、その句は形と副とに働く**

　この原則歌は解説するまでもありませんが、言葉を多少補っておきましょう。「目的」は**目的語**を縮めたものです。「形と副」は「**形容詞句**と**副詞句**」を意味しています。
　前置詞は目的語を取って句を作ります。その句は形容詞句か副詞句のどちらかの働きをしています、と言っているのです。
　口調よく覚えてしまい、前置詞と見たらすぐ口をついて出てくるように、座右の銘の一つにしてください。
　それでは前置詞が作る句の働きを更に実例で分析研究することにしましょう。

演習題 18

次の各文で前置詞が作る句を指摘し、その働きを具体的に言いなさい。

1. I heard a strange noise at midnight.
2. The cherry blossoms will come out in a few days.
3. The earth goes around the sun.
4. Then a fox ran out of the hole.
5. A car stopped suddenly in front of us.
6. Some of us entered the school at the beginning of September.
7. Who is the lady in the corner of the room?
8. Every child in my school is in good health.

1. I heard a strange noise at midnight.

heard は hear の過去形です。hear - heard - heard の活用変化は熟知している通りです。

strange は「妙な」の意の形容詞です。noise は「物音」です。midnight は「真夜中」の意で、夜の 12 時を意味します。

「私は真夜中に妙な物音を聞いた」の文意は楽に取れたと思います。

前置詞は at ただ一つですね。**「前置詞をめぐる五項目」**をさっそく適用しましょう。五項目をもう一度提示しておきます。

1 　前置詞の指摘。具体的には「○○が前置詞です」と言います。
2 　その前目の指摘。具体的には「その前目は●●です」と言います。
3 　句の指摘。具体的には「従って○○が作り出す句は○○●●です」と言います。
4 　句の働きの指摘。具体的には「○○●●は△△を修飾しています」と言います。

5 かけた訳を言う。具体的には「○○●●を△△にかけた訳は□□□□になります」と言います。

ではさっそく、at をめぐって上の言葉通りに確認作業を進めてください。以下の解説を見てしまう前に是非自分で解答を先に済ませてください。それを次の解説と照合するようにしてください。

1 at が前置詞です。
2 その前目は midnight です。
3 従って at が作り出す句は at midnight です。
4 at midnight は heard を修飾しています。
5 at midnight を heard にかけた訳は「真夜中に聞いた」になります。

at midnight が heard にかかっていることを次の図で確認してください。動詞にかかっているので副詞句ということになります。

I heard a strange noise at midnight.

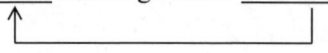

上の修飾関係を踏まえて文の要素で切ると、次の第三文型が得られます。

I　heard　a strange noise　at midnight.
S　V　　　O　　　　　　　M

2. The cherry blossoms will come out in a few days.

cherry blossoms は「桜の花」です。come out は「出てくる」の意ですが、花が主語であれば「咲く」を意味します。

in a few days が前置詞が作る句ということは分かりますが意味は取れましたか。

a few days は「二、三日」の意です。in は時間の経過を表す前置詞として使われていて「〜たてば」の意で、in の後に期間を表す語句が入ります。従って in a few days は「二、三日たてば、二、三日後に」と訳すことになります。「数日経てば、数日後に」としても構いません。

この in の用法に似ているものに within があります。もし within a few days が出てきたら「二、三日以内に、数日以内に」と訳します。

「～経てば」と「～以内に」の意味の区別は付きますか。桜の花の場合でいえば、in a few days は「二、三日後に」ですから少なくとも明日は咲きません。しかし within a few days は「二、三日以内に」ですから明日にでも咲く可能性はあるということになります。

文意は「桜の花は二、三日後に咲くでしょう」となります。

ここでも「前置詞をめぐる五項目」を実践しましょう。

1　in が前置詞です。
2　その前目は a few days です。
3　従って in が作り出す句は in a few days です。
4　in a few days は come out を修飾しています。
5　in a few days を come out にかけた訳は「二、三日後に咲く」になります。

in a few days は動詞 come out にかかっているので副詞句ということになります。

3.　The earth goes around the sun.

「地球は太陽の周りを回る」という文意は明らかですね。いわゆる地動説を言っています。goes を moves と言い換えることもできます。

ここでは around が前置詞で、「～の周りを」の意で運動の方向として使われています。

around は運動の場合だけでなく、We gathered around the fire.（私たちはキャンプファイアの周りに集まった）のように位置としても使います。

around と似ているものに round があります。round は around と違って動詞、形容詞としてもよく使われる語ですが、前置詞としては「～の周りに」の意で around と同じように使われます。

We stood round the fire.（私たちは火の周りに立った）

around と round の違いは、アメリカ英語では around が、イギリスでは round がよく使われるという程度の差でしかありません。

around に関しても「前置詞をめぐる五項目」をやってみましょう。
1 around が前置詞です。
2 その前目は the sun です。
3 従って around が作り出す句は around the sun です。
4 around the sun は goes を修飾しています。
5 around the sun を goes にかけた訳は「太陽の周りを回る」になります。

around the sun も動詞 goes にかかっているので句としての種類は副詞句です。

4. Then a fox ran out of the hole.

この文も「その時、一匹の狐が穴から走り出てきた」くらいの意味になることは分かりますね。

この文での前置詞は何でしょうか。of を前置詞と考えてよいでしょうか。よいに決まっているではないか、と言われる方が多いかもしれませんね。でも分析を進めてみましょう。

先程の訳文に「走り出てきた」とありますね。この部分は ran out に当たるようですね。そうすると残るのは of the hole なので、これを一つの句と見ることになり、of を前置詞と見ることでよいのではないかと考えられますね。

しかし of the hole が「穴から」という意味を持つことは無理のような気がしませんか。

この文での前置詞の指摘は of ではなく、out of なのです。意外かもしれませんが、out of を一つの前置詞と見る見方を取ってください。

次の二つの文を見比べてください。

She went into the room.（彼女は部屋に入った）

She came out of the room.（彼女は部屋から出てきた）

上の二文において into は文句なく前置詞といえますね。その into に見合うのが out of ですね。だから out of は一つの前置詞なのです。

out of は前置詞としていろいろな場合に使われます。

基本的には方向を示すものとして「〜の中から外へ」という含みで使われます。A fox came out of the hole. や She came out of the room. がこれに当たります。

The airplane flew out of sight. （飛行機は視界から飛び去った）では「〜の範囲外に」の意味を持って使われている例です。

He is out of work now. （彼は現在、失業中である）では「〜がない状態に」の意味で使われています。

それでは out of が前置詞であることに納得がいったら、「前置詞をめぐる五項目」をやってみましょう。

1　out of が前置詞です。
2　その前目は the hole です。
3　従って out of が作り出す句は out of the hole です。
4　out of the hole は ran を修飾しています。
5　out of the hole を ran にかけた訳は「穴から走り出てきた」になります。

この文を文の要素で切ると次のようになります。out of the hole は ran にかかる副詞句なので第一文型ということが分かります。

<u>Then</u>　<u>a fox</u>　<u>ran</u>　<u>out of the hole.</u>
　M　　　S　　V　　　M

5.　A car stopped suddenly in front of us.

「一台の車が突然、私たちの前に止まった」の文意が取れる人は多いと思います。

ここで前置詞を指摘するとなると in と of の二つを取り上げることができます。そしてそのそれぞれについて「前置詞をめぐる五項目」の解説もできるのは確かなのですが、実用的には in front of を一つの前置詞と見るのがよいのです。

in front of を「〜の前に」と捉えている方も沢山いたと思います。front

は名詞で「正面」の意味がありますから、in front of ～は直訳すれば「～の正面に」です。だから「～の前に」の意で使われることも頷けますね。

　in front of のように、二語以上の語が集まって一つの前置詞に相当する働きをする場合に、これを**前置詞句**ということがあります。in front of は前置詞句の一つです。

　in front of についても「前置詞をめぐる五項目」をやっておきましょう。
1　in front of が前置詞です。
2　その前目は us です。
3　従って in front of が作り出す句は in front of us です。
4　in front of us は stopped を修飾しています。
5　in front of us を stopped にかけた訳は「私たちの前に止まった」になります。

　この文を要素で切ると次のようになります。in front of us は stopped にかかる副詞句であり、目的語も補語もないので、当然第一文型です。

<u>A car</u>　<u>stopped</u>　<u>suddenly</u>　<u>in front of us</u>.
　S　　　　V　　　　　M　　　　　M

6.　Some of us entered the school at the beginning of September.

　文意は何とか取れると思います。「私たちのうちの数名は九月の始めにその学校に入学した」です。

　この文には前置詞は見ての通り三つあります。of と at と of の三つです。

　最初の of に関して「前置詞をめぐる五項目」をやってみましょう。
1　of が前置詞です。
2　その前目は us です。
3　従って of が作り出す句は of us です。
4　of us は Some を修飾しています。
5　of us を Some にかけた訳は「私たちのうちの数名」になります。

Some of us の訳は「私たちの何名か」でも構いません。of us は Some という代名詞を修飾しているので種類は形容詞句ということになります。

この辺りまでは「前置詞をめぐる五項目」は順調にいっていますか。私の解説に先回りしてやっておいて、答え合わせをしていくようにお願いします。

次は順番からすると at について「前置詞をめぐる五項目」をやるべきところですが、これを飛ばして、もう一つの of についてやってみましょう。

1　of が前置詞です。
2　その前目は September です。
3　従って of が作り出す句は of September です。
4　of September は beginning を修飾しています。
5　of September を beginning にかけた訳は「九月の始め」になります。

of September は beginning という名詞にかかっているので句の種類は形容詞句ということになります。

この of については難なくできたと思います。それでは残った at についての「前置詞をめぐる五項目」に取りかかりましょう。

もしかして、あなたの解説は次のようになっていませんか。

1　at が前置詞です。
2　その前目は the beginning です。
3　従って at が作り出す句は at the beginning です。
4　at the beginning は entered を修飾しています。
5　at the beginning を entered にかけた訳は「始めに入学した」になります。

上記の解説は一見したところは正解のようではありますが、一つだけ考え方の間違いがあります。それが影響を与え、2から5まで全部修正が必要になっています。

お分かりでしょうか。

1　前置詞の指摘には当然ながら間違いはありません。at が前置詞です。
2　しかし、その前目は the beginning ではありません。前目は the

beginning of September です。

the beginning ではなく、the beginning of September としなければいけない理由がお分かりでしょうか。

先程、二つ目の of の解説で触れた通り、of September という句は beginning にかかっていますね。

そうであれば the beginning of September は「九月の始め」という意味の結合度の強い名詞のかたまりとなっているのです。

そのかたまりに at という前置詞が付いて at the beginning of September という句ができたのです。

こうも考えてみましょうか。at the beginning of September という句の構成は at + the beginning of September であって、at the beginning + of September ではないのです。

あるいは次のようにも考えられませんか。

「何時、入学したのですか」と問われたら、「九月の始めに入学したのです」と答えますね。

「何時、入学したのですか」と問われて、「始めに入学したのです」とは答えないでしょう。

入学した時期をいう言葉、言い換えれば entered を修飾する言葉が、at the beginning of September なのです。at the beginning という中途半端なものを句として考えてはいけないのです。

このことが理解できたら、3以下の解説も次のように訂正することに納得がいくでしょう。

3　従って at が作り出す句は at the beginning of September です。

4　at the beginning of September は entered を修飾しています。

5　at the beginning of September を entered にかけた訳は「九月の始めに入学した」になります。

結局、of us と of September は形容詞句、at the beginning of September は副詞句ということになります。

文の要素で切ると次のように第三文型が得られます。

Some of us   entered   the school   at the beginning of September.
　　S　　　　V　　　　O　　　　　　　　M

7. Who is the lady in the corner of the room?

　「部屋の隅にいる女性は誰ですか」という文意は明らかですね。前置詞は in と of の二つです。of の方から片付けましょう。

　英文の文意を正確に掴もうとする際に、文末の方から分析を始め、前方に進めて行くと能率的なことが多いということを知っておいてください。理由は、英文では修飾関係は右から左へ（後ろから前へ）流れていくことが多いからです。

　では of に関して「前置詞をめぐる五項目」をやってみましょう。

1　of が前置詞です。
2　その前目は the room です。
3　従って of が作り出す句は of the room です。
4　of the room は corner を修飾しています。
5　of the room を corner にかけた訳は「部屋の隅」になります。

　of に関する五項目は別段、何も問題はありませんでしたね。この結果を踏まえてやれば in の方もすっきりと解決できると思います。in の五項目をやってみましょう。

1　in が前置詞です。
2　その前目は the corner of the room です。
3　従って in が作り出す句は in the corner of the room です。
4　in the corner of the room は lady を修飾しています。
5　in the corner of the room を lady にかけた訳は「部屋の隅にいる女性」になります。

　in についての「前置詞をめぐる五項目」は上の通りにできたでしょうか。上の通りにできなかったとしたら、前目を the corner だけにしてしまったのでしょうか。

　the corner of the room という名詞のかたまりに in が加わって in

the corner of the room という句が存在しているということを認識してください。

　この文の前置詞の研究は終わりました。次に、この文を文の要素で切ってみてください。主語は何でしょうか。

　is という be 動詞がありますね。この is は「be 動詞の二大用法」のうちのどちらでしょうか。もちろん、補語を取る用法ですね。

　補語を取る be 動詞があれば命令文ででもない限り、S と C が必ず存在すると考えてください。どこを S にするか、どこを C にするかで解決を図ってください。区切りは次のようになります。

<u>Who</u>　<u>is</u>　<u>the lady in the corner of the room</u>?
　C　　V　　　　　　S

8.　Every child in my school is in good health.

　この文意も何とか取ることはできるでしょう。「私の学校ではどの子供も健康です」でよいですね。

　前置詞は二つあります。in が偶然二つ重なりましたが一つずつやっていきましょう。

　最初の in に関する五項目をやりましょう。

　1　in が前置詞です。
　2　その前目は my school です。
　3　従って in が作り出す句は in my school です。
　4　in my school は child を修飾しています。
　5　in my school を child にかけた訳は「私の学校の子供」になります。

　in をめぐっての解説はこの通りになったでしょうか。

　4のところで、in my school は Every child を修飾しています、とした方がいましたらそれでも構いません。その場合には、かけた訳を「私の学校のどの子供（も）」といえばよいのです。

　では二番目の前置詞 in と取り組むことにしましょう。

in good health が一つの句であることは誰もが認めますね。この句は何かを修飾しているのでしょうか。

　もし in good health は child を修飾していると考えるとしましょうか。そうであればかけた訳は「健康である子供」となるはずですね。

　そこまではよいとしても、ここで得られた「健康である子供」という訳を、全文訳をするに当たってはそっくりそのまま活かさなければいけないのです。これは無理な相談です。

　in good health は遠く離れている Every child を修飾していると考えても同じ結果になります。首尾一貫せずうまくいかないのです。

　in good health が何かを修飾している、と考える考え方は行き詰まりました。

　in good health という句の働きをどう見たらよいか、解決を見出している方もおられることと思います。

　では in に関しての「前置詞をめぐる五項目」をやってみましょう。

　1　in が前置詞です。
　2　その前目は good health です。
　3　従って in が作り出す句は in good health です。
　4　in good health は is の自補になっています。
　5　is と in good health を結んだ訳は「健康である」になります。

　in good health という句は名詞を修飾したりしているのではなく、補語の一つである自補として生きているのです。これが文中における in good health の働きです。この場合 in good health の句の種類は形容詞句です。

　品詞としての形容詞には
　① 名詞を修飾する
　② 補語になる
の二つの働きがあることは学修済みですね。だから形容詞に相当する形容詞句にも当然ながら、この二つの働きがあるのです。

　in good health はこの文で healthy という一語で置き換えて
　Every child in my school is healthy.

としても文意は変わることのない文になります。healthy は形容詞ですから in good health が形容詞句であることにも納得がいくでしょう。

前置詞が作り出す句が自補である例を挙げておきましょう。

<u>The book</u>　<u>is</u>　<u>of great use</u>.　（その本は大いに役に立つ）
　　S　　　　V　　　　C

of great use は very useful と置き換えることができることからも形容詞句で is の自補であることが分かります。

<u>Some of them</u> <u>are</u> <u>out of work</u>.　（彼らの中には失業中の人もいる）
　　　S　　　　V　　　　C

out of work では out of が前置詞で work がその前目です。

問題文に戻りますが、in good health の反対の表現には in poor health があります。

問題文を要素で切っておきましょう。

<u>Every child in my school</u>　<u>is</u>　<u>in good health</u>.
　　　　　S　　　　　　　V　　　　C

それではここで長文に挑戦してみましょう。

前置詞とその前目が作り出す句に焦点を合わせて一文ずつ見ていきますが、同時に動詞の種類、文の要素など、これまでの学修で培った分析力を十分に発揮してください。

なお、不定詞などが名詞に相当する働きをしている場合には、名詞としての文中の位置を追求することも忘れないでください。

演習題 19

文中の前置詞が作る句を指摘し、その働きを具体的に言いなさい。

Two travelers were on the road together, when a bear suddenly appeared before them. One traveler ran for a tree at the side of the road, and climbed up into the branches and hid there. The other traveler was not so nimble, and could not escape. He threw himself on the ground and pretended to be dead.

The bear came up and sniffed all around. The man kept perfectly still and held his breath, for they say that a bear will not touch a dead body. The bear took him for dead and went away.

When the bear had gone, the traveler in the tree came down, and asked the other what the bear whispered to him when the bear put his mouth to the traveler's ear.

The other replied, "He told me never again to travel with a fellow who deserts you at the first sight of danger."

Two travelers were on the road together, when a bear suddenly appeared before them.

見たとおり二行でセンテンスができていますが、一行目の
　Two travelers were on the road together
を一つの文と見て分析を進めましょう。

Two travelers は「二人の旅人」の意です。これは次の were の主語であると考えて間違いないですね。

　were は be 動詞ですが、「**be 動詞の二大用法**」のうちのどちらでしょうか。すなわち、存在を表す be 動詞か、それとも補語を取る be 動詞でしょうか。それは次の on the road をどう考えるかということになります。

　on the road は大ざっぱには「道路上」と捉えることはできますね。the road と together は無関係と考えて on の前目は the road だけだと判断をします。そこで on the road が形容詞句か副詞句かを考えることになります。

　形容詞句というのは on the road が were の自補になっているということです。自補というのは主語とイコール関係が成立するものであり、主語の性状（性質・状態）を述べるものですから、この場合は Two travelers ＝ on the road ということが言えるかどうかです。そこまで突き詰めて考えることで、このイコール関係は成立が無理かなという結論が得られるかと思います。

　では on the road を副詞句として考えてみましょう。

　副詞句ということは were を修飾していると見ることです。その場合は were は存在を表す be 動詞になり、「いる、ある、存在する」を意味します。動詞の種類は完自（完全自動詞）です。

　そう考えれば were on the road を「道路上にいた」と訳すことができ、これが正解だということが分かりますね。

　together は「一緒に」の意味の副詞です。were on the road together は「一緒に道路上にいた」となりますから、二人の旅人が一緒に道を歩いていた、という状況が見えてきますね。

　文の要素で切ると次のようになります。

<u>Two travelers</u>　<u>were</u>　<u>on the road</u>　<u>together</u>
　　S　　　　　V　　　　M　　　　　M

では残った部分にいきます。

when a bear suddenly appeared before them

冒頭の when について考えてみます。普通の場合であれば when は「〜する時に」と訳す接続詞ですね。後ろから訳し上げるのがこれに当たります。

しかし、ここはちょっと違うのです。when の前にコンマがあることに注目してください。コンマを直前に置く when は後ろから訳し上げずに「するとその時」と訳すのです。この訳し方は記憶に残してください。

a bear は「熊」ですね。新しく登場する普通名詞の単数形ですから the ではなく a を付けているのです。

suddenly は「突然」の意の副詞で、次の appeared にかかっています。

appeared は a bear を主語とする述語動詞です。

appear には大別して二つの意味があります。一つは「現れる」で、これは完自（完全自動詞）です。もう一つは「〜のように見える」で、これは不完全自動詞（不完自）です。appear に関しては常にこのどちらであるかを判断する必要があります。

ここでは appeared の自補としては before them は相応しくないと判断して appeared は完自（完全自動詞）の「現れた」の意味に取ります。

before them は前置詞が作り出す句に当たりますね。句としての働きは何でしょうか。もうお分かりになっていますね。appeared にかかる副詞句です。かけた訳は「彼らの前に現れた」になりますね。

when <u>a bear</u>　<u>suddenly</u>　<u>appeared</u>　<u>before them</u>
　　　　S　　　　M　　　　V　　　　M

【訳】 二人の旅人が一緒に道を歩いていた。するとその時、突然に熊が二人の前に現れた。

One traveler ran for a tree at the side of the road, and climbed up into the branches and hid there.

One traveler ran for a tree at the side of the road までを一つの文と見て分析にかかります。

one traveler は Two travelers の内の一人をいっています。ran の主

語になっています。

　ran は run の過去形で「走った」の意味です。典型的な完自（完全自動詞）です。

　for と at と of という三つの前置詞が出てきました。「前置詞をめぐる五項目」をやってみましょう。この場合、一番最後の of からいきます。

1　of が前置詞です。
2　その前目は the road です。
3　従って of が作り出す句は of the road です。
4　of the road は side を修飾しています。
5　of the road を side にかけた訳は「道路の脇」になります。

　ここで the side of the road が「道路脇」という意味のかたまりになったことに注意してください。

　次に at の五項目をやってみましょう。

1　at が前置詞です。
2　その前目は the side of the road です。
3　従って at が作り出す句は at the side of the road です。
4　at the side of the road は tree を修飾しています。
5　at the side of the road を tree にかけた訳は「道路脇の木」になります。

　ここで a tree at the side of the road が「道路脇の木」という tree を核とするまとまった名詞のかたまりであることに注意してください。

　次に最後の前置詞として for の五項目をやってみましょう。for にはいろいろな意味がありますが、「～に向かって、～を目指して」の意で使われているのではないかと見当を付けておいてください。

1　for が前置詞です。
2　その前目は a tree at the side of the road です。
3　従って for が作り出す句は for a tree at the side of the road です。
4　for a tree at the side of the road は ran を修飾しています。

5 for a tree at the side of the road を ran にかけた訳は「道路脇の木に向かって走った」になります。

ここまでのところを文の要素で切ってみましょう。ran が完自（完全自動詞）で第一文型です。

<u>One traveler</u>　<u>ran</u>　<u>for a tree at the side of the road</u>
　　　S　　　　V　　　　　　　M

後半の and climbed up into the branches and hid there に移りましょう。

climbed は climb の過去形で「登った」の意味です。この語は語尾の b が**黙字**（発音されない文字）であることに注意してください。

climbed の次の up は何かお分かりですか。up が動詞に添えられているときは「しっかりと、きっちりと」の意味を表すことがあります。副詞の一種です。

ここでの up の用法が分かったとしても、単なる climbed と climbed up を訳し分けができなくても構いません。

次の into が前置詞ですから五項目をやってみましょう。

1　into が前置詞です。
2　その前目は the branches です。
3　従って into が作り出す句は into the branches です。
4　into the branches は climbed を修飾しています。
5　into the branches を climbed にかけた訳は「木の中の枝を目指して登った」になります。

先程の tree に不定冠詞 a が付いていたのは**新提出の a** ですが、branches は新提出の名詞であるにもかかわらず定冠詞 the が付いていますね。これは the branches of the tree の含みがあり、of the tree がなくても限定されての the だからということになるのです。

hid は hide の過去形で、活用変化は hide‐hid‐hidden です。hide は「隠す」の意味で他動詞として使うことが多いのですが、ここでは他目に当たる語がなく、「隠れる」の意の自動詞として使われています。

第9講　前置詞が作る句の働き　245

there は「そこに」の意ですから in the branches を意味する副詞です。文の要素で切ると次のようになります。

and climbed up   into the branches and hid there
      V   M   M   V   M

【訳】　旅人の一人は道路脇にある木に向かって走り、枝の中を目指して登り、身を隠した。

The other traveler was not so nimble, and could not escape.

The other traveler は「もう一人の旅人」の意味です。

the other について解説をしておきましょう。二つの物があったり、二人の人などがいる場合に、片方を one、もう片方を the other で表現することがあります。other に the を付けて the other とすることに注意してください。one や other は**不定代名詞**といわれるものですが、ここではどちらも形容詞として使われています。

so nimble は「それほどすばやい」です。so は「それほど」と訳しましたが、「最初の旅人ほどの」を意味しています。nimble は形容詞ですが、これは was の自補としての形容詞です。

could not escape は can not escape の過去形で「逃げることができなかった」の意です。

文の要素で切ると次のようになります。

The other traveler was not so nimble, and could not escape.
        S   V   C   V

【訳】　もう一人の旅人はそれほどすばしっこくなくて、逃げることができなかった。

He threw himself on the ground and pretended to be dead.

threw は throw - threw - thrown と活用変化します。throw は「投げる」の意の他動詞であることは知っていますね。

himself は**再帰代名詞**といわれるものですが、代名詞ですから文中の位置を持っています。ここでは他動詞 threw の次に置かれていますから他目

ということが分かります。threw himself で「自分自身を投じた → 自分の体を投じた」となります。

　on the ground は threw にかかる副詞句だということには問題はありませんね。かけた訳は「地面に投じた」です。

He　threw　himself　on the ground
S　　V　　　O　　　　M

　pretended は規則動詞 pretend の過去形です。pretend は「～のふりをする」の意で他動詞ということが分かりますか。

　to be dead は不定詞です。to be が不定詞だということを主張してはいけません。be の自補である dead を加えて to be dead を一つの不定詞と見るのが正しいのです。

　to be dead という不定詞の文中での働きは何かを言うことができますか。先程、pretend は他動詞だということを言いましたが、その他目が to be dead です。他目になっているということから考えて、to be dead は不定詞の用法は**名詞用法**ということになります。他動詞 pretend は次のように使います。

　She pretended sickness.　（彼女は病気のふりをした）

文の要素を付けておきましょう。

and pretended　to be dead
　　　V　　　　　O

【訳】　彼は地面に身を投じ、死んだふりをした。

The bear came up and sniffed all around.

　came up は先程も出てきた climb up のように、動詞に up を添えたものですが、climb up の場合とは違って、come up で「近づく、接近する」の意です。

　sniffed は規則動詞 sniff の過去形です。sniff は「匂いを嗅ぐ」の意です。all around はどう訳したらよいでしょうか。around には前置詞もありますが、ここでは前目に当たるものはありませんから、前置詞ではなく、

副詞と考えます。

　around は副詞としてもいろいろな意味はありますが「あちこち」ぐらいの意味でいいでしょうか。これを強めているのが all で、all around で「ぐるっと回って」という成句になっていると考えます。

　all around を副詞句と見ることによって、これは sniffed の他目ではなく、sniffed は完自（完全自動詞）ということになります。

<u>The bear</u>　<u>came</u>　<u>up</u> and <u>sniffed</u>　<u>all around</u>.
　　S　　　V　　 M　　　　V　　　　M

【訳】　熊は近づいてきて、ぐるっと回って匂いを嗅いだ。

The man kept perfectly still and held his breath,

　主語の The man はもちろん逃げ損なって地面に身を伏せた旅人を指しています。

　perfectly は「完全に」の意の副詞です。これは still を修飾していると考えることで問題はありません。

　perfectly を一時抜いてみると kept still になりますね。still は「静止した、動かない」の意の形容詞です。

　keep の次に来ているものが名詞であれば「完他＋他目」と考えられますが、形容詞ということになれば「不完自＋自補」ということになります。

　keep の次に形容詞が置かれているときは keep は「〜のままでいる」の意を表す不完自（不完全自動詞）です。形容詞が自補になって、主語の状態を表しています。

　例を挙げておきましょう。

　She kept silent for a long time.　（彼女は長い間、黙っていた）
　問題文を文の要素で切ると次のようになります。

<u>The man</u>　<u>kept</u>　<u>perfectly still</u>.
　　S　　　　V　　　　　C

　held his breath は「完他＋他目」ということは分かりますね。breath は「息、呼吸」ですから held his breath は「息を止めた」の意になりま

す。

　ここで一つ質問をいたします。「息を止める」を英語で何と言いますか。

　「hold his breath です」と答えると、三人称・単数・男性の場合はそれでいいかもしれませんが、一般性がありませんね。

　では「hold breath です」と答えると、breath の前に何も付けなくてもよいという誤解を与えてしまいますね。

　こういう場合は**不定代名詞** one の所有格を用いて hold one's breath と答えるのです。one's の位置には my, your, his, her, our, their などの、その文に相応しい**人称代名詞**の所有格が入ることを意味しています。

　例えば「決心する」を英語にすれば make up one's mind です。こういう一般的な形で覚えておくのです。

　こういう one's の用法に慣れるばかりでなく、自らも積極的に活用してください。

　文の要素で切ると次のようになります。

　and held　his breath
　　　　V　　　O

【訳】　男は完全に身動きをせぬままにし、息を止めた。

for they say that a bear will not touch a dead body.

　for の品詞は何でしょうか。for は前置詞ではありません。接続詞です。「というのは～だからです」と訳し、直前に述べたことの理由を追加して言うのに使います。

　この接続詞の for を前置詞と見分けるのは簡単です。for が前置詞であれば、その直後には前目となる名詞・代名詞が置かれています。for が接続詞であれば、for の直後には「主語＋述語動詞」が来ます。

　本問では for の直後が they say という「主語＋述語動詞」です。もし for them とあったら前置詞であることがはっきりしますね。for they とか for we などと見たら for は前置詞ではないことがはっきりします。

　for は「というのは～だからです」と訳すと言いましたが、男が身動き

せず息を止めた理由を次に述べようとしているのです。

　次に they say とありますが、この they は誰のことを指しているのでしょうか。二人の旅人のことでしょうか。そうではありません。世間一般の人を指して they と言っているのです。

　そう考えると they say ～は「世間の人々は～と言っている」が直訳になるのですが、意訳すると「～と一般に言われている」となります。

　say の動詞の種類は完他（完全他動詞）で、次の that a bear will not touch a dead body が他目に当たります。

　that は「～ということ」の意味の接続詞で、that a bear will not touch a dead body を一つの**名詞節**としてまとめていることに注意してください。

　will not の訳し方に気を付けてください。will を単純未来として訳すと「触れないでしょう」となるところですね。この will は単純未来として使われてはいないのです。

　will に限らず、一つ一つの助動詞にはさまざまな意味用法があるのですが、ここでは will は will not ～という否定形で「～しようとはしない」という**拒否**を表しています。will not touch a dead body は熊の習性を表していると考えるとぴったりです。

　touch は「触れる」の意の完他（完全他動詞）で、a dead body がその他目になります。

　dead は「死んだ、死んでいる」の意の形容詞です。関連する語として die（死ぬ）は動詞、death（死）は名詞、dead は形容詞ときちんと覚えてください。

　dead の発音から、dead は die の過去形だと思い込んだりしている人もいるので気を付けましょう。dead body は「死体」の意味になります。

　文の要素で切ると次のようになります。

　for <u>they</u>　<u>say</u>　<u>that a bear will not touch a dead body</u>
　　　　S　　　V　　　　　　　　　O

　that 節の内部の文を文の要素で切ると次のようになります。

<u>a bear</u>　<u>will not touch</u>　<u>a dead body</u>
　S　　　　V　　　　　O

【訳】というのは、熊は死体には手を触れないと言われているからである。

The bear took him for dead and went away.

　The bear took him だけを見ると「熊は彼を連れて行った」とでも訳せてしまいそうですが、次に for dead があることに注意をします。

　for dead は「前置詞＋名詞」の形を取っているような句ですが、dead は形容詞であって名詞ではありませんね。前目は名詞か代名詞であるという原則に外れています。

　実は dead という形容詞はここでは「死者」(a dead man) を意味する名詞の代わりに用いられているのです。

　ここで形容詞に関する古谷メソッド原則歌を再掲しておきましょう。ここで言っている**名詞代用**というのがこれに当たります。

------- 古谷メソッド 原則歌 5　再 -------
形容詞は前形、後形、自補に他補、名詞代用も有りと知るべし

　for dead が for a dead man の意味を持つことは分かりましたが、この句の働きは何でしょうか。

　for dead を形容詞句と見ても修飾する名詞が見あたりませんね。それでは for dead を副詞句と見て、took という動詞に関連させて意味を探ることにしましょう。

　実は take 〜 for …は「〜を…と見なす、（誤って）〜を…と思う」と訳す慣用句なのです。こういう慣用句の中で使われている for であっても前置詞の五項目をやってみましょう。

　1　for が前置詞です。
　2　その前目は dead です。
　3　従って for が作り出す句は for dead です。

4　for dead は took を修飾しています。

5　for dead を took にかけた訳は「死んだものと思った」です。

away は「離れて、遠くへ」の意の副詞で、もちろん went にかかっています。went away は「離れていった」となります。

要素による文の区切りは次のようになります。

<u>The bear</u>　<u>took</u>　<u>him</u>　<u>for dead</u> and <u>went</u>　<u>away</u>.
　　S　　　　V　　　O　　　M　　　　　V　　　M

【訳】　熊は彼を死んでいるものと思い、離れていった。

When the bear had gone, the traveler in the tree came down,

When は「何時？」の意味の疑問詞ではなく、「〜する時に」の意味の接続詞であるということは前にも出てきたので分かりますね。

When the bear had gone が一つのまとまった節になっています。この節に名を付けると副詞節となりますが、この部分を最初に「〜した時に」と訳し、訳し終わったら the traveler in the tree 以下を訳出することになります。

When the bear had gone を副詞節というとき、the traveler in the tree 以下を主節ということがあります。**副詞節**と**主節**からできている文を訳す際には、副詞節から先に訳し、主節は後から訳すのが原則です。このことも念頭に置いておいてください。

had gone は go の過去完了形です。「had ＋過去分詞」を過去完了といいます。**過去完了**は過去以前のことを表現する時制です。

ここでは主節の動詞が came down という過去形ですが、それ以前に go という動作が終えていることを意味しているのが had gone なのです。

ここには in という前置詞があります。in について五項目をやってみましょう。

1　in が前置詞です。
2　その前目は the tree です。
3　したがって in が作り出す句は in the tree です。

4　in the tree は traveler を修飾しています。

　　5　in the tree を traveler にかけた訳は「木に登っていた旅人」になります。

　down は「下（の方）へ」を意味する副詞です。もちろん came を修飾しています。came down で「降りてきた」になります。

　文の要素で切る場合に、副詞節を一つの M と見る考え方があります。それでいくとここは次のようになります。

<u>When the bear had gone,</u> <u>the traveler in the tree</u>　<u>came</u>　<u>down</u>
　　　　　　M　　　　　　　　　　S　　　　　　　　　V　　　M

【訳】　熊が去ったとき、木に登っていた旅人は降りてきた。

and asked the other what the bear whispered to him when the bear put his mouth to the traveler's ear.

　asked the other の部分を考えてみましょう。ask は「尋ねる」の意です。the other は代名詞表現ですが、the other traveler を意味しています。「もう一人の旅人」です。木から降りてきた旅人に対して「もう一人の」といっているのです。

　asked the other は「他動詞＋目的語」と考えて、「もう一人の旅人に尋ねた」と訳してよさそうですね。

　ask には「だれだれに、なになにを尋ねる」という用法があります。「だれだれに」が the other です。では「なになにを」に当たるのはどの部分でしょうか。正しく指摘してください。

　what the bear whispered to him がそれに当たると考えてよいでしょうか。それとも when the bear put his mouth to the traveler's ear も併せてまとめるかという問題があります。

　それを考える前に what the bear whispered to him の部分を分析してみましょう。

　この what は「何？」という疑問代名詞です。疑問代名詞にしろ、代名詞には変わりはありませんから what は文中の位置を持っているはずです。

それは何でしょうか。

それを知るために what the bear whispered to him の部分を文の要素で切るとどうなるかを考えてみましょう。

the bear は whispered の主語と考えていいでしょう。whispered は the bear を主語とする述語動詞ですが、to him はこの whispered にかかる副詞句と見てよさそうですね。

そうなると what は whispered を完他（完全他動詞）と見て、その他目とすることに落ち着きそうです。

whispered は「囁いた」の意ですから、what をその他目にした場合の両者を結んだ訳は「何を囁いたか？」ということになります。

先程 what に関して「何？」と**疑問符**（？）を登場させましたが、この辺りに一つの疑問文が潜んでいると考えられませんか。what を文頭にした疑問文らしい疑問文を作り出してみましょう。

What　did　the bear　whisper　to you?
 O 　 V 　 S 　 V 　 M

「熊は君に何を囁いたのか」という文意の疑問文ができました。

これは木から降りてきた旅人が、死んだふりをしていた旅人に向かって言った言葉そのものです。つまり、この疑問文は**直接話法**の**被伝達文**というわけです。

これを**間接話法**にしたものが what the bear whispered to him です。

次に when the bear put his mouth to the traveler's ear の部分の分析に移ります。

この when は既に何回か出てきているのでお馴染みになっていると思いますが、「～する時に」の意味の接続詞です。

when はどこまで生きていますか、と問われたら、最後の the traveler's ear まで生きています、と答えます。ということは、when から ear までが一つの副詞節ということになります。

この副詞節は働きが副詞ですから、何かを修飾しています。多くの場合、ある動詞を修飾することになります。何にかかっているかを探る前に、副

詞節の内部を明らかにしましょう。

the bear put his mouth は「主語＋完他＋他目」だということは間違いありません。次に to the traveler's ear とあります。前置詞の to について五項目を実践してみましょう。

1　to が前置詞です。
2　その前目は the traveler's ear です。
3　従って to が作り出す句は to the traveler's ear です。
4　to the traveler's ear は put を修飾しています。
5　to the traveler's ear を put にかけた訳は「旅人の耳に近づけた」になります。

この５で得られた「旅人の耳に近づけた」をそのまま利用して「熊が口を旅人の耳に近づけた時に」になります。

ここで得られた副詞節の内容から考えると、この副詞節はどの動詞にかかっていると見てよいでしょうか。

前方にある動詞としては asked と whispered の二つがあります。when 以下の副詞節はこのどちらにかかっているでしょうか。もちろん whispered の方ですね。

when the bear put his mouth to the traveler's ear が whispered にかかっているときに、whispered を含む what the bear whispered to him を主節といいます。この主節に対して when the bear put his mouth to the traveler's ear を従属節といいます。

従属節というのは、**名詞節**、**形容詞節**、**副詞節**の三つを一括して言うときの名称です。

主節と従属節は対になる言葉です。主節と従属節から成る文を訳出する際には、従属節から先に訳し、主節はそれが終わってから訳します。これは主節と従属節から成る文を扱うときの大原則です。肝に銘じておいてください。

ところで先程、直接話法と間接話法の話が出ていたのですが、この部分を直接話法にしてみましょう。二人の会話が鮮明なものになってきますか

ら。

　asked the other の部分は said to the other となります。それも含めて asked the other 以下を直接話法にします。

　said to the other, "What did the bear whisper to you when the bear put his mouth to your ear?"

　これを訳すと次のようになります。
　「熊が口を君の耳に近づけたとき、熊は君に何を囁いたのですか？」
　ここで二、三の質問をしてみます。答えてください。
　間接話法で使っている**伝達動詞**の asked は動詞の種類は何でしょうか。
　答は重目（重目動詞）です。では重目と答えた方は二つ目の他目を指摘してください。
　他目の一つは the other です。では、もう一つの他目は何ですか。
　もう一つの他目は what the bear whispered to him when the bear put his mouth to the traveler's ear です。
　この二つ目の他目を**間接疑問文**ということがあります。
　What did the bear whisper to you …？は疑問文そのものですね。これはある意味では**直接疑問文**です。
　これに対して、疑問詞はあっても、疑問文特有の「V + S」あるいは「助動詞＋ S ＋ V」の倒置が見られず、主節に組み込まれている疑問文を間接疑問文というのです。
　解説が長くなりましたが、この部分の訳を出しておきます。
　【訳】　そしてもう一人の旅人に、熊が口を旅人の耳に近づけたときに何を彼に囁いたのかを尋ねた。

The other replied, "He told me never again to travel with a fellow who deserts you at the first sight of danger."

　The other は代名詞表現ですが、ここでは地面に伏せることで難を逃れた旅人を指しています。
　replied は reply の過去形です。reply は「答える、返事をする」の意

です。said と置き換えることもできますが、質問に対する答をしたので said に替えて使われたのです。

He told me の He は熊を指す代名詞ということは分かりますね。

told の動詞の種類は何でしょうか。直後に me があることを考えると完他（完全他動詞）と考えてよいでしょうか。

今の質問も含めて、ここで問題をいくつか出しますので、以下分析を十分に行って解答を出してみてください。

問1　told の動詞の種類は何ですか。
問2　never は何を否定していますか。
問3　to travel で始まる不定詞はどこまで続いていますか。
問4　with の前目を指摘してください。
問5　at の前目を指摘してください。
問6　前置詞 of をめぐる五項目を明らかにしてください。

文が長くて文意を掴むのが難しい場合に、頭から取り組む正攻法とは別に、後ろの方から手を付けてみるのも意外な効果をもたらしてくれるということを前にも言いましたね。

今回もこの手法で、問6から初めて、問1まで遡って行くことにしましょう。

問6　前置詞 of をめぐる五項目を明らかにしてください。

1　of が前置詞です。
2　その前目は danger です。
3　従って of が作り出す句は of danger です。
4　of danger は sight を修飾しています。
5　of danger を sight にかけた訳は「危険を目にすること」になります。

sight は see の名詞とされています。だから sight は「見ること」が原意です。danger は「危険」ですから sight of danger は「危険を目にすること」と訳すことができます。これは see danger （危険を目にする）を名詞化したものと言えますね。従って the first sight of danger の訳は

「危険を最初に目にすること」になります。

問6を解決したところで、これを踏まえて問5をやってみましょう。

問5　at の前目を指摘してください。

前目を指摘することも含めて at について五項目を全部やってみましょう。

　1　at が前置詞です。
　2　その前目は the first sight of danger です。
　3　従って at が作り出す句は at the first sight of danger です。
　4　at the first sight of danger は deserts を修飾しています。
　5　at the first sight of danger を deserts にかけた訳は「危険を最初に目にして見捨てる」になります。

desert は「見捨てる」の意の動詞ですが、次の you が他目と考えられますから種類は完他（完全他動詞）ですね。では deserts の主語は何でしょうか。

deserts の主語は直前の who です。who は関係代名詞の主格ですから主語になる資格を持っているのです。

who 以下の部分を文の要素で区切ってみましょう。

<u>who</u>　<u>deserts</u>　<u>you</u>　<u>at the first sight of danger</u>
　S　　　V　　　　O　　　　M

who は関係代名詞ですが、関係代名詞は形容詞節を導いて先行詞を修飾します。

この場合でいえば who deserts you at the first sight of danger が形容詞節になります。この形容詞節を訳して、who の先行詞である fellow（男、やつ）にかけることになります。

<u>fellow</u>　<u>who deserts you at the first sight of danger</u>
　↑　　　　　　　　　　　　　　　　　　　　　　　　　形容詞節
　└──────────────────────┘

形容詞節を fellow にかけた訳は「危険を最初に目にして、君を見捨てるような男」になります。

それではここまでの分析結果を踏まえて問4を解答することにしましょ

う。

問4　with の前目を指摘してください。

前目の指摘だけでなく、五項目をやってみましょう。

1　with が前置詞です。

2　その前目は a fellow who deserts at the first sight of danger です。

3　従って with が作り出す句は with a fellow who deserts you at the first sight of danger です。

4　with a fellow who deserts you at the first sight of danger は travel を修飾しています。

5　with a fellow who deserts you at the first sight of danger を travel にかけた訳は「危険を最初に目にして、君を見捨てるような男と一緒に旅をする」になります。

　with の前目を指摘するに当たって a fellow とせずに、a fellow who deserts you at the first sight of danger とすることが肝心です。関係代名詞 who 以下の形容詞節は先行詞に密着しているということを忘れないようにしてください。

　問4の分析研究が終わったところで問3に移りましょう。

問3　to travel で始まる不定詞はどこまで続いていますか。

　「to ＋動詞の原形」だけを不定詞というのではなく、動詞に伴う目的語、補語、副詞・副詞句などを併せて不定詞のかたまりを不定詞と見なすということをこれまで強調してきました。

　ここでは to travel が「to ＋動詞の原形」に当たりますね。travel は動詞の種類は完自（完全自動詞）ですから目的語を伴っていません。また補語もありません。あるのは travel を修飾する前置詞 with が作り出す副詞句だけです。

　with が作り出す句は既に検証したように with a fellow who deserts you at the first sight of danger ですから、to travel にこれを加えた to travel with a fellow who deserts you at the first sight of danger を

指摘するべき不定詞ということになりそうなのですが、この結論はちょっと保留としましょう。結論を出す前に問2を検討しましょう。

問2　never は何を否定していますか。

never は not よりも強い否定を表す語であると理解しておいてください。「決して〜ない」と捉えると大体当たっています。

never は動詞を否定することが多いのです。ここも例外ではありません。動詞は told と travel の二つが近くにあります。どちらを否定しているでしょうか。もちろん travel を never は否定しています。

again は「再び」の意の副詞ですね。この again も travel にかかっています。never again と travel を結んだ訳は「二度と決して旅をしない」ということになります。

こうして見てくると、never も again も travel を修飾していることが分かりました。

そうであれば never も again も to travel の前方にはあっても travel を修飾している以上は不定詞に付け加えなければいけない部分ということになるのです。

問3に戻りますが、ここに存在する不定詞の指摘は never again to travel with a fellow who deserts you at the first sight of danger ということになります。

随分長い不定詞ですが、この不定詞の文中での働きは何でしょうか。これは問1と併せて検討すれば解決が付くと思います。

ヒントになることを言いましょう。told me とありますが、これは「私に言った」ですね。では何を言ったのでしょうか。

tell という動詞は「だれだれに、なになにを語る」というように目的語を二つ取る、重目動詞としての使い方をよくします。実はこの told がこれに当たります。

me が一つの他目ですが、もう一つの他目が never again to travel with a fellow who deserts you at the first sight of danger という不定詞なのです。

問1　told の動詞の種類は何ですか。

　上の分析研究の通りです。told は二つの目的語を抱える重目（重目動詞）です。二つ目の目的語が never again to travel with a fellow who deserts you at the first sight of danger ですから、この不定詞は名詞用法の不定詞で、名詞として他目という文中の位置を持ってることが分かりました。

　念のため、要素による切り方を示しておきましょう。

<u>He</u>　<u>told</u>　<u>me</u>　<u>never again to travel with a fellow who deserts</u>
　S　　V　　O　　O

<u>you at the first sight of danger</u>　← O の続き

　もう一つ、ここで熊が言ったことに触れておきましょう。この部分を直接話法にするとつぎのようになります。熊は命令文を口にしているのです。

　He said to me, "Never again travel with a fellow who deserts you at the first sight of danger."

【訳】　もう一人が答えた。「危険を最初に目にして、君を見捨てるような男と一緒に二度と決して旅をしないようにと、熊は私に言ったのさ」

　これで長文の研究を一通り終えましたが、いかがでしたか。前置詞をめぐる五項目については、かなりしっかりと修得されたのではないでしょうか。問題文中には、ややレベルの高い部分もあったので完璧には理解できなかったかもしれません。関係代名詞も登場したし、主節や従属節などの用語にも苦しんだかもしれません。こういうこともこれから学修していきますのでご安心ください。

　全文訳を付けておきます。

【全文訳】　二人の旅人が一緒に道を歩いていた。するとその時、突然に熊が二人の前に現れた。旅人の一人は道路脇にある木に向かって走り、枝の中を目指して登り、身を隠した。もう一人の旅人はそれほどすばしっこくなくて、逃げることができなかった。彼は地面に身を投じ、死んだふりをした。

熊は近づいてきて、ぐるっと回って匂いを嗅いだ。男は完全に身動きをせぬままにし、息を止めた。というのは、熊は死体には手を触れないと言われているからである。熊は彼を死んでいるものと思い、離れていった。

熊が去ったとき、木に登っていた旅人は降りてきた。そしてもう一人の旅人に、熊が口を旅人の耳に近づけたときに何を彼に囁いたのかを尋ねた。

もう一人が答えた。「危険を最初に目にして、君を見捨てるような男と一緒に二度と決して旅をしないようにと、熊は私に言ったのさ」

用語解説 9 （五十音順）

過去完了 「had ＋過去分詞」の形で表す時制の一種。過去以前のことを表現するのに用いられる。より正確に言えば、過去のある時点における完了・経験・継続・結果のいずれかを表す。

関係代名詞 代名詞の一種であり、接続詞と代名詞の働きを兼ね備えていて、二つの文を一つに結合する役割を持つ。先行詞が人の場合には who、人以外の場合には which を使うのが基本用法であるが、that, what などいろいろな種類があるので個別にその用法の特色を掴む必要がある。限定用法と継続用法とがある。

完　自（完全自動詞）　120 ページ参照

間接疑問文 疑問文が文の一部として名詞に相当する働きをするものをいう。I don't know what you think about life. （あなた人生をどう考えているか私には分からない）の下線部分を間接疑問文という。直接疑問であれば What do you think about life? と問うところである。間接疑問文は直接疑問のような、主語の前に動詞（助動詞）が出る倒置形はとらない。

間接話法 人が言った言葉を伝達者の立場から、人称、時制、その他の時間や場所などの語句を替えて伝える話法をいう。

完　他（完全他動詞）　153 ページ参照

句　13 ページ参照

形容詞句　69 ページ参照

形容詞節 関係代名詞 who, which, that などに導かれて先行詞を修飾する節をいう。

再帰代名詞　218 ページ参照

自　補　218 ページ参照

従属節 182 ページ参照

重目（重目動詞） 153 ページ参照

主　節 複文において従属節を除いた部分をいう。構文上の主たる「S + V」に当たる部分を持っている方の節である。

所有代名詞 mine, ours, yours, his, hers, theirs の六つを一括していう用語。例えば mine は「私のもの」と通常は訳語を与えているが、実際には my name とか my friends のように、具体的に何かの名詞を含みとして使うことが前提になっているので、「私のもの」ではなく、「私の〜」という捉え方をすることが必要である。

新提出の a 対話で最初に話題になる普通名詞には不定冠詞を付ける。この a を新提出の a という。二度目以降は定冠詞を付ける。これを「再提出の the」という。I keep a dog. The dog is very big.

接続詞 70 ページ参照

先行詞 関係代名詞に先立って置かれている語で、関係代名詞が導く形容詞節の修飾を受ける語をいう。

前置詞 15 ページ参照

前置詞句 out of, in front of, in spite of のように、二語以上が合わさって一つの前置詞に相当する働きを持つものをいう。

前置詞をめぐる五項目 ①前置詞の指摘　②前目の指摘　③前置詞が作る句の指摘　④句の働き　⑤句を関連する部分と結んだ訳、の合計五項目をいう。

前　目 219 ページ参照

他　補 219 ページ参照

他　目 219 ページ参照

直接話法 人が言った言葉を変更することなく、そのまま引用符を前後に付けて伝える話法をいう。伝達者の立場から被伝達文の内容を変えて伝えるのが間接話法である。

伝達動詞 直接話法や間接話法において、被伝達文を伝えるのに使う say, tell, ask, order などの動詞をいう。

倒　置 36 ページ参照

be 動詞の二大用法 37 ページ参照

被伝達文 直接話法や間接話法において伝達動詞によって伝達される内容を示す文をいう。直接話法においては引用符（"　"）を付ける。

不完自 120 ページ参照

不完他 154 ページ参照

副詞句 71 ページ参照

不定詞 154 ページ参照

不定代名詞 不特定の人、物を指していう代名詞のことで、人を指す anyone, somebody, everyone, nobody、物を指す anything, something, everything, nothing、人にも物にも使われる one, none, any, some, all, both などがある。

文の構成要素 183 ページ参照

補　語 37 ページ参照

名詞節 文中にあって名詞の働きをする節をいう。①従属接続詞 that, if, whether に導かれる場合　②関係代名詞 what に導かれる場合　③間接疑問文として疑問詞に導かれる場合などがその大部分である。

名詞代用 名詞の代わりに形容詞が用いられることをいう。一例を挙げると The rich are not always happy. という場合には「the ＋形容詞」が複数普通名詞を意味するのに用いられていて、

the rich は rich people に相当する。
黙　字　17 ページ参照
目的語　71 ページ参照

第10講　不定詞の捉え方

　学修を進めてきましたが、本講で不定詞に取り組んでみましょう。9講までに不定詞は結構たくさん登場してきました。その都度、強調したことを覚えていますか。
　不定詞とは何ですか、と問われたときに、あっさりと「to＋動詞の原形」ですと答えてはいけないということです。
　正しい答え方は「to＋動詞の原形＋目的語・補語・修飾語句」です。
　ここでいう目的語、補語、修飾語句とは、原形動詞が伴っている目的語や補語、あるいはその原形動詞を修飾する副詞、副詞句のことをいっているのです。
　I like to get up early in the morning. という文において、不定詞が存在することは誰もが認めますが、それでは不定詞を指摘してください、あるいは不定詞にアンダーラインを引いてください、と問うとします。
　ある人は to get だと指摘します。この方は不定詞は「to＋動詞の原形」であると頑なに思い込んでいるのでしょうね。
　この方に、では to get を訳してください、と注文を付けると、to get だけでは訳せません、という答が返ってきます。訳すこともできない（つまり、まとまった意味もない）ものを不定詞であると称しても何の役にも立たないのではないでしょうか。
　またある人は不定詞は to get up だと指摘します。これならば「起きること」と訳すことはできますね。でもこれでは不定詞の定義らしきもの「to＋動詞の原形」から外れていることを自覚しなければいけません。up という副詞を添えたものを不定詞であると指摘しているのですから。
　この方に、この不定詞は文中でどういう働きをしていますか、と問うと、like の他目（目的語）です、と答えることでしょう。

　I　like　to get up　early in the morning.
　S　V　　O

to get up が like の他目ということになると、上のような切り方をすることになるわけです。

では、私は何が好きなのでしょうか、と問うと「起きることが好きなのです」というトンチンカンなことになってしまいます。

私は何が好きなのかというと、「朝、早起きすること」が好きなのです。つまり文の要素による切り方は正しくは次のようになります。

I　like　　to get up early in the morning.
S　V　　　　　　O

この文では不定詞が like の他目になっていて、不定詞というのは to get up early in the morning なのです。

up は get を修飾する副詞ですが、early in the morning も get up を修飾する副詞句です。to get にこういうものを添えたものを不定詞のかたまりとして捉えることが大事なのです。そうすることで不定詞の訳を成立させることができ、不定詞の用法を説明することもできるのです。

「to ＋動詞の原形」は確かに不定詞の顔ではありますが、不定詞の全体像ではありません。不定詞の実体として顔だけではなく、全体像を正しく捉えて文中での働き方を追求することが大事なのです。

前置きはこれぐらいにして、不定詞の用法を紹介しておきます。不定詞には**名詞用法**、**形容詞用法**、**副詞用法**という三種類があることを知っていますね。四番目に**独立用法**を挙げることもあります。大事なのは名詞用法、形容詞用法、副詞用法の三つです。

この用法というのは、不定詞が名詞に相当するから名詞用法、形容詞に相当するから形容詞用法、副詞に相当するから副詞用法というだけのことです。

最初に名詞用法から見ていきましょう。

1 不定詞の名詞用法

演習題 20

次の各文中の不定詞を指摘し、その具体的働きを明らかにした上で和訳しなさい。

1. To listen to music gives me a great pleasure.
2. His habit is to sit up late at night.
3. She wants to study music in Vienna.
4. The parents are expecting her to be a great pianist.

---

1. To listen to music gives me a great pleasure.

まず不定詞の指摘です。冒頭の To listen to music を一つの不定詞として認識できますね。to music は listen を修飾する副詞句です。この不定詞は gives の主語になっています。

主語に成りうるものは名詞・代名詞ですから、この不定詞が gives の主語になっているということは、名詞に相当するものといえます。

そういうわけでこの To listen to music を不定詞の名詞用法というのです。**名詞用法**の不定詞は「〜すること」と訳すのが通り相場ですから To listen to music は「音楽を聴くこと」と訳します。

不定詞が主語になっている文は結構多いのですが、もう一例出しておきましょう。

To get up early in the morning is good for the health.
（早起きは健康に良い）

英語では頭でっかち（主語が長いかたまり）の文を避ける傾向があるので、文頭に It を置いて To get up early in the morning を後置して

It is good for the health to get up early in the morning.

という文にすることが多いのです。

文意は変わりません。この場合の It を**形式主語**または**仮主語**といいます。

形式主語（仮主語）の It で始まる文があるとき、この It を「それは」と訳してはいけません。

訳出の上では It を全く無視して、後置されている不定詞を訳して助詞「は」を付けて主語にします。

問題文を文の要素で切ると次のようになります。

<u>To listen to music</u>　<u>gives</u>　<u>me</u>　<u>a great pleasure</u>.
　　　S　　　　　　　V　　　O　　　O

【答】 To listen to music が不定詞。具体的働きは gives の主語。「音楽を聴くことで私は大きな喜びが得られる（直訳　音楽を聴くことは私に大きな喜びを与える）」

2. His habit is to sit up late at night.

habit は「癖」です。sit up にはいくつかの意味がありますが、ここでは late at night が付いていることから「夜遅くまで起きている（徹夜する）」の意味になります。

不定詞の指摘は to sit up late at night であることに紛れる余地はありませんね。up も late at night も sit の修飾語句です。不定詞そのものの訳は「夜遅くまで起きていること」です。

この不定詞の前に is がありますね。この is は補語を取る be 動詞であると判断できれば to sit up late at night は is の自補（補語）という働きをしていると答えられます。

文の要素で切ると次のようになります。

<u>His habit</u>　<u>is</u>　<u>to sit up late at night</u>.
　　S　　　V　　　　　C

【答】 to sit up late at night が不定詞。具体的働きは is の自補。「彼の癖は夜更かしをすることである」

3. She wants to study music in Vienna.

Vienna はヨーロッパ中部の共和国オーストリア（Austria）の首都ウィーンです。

music は study の他目です。in Vienna は study にかかる副詞句ですから不定詞の指摘は to study music in Vienna ということになります。この不定詞の訳は名詞用法らしく「ウィーンで音楽を学ぶこと」でよいですね。

この to study music in Vienna は wants という完他（完全他動詞）の他目ということが分かりますね。

She wants to study music in Vienna.
　S　　V　　　　　O

【答】to study music in Vienna が不定詞。具体的働きは wants の他目。「彼女はウィーンで音楽を勉強したいと思っている」

4. The parents are expecting her to be a great pianist.

不定詞は to be a great pianist であると指摘できますね。a great pianist は be の自補ですから。

to be a great pianist という不定詞の働きはどういったらよいかちょっと難しいですね。ここは expect と関連させて考えてみましょう。

expect は「期待する」の意の動詞ですが、expect の他目に「人」が来て、その後に不定詞が続いた場合に、「だれだれに、〜することを期待する」という訳し方をします。

その不定詞が他目であるか、他補であるか判断が難しいところです。つまりここで使われている expect は進行形として使われているにせよ、動詞の種類が重他（重目動詞）であるか、不完他（不完全他動詞）であるかということです。

決め手は her と to be a great pianist の間にイコール関係があるか無いかです。her を主語に、to be a great pianist を述部に見立てて両者を結びつけると

She will be a great pianist.

という文が考えられます。これは両親が期待している彼女の未来の姿ですね。文法上も正しい文ですが、内容から見ても文脈に相応しい文といえる

ものです。

　そういうことから考えるとこの to be a great pianist は expect の他補としての不定詞ということになります。

　The parents　are expecting　her　to be a great pianist.
　　　S　　　　　V　　　　　O　　　　C

【答】 to be a great pianist が不定詞。具体的働きは are expecting の他補。「両親は彼女が偉大なピアニストになることを期待している」

　ここまで不定詞が名詞に相当する名詞用法を見てきました。**名詞用法**の不定詞は文中において、**主語**、**目的語**（他目）、**補語**（自補と他補）として働くということを忘れないでください。訳し方としては「**〜すること**」と訳すのが原則ですが、これは直訳でそう捉えるだけの話で、あくまでも原則に過ぎず他の語句との接続の関係で「こと」に代えていろいろな助詞が付く場合も多いということを知っておいてください。

　次は不定詞の**形容詞用法**です。形容詞用法の不定詞は多くの場合、ある名詞を修飾しますが、直接的に名詞を修飾せずに、補語として用いられる不定詞もあることに注意します。

　直接的に名詞を修飾する場合には不定詞はその名詞の直後に置かれます。普通の形容詞と違って、前から後ろに向かって修飾するということはありません。もう一度言えば、不定詞が直前の名詞に後ろからかかっているというのが不定詞の形容詞用法の大部分なのです。

2 不定詞の形容詞用法

演習題 21

次の各文中の不定詞を指摘し、その具体的働きを明らかにした上で和訳しなさい。

1. Please give me something hot to drink.
2. He was the last runner to get to the goal.
3. I could find no inn to stay at in this village.
4. She seems to be honest.

---

1. Please give me something hot to drink.

まず不定詞の指摘ですが、これは間違いようがないですね。to drink という「to ＋動詞の原形」がずばり不定詞です。drink の後ろに何もありませんから。

something hot のところは正しく捉えていますか。something は代名詞、hot は形容詞です。hot は後ろから something にかかっています。後ろから修飾する形容詞を**後形**といいますが、hot はこれに当たります。

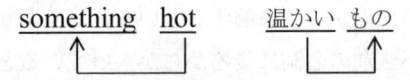

something　hot　　温かい　もの
　↑＿＿＿│　　　　│＿＿↑

ところで to drink という不定詞も後ろから something を修飾していることが分かりますか。

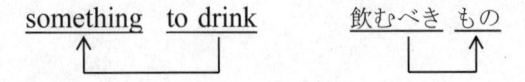

something　to drink　　飲むべき　もの
　↑＿＿＿＿＿│　　　　│＿＿＿↑

不定詞が、ある名詞・代名詞を修飾するときは必ず後ろからかかります。常に**後形**として使われるということです。

名詞・代名詞を修飾する不定詞は「**～するべき**」と直訳するとよい場合が多いと心得ておいてください。「飲むべきもの」がこれに当たります。

Please　give　me　something hot to drink.
　　　M　　V　　O　　　　　O

【答】to drink が不定詞。具体的働きは something を修飾している。「どうか私に何か温かい飲み物をください」

2. He was the last runner to get to the goal.

　the last runner は文字通りに「最後の走者」です。get to ～は「～に到着する」です。goal は「ゴール、（レースの）決勝点」です。

　to the goal は副詞句として get にかかっているので to get to the goal が不定詞となります。

　この不定詞の文中の働きは分かりますか。to get to the goal は直前の runner にかかっています。the last runner にかかっているといっても構いません。

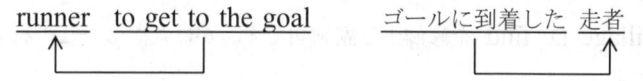

　runner　to get to the goal　　ゴールに到着した　走者

　先程、名詞・代名詞を修飾する形容詞用法の不定詞は「～するべき」と訳すのが原則であるといいましたが、この例では過去の事実を述べているので「～した…」という訳し方になります。

　名詞・代名詞を修飾する形容詞用法の不定詞は文の要素としては、名詞用法の場合と違って、独立した要素（主語、目的語、補語など）にはなりません。不定詞は修飾している名詞・代名詞に密着して一体化してしまうからです。

　He　was　the last runner to get to the goal.
　　S　　V　　　　　C

【答】to get to the goal が不定詞。具体的働きは runner を修飾している。「彼はゴールに到着した最後の走者であった」

3. I could find no inn to stay at in this village.

　inn は「宿屋、旅館、小さな宿泊所」の意味です。現在では宿屋と酒場を兼ねた古風な宿泊設備を指す場合にのみ、この語を使い、それ以外は英

米ともに hotel を使うのが普通です。

　could find no inn という**否定表現**は理解できますか。no という否定語が inn という名詞を修飾しています。

　日本語の否定語「ない」は多くの場合、動詞・助動詞を否定しますが、英語の否定語 no は名詞の前に置かれて否定文を作ります。

　could find no inn は「no inn を見つけることができた」→「inn を見つけることができなかった」となります。

　形容詞 no は not any に置き換えて考えると分かりやすいのです。

　それを応用すると could find no inn は could not find any inn と置き換えて意味を取ることができます。「いかなる宿屋も見つけることはできなかった」となります。

　文末の in this village はどういう働きをしている句でしょうか。inn と関係があるのでしょうか。

　in this village は find を修飾する副詞句です。かけた訳は「この村で見つける」です。

　そうなると残った to stay at が不定詞であると見当が付きますね。to stay at を形容詞用法の不定詞と見なして直前の inn にかけてみましょう。

inn　to stay at　　　泊まるべき　宿屋

　inn と to stay at の間には上のような関係が成立していますね。

　ここで疑問が一つ生じます。「泊まるべき宿屋」を英語にするときに、inn to stay ではなく、なぜ inn to stay at となっているのかということです。この at は必要なものでしょうか。

　この疑問は次のように考えると解明されます。「宿屋に泊まる」は英語では stay at an inn です。stay an inn ではありません。「泊まる、滞在する」の意味では stay は完他（完全他動詞）ではなく、完自（完全自動詞）として使うので an inn との間には前置詞 at が必要なのです。

　「私には住むべき家がない」を

I have no house to live in.

とするのも同じことです。形容詞用法の不定詞が名詞を修飾するときに前置詞が後ろに付いていて、その前目がないことがあります。前目に当たるのは、その不定詞がかかっている名詞なのです。上の文では house to live in をひっくり返して live in a house としてみればその事情は分かりますね。

<u>I</u>　<u>could find</u>　<u>no inn to stay at</u>　<u>in this village</u>.
　S　　V　　　　O　　　　　　　M

【答】 to stay at が不定詞。具体的働きは inn を修飾している。「この村では私は泊まるべき宿を見つけることはできなかった」

4. She seems to be honest.

　to be honest が不定詞だということは間違いありません。

　seem は「〜のように見える、〜らしい」の意味の不完自（不完全自動詞）であることを知っていれば to be honest は自補としての不定詞だということは理解できますね。

　to be honest が seems の自補であることは納得できたとしても、なぜこの to be honest を名詞用法ではなく、形容詞用法と見ることができるのかまで理解できますか。

　seem は先程言いましたように「〜のように見える、〜らしい」の意味で、次に自補としての形容詞か名詞が入ります。

　この問題文も She seems honest. と簡潔に言っても文意はさして変わりません。to be honest が honest という形容詞で代用できるから to be honest は形容詞用法と考えることもできますが、to be honest は名詞用法の場合の訳語「正直であること」から来る概念と She がイコール関係にはならないからです。

<u>She</u>　<u>seems</u>　<u>to be honest</u>.
　S　　V　　　　C

【答】 to be honest が不定詞。具体的働きは seems の自補。「彼女は正直であるように見える」

3 不定詞の副詞用法

不定詞の**副詞用法**は、名詞用法や形容詞用法のように一律ではなく、さまざまな種類があります。いずれにしても前方にある動詞、形容詞、副詞を修飾することが基本となっています。

演習題 22

次の各文中の不定詞を指摘し、その具体的働きを明らかにした上で和訳しなさい。

1. We must wait here for a few minutes to see the sunrise.
2. I am very glad to meet you.
3. He must be a fool to do such a thing.
4. He grew up to be a great inventor.
5. Her ideas are difficult to understand.

---

1. We must wait here for a few minutes to see the sunrise.

must は「～しなければならない」という助動詞です。wait が「待つ」の意味の述語動詞です。for a few minutes は「数分間」です。sunrise は定冠詞が付いていることからも分かるように名詞です。「日の出」を意味します。

wait here は「ここで待つ」の意で、here は wait を修飾しています。here は副詞ですから wait の目的語にはなりません。

for a few minutes は副詞句として wait を修飾しています。for a few minutes を wait にかけた訳は「数分間待つ」です。

不定詞の指摘は to see the sunrise で間違いのないところです。the sunrise は see の他目です。see the sunrise は「日の出を見る」ですが、see the sunrise に to が付いた to see the sunrise は何と訳したらよいでしょうか。

to see the sunrise をどこと結びつけるかですが、wait と結びつけてみましょう。「日の出を見ることを待つ」にしたらどうでしょう。to see the sunrise を wait の他目にしたのです。辻褄が合うようですが、実は wait には不定詞を目的語にして「～することを待つ」という用法はないのです。それでは何を待つかを止めて、何のために待つかに考えを切り替えてみましょう。

　to see the sunrise を「日の出を見るために」として wait にかけて「日の出を見るために待つ」とするのです。

　どうでしょうか。ぴったりと解決したのではないでしょうか。

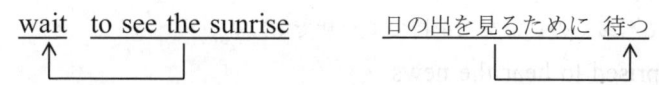

wait　to see the sunrise　　　日の出を見るために　待つ

　wait をする目的が to see the sunrise で表されているということになります。この**目的**というのは目的語とは違います。目的語は文法用語ですが、目的というのは、どういう目的で待つのかを言っているのであり、それが不定詞 to see the sunrise で表現されています。

　目的を表す不定詞は「～するために」と訳します。不定詞にはさまざまな用法があるので、**目的を表す**ことをはっきりさせるために in order to ～や so as to ～とすることがあります。

He studied hard *in order to* pass the examination.
　（彼は試験に合格するために懸命に勉強した）
We hurried *so as to* be in time for the train.
　（私たちは列車に遅れないように急いだ）

【答】　to see the sunrise が不定詞。to see the sunrise は目的を表す副詞用法。「私たちは日の出を見るためにここで数分間待たねばならない」

2. I am very glad to meet you.

　この文を訳せない方はいないでしょう。人に初めて会ったりしたとき、初めてではないにしても久し振りに会った人に言う挨拶の言葉ですね。I am very glad to <u>see</u> you. と言っても同じです。

ここでの不定詞 to meet you または to see you は glad という形容詞を後ろから修飾しているのです。

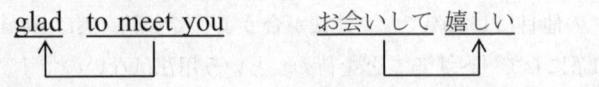

glad　to meet you　　　　お会いして　嬉しい

glad to meet you を「お会いして嬉しい」と訳していますが、glad という状態になる**原因**を不定詞が表現しているということになります。**原因を表す不定詞**は「〜して」と訳します。

次の不定詞も原因を表しています。

I am happy to have so many good friends.

（私はとても多くの良い友人を持てて幸せです）

I am surprised to hear the news.

（私は知らせを聞いて驚いた）

【答】to meet you が不定詞。to meet you は原因を表す副詞用法。「お目にかかれてとても嬉しいです」

3.　He must be a fool to do such a thing.

ここでの助動詞 must は「〜であるに違いない」と訳します。must には大別して ①「〜せねばならない」（必要）　②「〜するに違いない」（断定）の二つの意味があると思ってください。

He must be a fool は「彼は愚か者に違いない」と訳せますが、これに先だって不定詞をどう訳したらよいでしょうか。

不定詞 to do such a thing は He must be a fool と決めつける根拠・理由を表していると考えられます。これを判断の**理由を表す不定詞**といいます。**理由を表す不定詞**は「**〜するなんて**」「**〜するとは**」と訳します。

次の例も判断の理由を表す不定詞です。

She must be rich to buy such an expensive jewel.

（そんな高価な宝石を買うなんて彼女は金持ちに違いない）

【答】to do such a thing が不定詞。to do such a thing は理由を表す副詞用法。「そんなことをするなんて彼は愚か者に違いない」

4. He grew up to be a great inventor.

grew up は grow up の過去形で「成長した」です。be a great inventor は「偉大な発明家である」と訳せますが、be は become の意味で用いられることも多いので「発明家になる」としておきましょう。

grew up は述語動詞で、to be a great inventor は不定詞ですが、全文訳をするに当たっては、普通は不定詞の方から先に訳し、述語動詞はその後で訳しますね。ここは発想を変えて、不定詞に手を付ける前に述語動詞から先に訳してみましょう。

そうすると「彼は成長して偉大な発明家になった」が得られます。彼が grew up した結果がどうなったかということが不定詞で表現されているということになります。

述語動詞を先に訳し、不定詞を後から訳すこういう不定詞を**結果を表す不定詞**といいます。

次の例も結果を表す不定詞を含んでいます。

Few people live to be one hundred years old.

（長生きして百歳になる人は少ない）

He worked very hard day by day only to fail.

（彼は来る日も来る日も懸命に働いたが失敗しただけだった）

上例では only to fail を不定詞として指摘します。

One fine morning I awoke to find myself famous.

（ある晴れた朝、私は目を覚ましたら有名になっていた）

この文はイギリスの売れない詩人であったバイロン（George Gordon Noel Byron 1788 - 1824）が、ある日を境に詩集が読まれ始めて一躍有名になった事情を述べた文としてよく知られています。

【答】 to be a great inventor が不定詞。grew up の結果を表す副詞用法。「彼は成長して偉大な発明家になった」

5. Her ideas are difficult to understand.

この文での不定詞の指摘は to understand であることには間違いないで

すね。understand が目的語などを何も抱えていませんから。

この to understand は文中でどういう働きをしているか分かりますか。答えにくいと思います。

それではヒントを出しましょう。to understand は文中のどの語と密接に関わっているでしょうか。

これはお分かりになりますね。to understand は difficult と結び付いていると考えることができます。正確に言えば to understand は difficult を修飾しているのです。

difficult to understand が are の自補としてまとまっています。difficult to understand の訳は「理解しがたい」「理解しにくい」です。

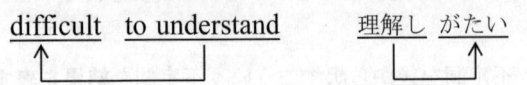

difficult to understand　　　理解し がたい

次も不定詞が直前の形容詞を修飾している例です。

The water of this well is good to drink.

（この井戸の水は飲料に適する）

He is hard to please.

（彼は気むずかしい＝喜ばせにくい人である）

上の二例では to drink が good を、to please が hard をそれぞれ修飾していて good to drink, hard to please がそれぞれ is の自補のかたまりになっています。

この項に出てきた不定詞は形容詞を修飾する点で副詞用法といえるのですが、その前までの「**目的**」「**原因**」「**理由**」「**結果**」などという名称に当たるものを紹介しませんでしたが、それに見合う名前を与えるとしたら副詞用法の「**修飾**」ということになります。

【答】 to understand が不定詞。to understand は difficult を修飾している。「彼女の考えは理解しにくい」

4 不定詞の独立用法

> **演習題 23**
>
> 次の各文中の不定詞を指摘し、その具体的働きを明らかにした上で和訳しなさい。
>
> 1. To tell the truth, I don't like the idea.
> 2. Needless to say, health is above wealth.
> 3. He is, so to speak, a walking dictionary.

1. To tell the truth, I don't like the idea.

 tell the truth は「本当のことを言う」の意味です。これを不定詞にしたのが to tell the truth です。

To tell the truth は文頭にあって、最後にコンマが付いていることに注意してください。これはこの不定詞がそれ以外の部分と有機的な関係を持たずに、なかば遊離した関係にあることを示しているのです。こういう不定詞を**独立用法**と名付けます。**独立用法の不定詞**は文の要素になることはありません。

to tell the truth は「実を言えば」と何時も決まった訳語を与えればよいのです。

同じような不定詞に to be honest（正直に言うと）、to be frank with you（率直に言えば）などがあります。

【答】 To tell the truth が不定詞。To tell the truth は独立用法。「実を言えば、私はそういう考えは好きではない」

2. Needless to say, health is above wealth.

Needless は「不必要な」の意の形容詞です。Needless to say で「言うまでもないことだが、もちろん」の意を表します。これも代表的な独立用法の不定詞です。

health は「健康」で wealth は「富、財産」です。この二語は語呂合わ

せに使われています。難しく言えば韻を踏んでいます。

above は「～より上に」の意の前置詞ですが、ここでは程度、重要度の点で「～より上に」の意で使われています。above wealth は is の自補としての形容詞句となっています。

この文は次の文から生じたものと考えることができます。

It is needless to say that health is above wealth.

（健康が富にまさるということは言うまでもない）

この文では It は**形式主語**で、to say that health is above wealth が**真の主語**です。

同じような不定詞に Strange to say（おかしな話だが）があります。

Strange to say, I am not hungry.

（おかしな話だが、私は腹が減っていない）

【答】 Needless to say が不定詞。Needless to say は独立用法の不定詞。「健康が富にまさることは言うまでもない」

3. He is, so to speak, a walking dictionary.

so to speak が独立用法の不定詞ですが、前後にコンマを置いて文中で使われています。独立用法の不定詞はこのように、**挿入**として使われるものもあります。

so to speak は「言わば」の意です。同じように挿入としてよく使われるものに to be sure（確かに、なるほど）があります。

She is nice, to be sure, but I don't like her.

（確かに彼女はよい人だが、私は好きではない）

walking dictionary は「生き字引」のことで、辞書のように何でも知っている物知りの人をいいます。walking encyclopedia も同じように使われます。encyclopedia は「百科事典」です。

【答】 so to speak が不定詞。so to speak は独立用法の不定詞。「彼は言わば、生き字引だ」

5 　注意すべき不定詞

> **演習題 24**
>
> 　次の各文中の不定詞を指摘し、その具体的働きを明らかにした上で和訳しなさい。
>
> 1. He decided not to go to war.
> 2. She wanted to be respected by everybody.
> 3. He seems to have been in poor health.
> 4. It is not easy for me to speak English.
> 5. He was too angry to speak.
> 6. She is rich enough to buy a house.

1. He decided not to go to war.

　decide は「決める、決心する」の意です。go to war は「戦争に行く」の意です。

　not という否定語がありますが、これは何を否定しているのでしょうか。

　not が decided を否定しているのであれば did not decide となるべきであることは分かりますね。

He did not decide to go to war.

（彼は戦争に行く決心がつかなかった）

　そうなると not は decided ではなく、to go to war を否定していると考えられます。not to go to war が一つの不定詞です。

　不定詞を否定する場合には to ～の前に not か never を置いて not to ～、never to ～という形にします。これが**否定語付き不定詞**です。

　to go to war が「戦争に行くこと」であれば、not to go to war は「戦争に行かないこと」を意味します。ここでは not to go to war は decided の他目になっている不定詞だということは分かりますね。

```
He   decided   not to go to war
S      V         O
```

【答】not to go to war が不定詞。具体的働きは decided の他目。「彼は戦争に行くまいと決心した」.

2. She wanted to be respected by everybody.

be respected は respect（尊敬する）の受動態です。その後に respect の行為者を示す受動態特有の前置詞 by を伴った by everybody が付いていることから、ここに登場した不定詞は受動態で首尾一貫していることが分かりますね。

「to be ＋過去分詞」を**受動態不定詞**といいます。「be ＋過去分詞」の部分はもちろん「〜される」と訳すことになります。

to be respected by everybody は wanted の他目としての不定詞です。

```
She   wanted   to be respected by everybody.
S       V              O
```

【答】to be respected by everybody が不定詞。具体的働きは wanted の他目。「彼女は誰からも尊敬されたいと思った」

3. He seems to have been in poor health.

seem は「〜に見える、〜らしい」の意の不完自（不完全自動詞）です。seem には不定詞が続くことが多いのですが、ここでは to be in poor health ではなく to have been in poor health が来ています。

「to have ＋過去分詞」で始まる不定詞を**完了形不定詞**といいます。完了形不定詞は**述語動詞よりも前の時**を表します。

このことを分かりやすく説明しましょう。この文の述語動詞は seems です。seems は現在時制です。現在時制より「前の時」というのは「現在完了」または「過去」です。

従って to have been in poor health という完了形不定詞には「現在完了」または「過去」の含みがあるのです。

上の文を It を主語にして書き換えると次のようになります。

① It seems that he has been in poor health.

② It seems that he was in poor health.

上の二文は意味が多少異なります。

① は「彼は今までずっと体の具合がよくなかったらしい」

② は「彼は過去に体の具合がよくなかった時期があったらしい」

と訳します。① は今もよくない状況にあるとも考えられますが、② はよくなかったのは過去のことであり、今は良いということがいえます。

厳密に言えば He seems to have been in poor health. は ① と ② のどちらかの意味で使われているのですが、どちらであるかは前後の文脈から判断するもので、この文だけではできません。

完了形不定詞をもう一例見てみましょう。

I am very sorry to have kept you waiting so long.

（長らくお待たせして申し訳ありません）

【答】 to have been in poor health が不定詞。具体的働きは seems の自補。「彼はずっと健康を害していたようである」

4. It is not easy for me to speak English.

文頭の It は後の不定詞を真の主語とする形式主語に思えますね。考え方はそれでいいのですが、真の主語は to speak English でいいでしょうか。

ここでもう一つ質問を出しましょう。speak　English とありますが、speak の主語は何でしょうか。

speak English は不定詞を構成していますね。不定詞の中の動詞には主語は表現されていないことが多いのですが、例外は結構あるのです。

上の文から for me を抜いてしまえば

It is not easy to speak English.

が得られます。これは「英語を話すことは容易ではない」の意ですね。この場合でも speak English の主語は？と問われたら、ここでは表現されていなくても「一般の人」とでも答えることになります。

It is not easy for me to speak English.
の場合には speak English の主語に関してはどういうことが言えるでしょうか。for me があることによって「一般の人」とは言えなくなります。

　この場合の speak English の主語は me であるということができます。for me to speak English は「私が英語を話す」という内容を含んでいるのです。この for me は不定詞の側に付いていると考えてください。

　不定詞の主語を表すのに to ～ の前に for … を置いて「for … to ～」とすることがあります。これを**主語付き不定詞**といい、for の次に置かれた語を不定詞の**意味上の主語**といいます。

<u>It</u>　<u>is not</u>　<u>easy</u>　<u>for me to speak English</u>.
S　　V　　　C　　　　S 真の主語

【答】for me to speak English が不定詞。具体的働きは形式主語 It に対する真の主語。「私が英語を話すのは容易ではありません」

5. He was too angry to speak.

　angry は「怒った、腹を立てた」の意の形容詞です。too は形容詞・副詞の前に置かれて「あまりにも（～過ぎる）」の意でよく使われます。

　そうすると too angry は「あまりにも怒った」「腹を立てすぎた」の意だと分かります。その後の to speak はどう訳したらよいでしょうか。

　あまりにも怒ったり、腹を立てすぎると人は口が利けなくなることがありますね。この文はそういうことを表現しているのです。

　to speak は too と関連して使われています。「too … to ～」は二通りの訳し方があることに注意しましょう。

　一つは頭から訳す方法で、「あまりにも …で～できない」です。もう一つは後ろから「～するには …すぎる」と訳し上げる方法です。

　too … to ～ は通常、「so … that ＋主語＋ cannot ～」に書き換えることができます。

　上の文にこの書き換え公式を当てはめますと

He was so angry that he could not speak.

（彼はとても腹を立てたので口を利くことができなかった）

となります。

<u>He</u> <u>was</u> <u>too angry to speak</u>.
S　V　　　C

【答】 to speak が不定詞。too … to ～ は慣用表現を作っている。「彼は口も利けないほど腹を立てていた」

6. She is rich enough to buy a house.

enough は「十分に」の意の副詞として使われることが多い語ですが、「形容詞（副詞）＋ enough to ～」の形で出てきたときは「～する（ことができる）ほど …」と訳します。enough を「十分に」と訳出しないほうがいいのです。

「形容詞（副詞）＋ enough to ～」は通常、「so … that ＋主語＋（can）～」に書き換えることができます。

これを適用すると上の文は次のように書き換えられます。

She is so rich that she can buy a house.

（彼女は家を買うことができるほど金持ちである）

<u>She</u>　<u>is</u>　<u>rich enough to buy a house</u>.
S　V　　　C

この「… enough to ～」（～するほど …）と先程の「too … to ～」（あまりにも…で～できない）の二つは不定詞の必修構文として是非習熟してください。

【答】 to buy a house が不定詞。この不定詞は… enough to ～の慣用表現を作っている。「彼女は家を買うことができるほどの金持ちである」

6 不定詞の実践問題

不定詞の基本問題を終えましたので、これからは不定詞がどのように登場してくるかを実践で見ていきましょう。不定詞の指摘自体も単純にはいきません。絡み合っている不定詞どうしの関係をよく吟味してください。

演習題 25

次の各文中の不定詞を指摘し、その具体的働きを明らかにした上で和訳しなさい。

Some day you may have the opportunity to travel into space. Perhaps you will be one of the first great explorers to visit the moon or one of the planets beyond the moon. You will need to know what to take with you to keep you alive in these strange new worlds.

Some day you may have the opportunity to travel into space.

Some day は「(未来の) いつか、そのうちに」の意味で使われる副詞句です。

may は助動詞ですが、大別すると「~してよろしい」(許可) と「~するかもしれない」(推量) の二つの意味があります。may が出てきたときには常にどちらかの識別をしてください。ここでは推量の意味で使われています。

opportunity は「機会」です。opportunity は have の他目としての位置を持っている名詞であることは分かりますね。

travel が「旅行する」の意の動詞で、次の into space は前置詞が作り出す句ですが、副詞句として travel にかかっていることも分かりますね。travel into space は「宇宙旅行をする」ということになります。

そうであれば to travel into space が不定詞となりますが、この不定詞

の具体的働きは何でしょうか。

　to travel into space の直前に opportunity という格好の名詞が置かれていますね。こういう場合には to travel into space は opportunity にかかっている形容詞用法の不定詞ではないかと推量することになるのです。かけた訳は「宇宙旅行をする機会」です。

　文の要素で切ると次のようになります。

<u>Some day</u> <u>you</u> <u>may have</u> <u>the opportunity to travel into space</u>.
　　 M 　　　S 　　V 　　　　　　　O

【答】 to travel into space が不定詞。具体的働きは opportunity を修飾している。「いつか、あなたに宇宙旅行をする機会があるかもしれない」

Perhaps you will be one of the first great explorers to visit the moon or one of the planets beyond the moon.

　Perhaps は「ことによると、おそらく」などの意の副詞です。

　未来時制の will be は will become に代わってよく使われます。この be もこれを適用してみましょう。「～である」ではなく、「～になる」として自補を入れてみましょう。

　explorer は「探検家」です。これは explore（探検する）という動詞から来ています。

　to visit で始まる不定詞はどこまで続いているでしょうか。正しく指摘してください。to visit the moon でいいでしょうか。それとももっと先まで続いていると考えていますか。

　そういうことをはっきりさせるためには、the moon の次の or が何と何を結んでいるのかを確認する必要があるのです。

　接続詞 or が結んでいるのは the moon と one of the planets で決まりじゃないか、という方がおられるかもしれません。はたしてそうでしょうか。

　発想を転換して後の方にある beyond に取り組んでみましょう。beyond は前置詞です。久し振りに前置詞をめぐる五項目をやってみまし

よう。(224、225 ページ参照)
1　beyond が前置詞です。
2　その前目は the moon です。
3　従って beyond が作り出す句は beyond the moon です。
4　beyond the moon は planets を修飾しています。
5　beyond the moon を planets にかけた訳は「月を越えた先にある惑星」になります。

ついでながら前置詞 of についても五項目をやってみましょう。
1　of が前置詞です。
2　その前目は the planets beyond the moon です。
3　従って of が作り出す句は of the planets beyond the moon です。
4　of the planets beyond the moon は one を修飾しています。
5　of the planets beyond the moon を one にかけた訳は「月を越えた先にある惑星の一つ」になります。

　of と beyond という二つの前置詞に関する五項目の追求をしたところで one of the planets beyond the moon という言葉のかたまりがはっきりしてきましたね。

　そうすると the moon の次の or が結んでいるものは、the moon と one of the planets beyond the moon であるということが分かってきたのではないでしょうか。

　or や and を**等位接続詞**といいます。等位接続詞は文中の同じ働きをしているものどうしを結んでいるのです。このことを常に確認するようにしましょう。簡単なようであってもこれは大事なことです。

　今、or が結んでいるものは the moon と one of the planets beyond the moon であると言いましたが、ではこの両者の文中の働きは何が同じなのでしょうか。

　この両者は visit の他目という点で共通しているのです。

```
visit   the moon or one of the planets beyond the moon
 V        O              O
```

ここには O が二つあるようですが、決して二重目的ではありません。二つの O は性格が同じものであり、or で結ばれていて実は一つの O に過ぎないのです。

　to visit で始まる不定詞の指摘は分かりましたか。to visit the moon or one of the planets beyond the moon が不定詞です。visit 以下の訳は「月か、あるいは月を越えた先の惑星の一つを訪れる」です。

　ではここで確認した不定詞 to visit the moon or one of the planets beyond the moon の具体的働きは何でしょうか。

　それはその直前の explorers にかかる形容詞用法の不定詞です。かけた訳は「月か、あるいは月を越えた先の惑星の一つを訪れる探検家」となります。

　もっとも explorers には the first great という形容詞群が付いているので、the first great explorers to visit the moon or one of the planets beyond the moon が of の前目であり、of を介して one に繋がっていますね。

　one of 以下すべてが will be の be の自補であることも確認した上で、この文の訳を作ってみてください。

【答】 to visit the moon or one of the planets beyond the moon が不定詞。具体的働きは explorers を修飾している。「ことによると、月か、それとも月を越えた先の惑星の一つを訪れる最初の偉大な探検家の一人にあなたがなることでしょう」

You will need to know what to take with you to keep you alive in these strange new worlds.

　最後のセンテンスになりました。何と、ここには不定詞が三つも含まれています。三つの不定詞を正しく指摘することができますか。意外に厄介ですよ。しかもそれぞれの不定詞の具体的働きを解説することまでできるでしょうか。不定詞をどの程度修得したかの目安としての力試しです。

不定詞は三つありますが、頭からやるよりはむしろ逆に、最後の不定詞から始めましょう。前にも言いましたが、英語は修飾関係は後ろから前へ流れることが多いので、後ろから手を付けるというのは長文に取り組む際の 常套 手段なのです。

　to keep で始まる不定詞はどこで終わると見るべきでしょうか。少なくとも to keep you alive まではまとまりがあるように思えます。

　なぜかと言いますと、you は keep の他目と考えられるし、その後の alive は形容詞で「生きている」の意ですが、これは keep の他補として使われていると思えるからです。

　keep にはいろいろな意味用法がありますが、「～を…にしておく」の意がありますね。これは動詞の種類が不完他（不完全他動詞）としての用法です。

　これを適用すれば keep you alive は「あなたを生かしておく」です。分かりやすく言えば「あなたを生きている状態にしておく」ということです。keep you alive は分かりましたが、その後の in these strange new worlds を分析研究してみましょう。

　in が前置詞ですから、前置詞の五項目の研究をここでしてみましょう。

1　in が前置詞です。
2　その前目は these strange new worlds です。
3　従って in が作り出す句は in these strange new worlds です。
4　in these strange new worlds は keep を修飾しています。
5　in these strange new worlds を keep にかけた訳は「この未知の新世界において（～を…の状態に）しておく」になります。

　keep　you　alive　in these strange new worlds
　　V　　O　　C　　　　　　M

in these strange new worlds が keep にかかっているということが分かれば、不定詞の指摘は to keep you alive in these strange new worlds ということになります。

ではこの不定詞の具体的働きは何でしょうか。これを解明するのはちょ

っと保留しておいて、その前の不定詞に取り組んでみましょう。

　to take で始まる不定詞が存在していることは確かですね。この辺りをしっかり分析してみましょう。

　take の直後に with という前置詞があります。with の前目は you ですね。では with you という句はどういう働きをしているのでしょうか。

　次の二つの文を比較してください。

① I have much money.
② I have much money with me.

　①は「私はお金をたくさん持っている」の意ですが、私が財産家であることが分かり、預金がたくさんあるのかもしれませんが、現在大金を身に付けているかどうかは不明です。

　それに対して、②は「私は大金の持ち合わせがあります」を意味しているのです。現在、大金を身に付けていることが with me から分かるのです。

　with me はこの場合、副詞句として have を修飾していると考えます。

　have, take, carry, bring などの動詞と共に用いられる with one は、身に付けている、身に帯びていることを表します。

　with one という表現について説明しておきましょう。これは with me や with you や with them などを代表して、one の位置に「人」が入ることを意味する一般化した慣用句としての意味を持っているのです。

Please take an umbrella with you.
（どうぞ傘をお持ちになってください）
Each policeman carries a pistol with them.
（警官は各自ピストルを携帯している）

　このように take と with you の関係は理解できたと思います。「身に付けて持って行く」ことは分かりました。ではここで質問ですが、身に付けて何を持っていくのでしょうか。言い換えれば、take の他目は何でしょうか。

　答は what です。to take with you の前の what が実は take の他目

に当たる代名詞なのです。

そうすると what to take with you が「何を携帯すべきか」という意味にまとまることが理解できたと思います。

what は to take with you の前に置かれていますが、take の他目ということになれば不定詞の中に存在している語ということになります。

what は疑問詞ですが、このように**疑問詞を伴う不定詞**があります。幾つかの例を挙げておきましょう。

I don't know *what to answer*.
（私は何と答えてよいか分からない）

Please tell me *when to start*.
（何時出発すべきかを教えてください）

Nowadays everybody knows *how to use a computer*.
（現今ではだれでもコンピューターの使い方を知っている）

疑問詞を伴う不定詞はすべて名詞用法であるということも心得ておいてください。

上の例では what to answer は know の他目、when to start は tell の他目、how to use a computer は knows の他目としての名詞用法になっています。

ところで本文に戻りますが、what to take with you が**疑問詞付きの不定詞**ということは分かりましたが、不定詞の指摘自体はこれで正しいでしょうか。

もう気が付いている方がいるかもしれませんね。先程保留しておいた不定詞 to keep you alive in these strange new worlds がありますね。この不定詞は「～するために」の意の目的を表す副詞用法として take にかかっているのです。

従って what で始まる不定詞は what to take with you to keep you alive in these strange new worlds ということになります。

この不定詞は疑問詞付き不定詞ですから名詞用法であり、know の他目になっています。

それでは三番目の不定詞を片付けましょう。to know で始まる不定詞の正体はもう分かりましたね。

what to take with you 以下の不定詞が know の他目であるということは、to know what to take with you to keep you alive in these strange new worlds が一つの不定詞のかたまりということになります。

この長い不定詞は need という完他（完全他動詞）の他目としての名詞用法ということに落ち着きます。

これで最後の文に登場した三つの不定詞の分析はすべて終わったのですが、この文に出てきた四つの動詞に関して、その種類をもう一度明らかにしておきましょう。

need は「～を必要とする」の意の完他（完全他動詞）です。その他目は to know what to take with you to keep you alive in these strange new worlds です。

know は「～を知る」の意の完他（完全他動詞）です。その他目は what to take with you to keep you alive in these strange new worlds です。

take は「～を持って行く」の意の完他（完全他動詞）です。その他目は what です。

keep は「～を…にしておく」の意の不完他（不完全他動詞）です。その他目は you で、他補は alive です。

【答】 to know what to take with you to keep you alive in these strange new worlds が不定詞。具体的働きは need の他目。what to take with you to keep you alive in these strange new worlds が不定詞。具体的働きは know の他目。to keep you alive in these strange new worlds が不定詞。具体的働きは目的を表す副詞用法として take にかかっている。「そういった未知の新世界において、あなたが生きていくために何を携帯すべきかを知る必要があるでしょう」

最後に全文訳を付けておきます。

【全文訳】 いつか、あなたに宇宙旅行をする機会があるかもしれない。こ

とによると、月か、それとも月を越えた先にある惑星の一つを訪れる最初の偉大な探検家の一人にあなたがなることでしょう。そういった未知の新世界において、あなたが生きていくために何を携帯すべきかを知る必要があるでしょう。

　不定詞の学修は一段落しました。これからも不定詞は折に触れて出てきますので、まだまだ学修は深まっていくはずです。

　ここで不定詞に関する古谷メソッドの原則歌を示しておきましょう。口をついて出てくるように親しんで、その真髄を捉えてください。

古谷メソッド　原則歌　7

不定詞も句と見なすべく文中に名形副の働きをなす

用語解説 10 （五十音順）

意味上の主語　意味の上から考えて主語に当たるものをいう用語。一般的には不定詞・分詞・動名詞などの準動詞の主語に関して用いられる。
　不定詞の場合には「for … to ～」の形で登場する for の次に置かれている語句を不定詞の意味上の主語という。その場合、「for … to ～」は「…が～する」と訳す。
　動名詞の場合には意味上の主語は、人称代名詞であれば所有格を -ing 形の前に置くことによって表現するのが普通である。

仮主語　297 ページ「形式主語」参照

完了形不定詞　「to have ＋過去分詞」で表される不定詞をいう。完了形不定詞は述語動詞の時制より前の時を表す。述語動詞が現在時制であれば現在完了または過去時制を、述語動詞が過去時制であれば過去完了時制を表すことになる。

疑問詞付き不定詞　what to ～、when to ～、how to ～のような、疑問詞を頭に付けた不定詞をいう。いずれも文中で主語、補語、目的語として用いられる名詞用法である。

形式主語　主語が長い場合に、文頭に It を置いて長い主語を後に回すことが英語の傾向としてある。この文頭に置く It を形式主語または仮主語という。後ろに回す主語を真の主語という。

結果を表す不定詞　「…した結果～する」というように、述語動詞を先に訳し、不定詞を後から訳すことになる不定詞をいう。副詞用法の一つ。 He worked very hard *only to fail*.（懸命に働いたが失敗しただけだった）

原因を表す不定詞　喜怒哀楽の感情を示す語の後に置かれて、その

原因を表す不定詞をいう。通常「〜して」と訳す。glad, happy, surprised などの次に置かれている不定詞である。
　　I'm glad *to see you*. （お目にかかれて嬉しいです）
後　形　218 ページ参照
自　補　218 ページ参照
修飾語句　35 ページの「修飾語」参照、157 ページ参照
重　目　153 ページ参照
主語付き不定詞　「for … to 〜」の形で登場する不定詞をいう。for の次に置かれている語が不定詞の意味上の主語に当たる。「for … to 〜」は「…が〜する」と訳すのが原則である。
受動態不定詞　「to be ＋過去分詞」で表される不定詞をいう。「to be ＋過去分詞」の部分は「〜される」の意を持つ。
真の主語　形式主語と対(つい)にして用いられる語で、It is good for the health to keep early hours. （早寝早起きすることは健康に良い）という文において、It が形式主語であるのに対して、後置されている不定詞 to keep early hours を真の主語という。後置されている動名詞や that 節も真の主語になり得る。
他　補　219 ページ参照
他　目　219 ページ参照
独立用法の不定詞　文頭や文中に挿入として用いられ、他の部分と有機的な関係を持たずに、遊離した関係にある不定詞をいう。 to tell the truth （実を言えば）などの慣用表現として覚えるべきものである。
否定語付き不定詞　not to 〜、never to 〜のような、to 〜の前に not または never を付けた不定詞をいう。Mother told me *not to go out at night*. （母は夜は外出しないようにと私に言った）
不完他　154 ページ参照

不定詞　154 ページ参照

不定詞の形容詞用法　不定詞が形容詞の働きをする場合をいう。働き方には次の二種類がある。① 前方に置かれている名詞を後ろから修飾する場合　② 名詞を直接には修飾したりはせずに、不完自の自補や、不完他の他補になる場合

不定詞の副詞用法　不定詞が副詞の働きをする場合をいう。多くの場合、不定詞が前方にある動詞、形容詞、副詞を修飾しているが、用法の分類としては目的を表す「〜するために」、原因を表す「〜して」、理由を表す「〜するとは」「〜するなんて」、結果を表す「…した結果〜する」などの訳し方で分けている。

不定詞の名詞用法　不定詞が名詞の働きをする場合をいう。通常、「〜すること」と訳し、文の主語、補語、他動詞の目的語として用いられる。

補　語　37 ページ参照、157 ページ参照

目的語　71 ページ参照、157 ページ参照

目的を表す不定詞　副詞用法の一つで「〜するために」という文字通りの目的を表す不定詞をいう。目的の意味をはっきり示すために in order to 〜や so as to 〜とすることがある。

理由を表す不定詞　副詞用法の一つで、ある判断の理由を表す不定詞をいう。通常「〜するとは」「〜するなんて」と訳す。He must be a fool *to say so*. （そんなことを言うなんて彼は愚か者だ）

第11講　名詞の働きをする ing 形

　「ご趣味は何ですか」と聞かれて「ボウリングとスイミングです」などと答えたりしますね。英語にすると、
"What is your hobby?"
"My hobby is bowling and swimming."
です。
　この対話の中で、bowling と swimming はどちらも -ing で終わっていますね。これらはそれぞれ bowl と swim という動詞に -ing を付けたものです。ボウリングはボウリングで通っていますが、スイミングは水泳と言い換えられますね。
　従って bowling や swimming は単語の品詞という点では名詞であると言えます。
　動詞の原形に -ing を付けたものに現在分詞があることは知っていますね。それとともに -ing を付けたものに動名詞があることも知っていますね。**現在分詞**と**動名詞**は形が全く同じですが、上の bowling や swimming のように、名詞として使われるものを**動名詞**と称しているのです。
　動名詞という名は「動詞から作った名詞」とでも考えればよいのです。文の中で名詞に相当する働き、つまり**主語**として、**補語**として、また**目的語**として用いられることに特色があります。
　目的語という場合には、他動詞の目的語になる場合と前置詞の目的語になる場合とがあります。
　名詞に相当する働きをする動名詞は「**～すること**」と直訳すれば無難です。上の My hobby is bowling and swimming. も訳せば「私の趣味は<u>ボウルを投げること</u>と<u>泳ぐこと</u>です」となります。
　ちなみに言えば上の文では bowling と swimming は is の自補として用いられた動名詞ということになります。
　古谷メソッド原則歌では動詞の -ing 形について次のように歌っています。

> **古谷メソッド 原則歌 8**
>
> **Ing-Form は進行形に形容詞、名詞用法、分詞構文**

　この原則歌では動名詞と現在分詞を区別せず、一律に Ing-Form として扱っています。従って現在分詞の用法は上の中の進行形、形容詞、分詞構文の三つであり、動名詞の用法は名詞用法の一つということになります。Ing-Form というのはもちろん -ing 形のことです。

　現在分詞の多岐にわたる用法に比べたら動名詞の用法は名詞に相当するという一点張りですから比較的単純です。現在分詞に関しては第 12 講で徹底した学修をしますが、その前に扱いやすい動名詞に関しては十分な習熟をしてしまいたいと思います。

　次のページの例題で分析研究を行いましょう。

演習題 26

次の各文中の -ing 形に注意し、その具体的働きを明らかにした上で和訳しなさい。

1. Working in the field is great fun.
2. My job is planting corn seeds.
3. I found good land for growing corn.
4. I also enjoy raising cows.

---

1. Working in the field is great fun.

working in the field は work in the field を動名詞化したものです。working 一語を動名詞と見るのは正しいとも言えるのですが、「畑で働く」という work in the field 全体に -ing を付けてできたのが working in the field という句であると考えるのが妥当なのです。

動名詞は元々が動詞ですから、副詞句を伴うという動詞の性格を残して working は in the field という句を抱えているのです。working in the field で「畑で働くこと」と訳すことになります。動名詞はこのように句として捉えることが肝要です。

Working in the field は is の主語として用いられている**動名詞句**だということが理解できますね。

<u>Working in the field</u> <u>is</u> <u>great fun</u>.
　　　　S　　　　　　V　　　C

【答】 Working in the field が動名詞句。Working in the field は is の主語。「畑で働くことはとても面白い」

2. My job is planting corn seeds.

is planting という形を見て進行形だと考えては失敗です。plant は「（種を）蒔く」という意味ですが、is planting が進行形であるためには主語が人間でなければおかしいですね。この文の主語は My job ですから。

corn seeds は「とうもろこしの種」です。この corn seeds は plant という完他の他目として生きています。この他目を抱えたままで plant が動名詞になったのが planting corn seeds という句であると見るようにしてください。

planting corn seeds は不完自 is の自補になっていることは分かりますね。

<u>My job</u>　<u>is</u>　<u>planting corn seeds</u>
　S　　　V　　　　C

【答】 planting corn seeds が動名詞句。planting corn seeds は is の自補。「私の仕事はとうもろこしの種を蒔くことです」

3. I found good land for growing corn.

growing corn が動名詞句であると指摘できるようになったと思います。grow corn が「とうもろこしを栽培する」の意ですから、corn という他目を抱えた grow が動名詞になった際にできたのが growing corn という句です。

ところで for という前置詞がありますね。「前置詞をめぐる五項目」をここでやってみましょう。

1　for が前置詞です。
2　その前目は growing corn です。
3　従って for が作り出す句は for growing corn です。
4　for growing corn は land を修飾しています。
5　for growing corn を land にかけた訳は「とうもろこしを栽培する土地」です。

growing corn が前置詞 for の前目として働いている動名詞句ということが分かりましたね。

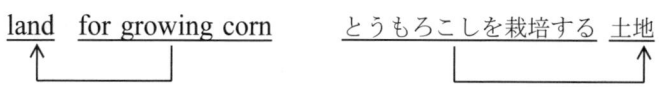

<u>land</u>　<u>for growing corn</u>　　<u>とうもろこしを栽培する</u> <u>土地</u>

動名詞は主語、補語、他動詞の目的語として使われるだけでなく、この

ように前置詞の目的語としても使われます。

不定詞にも名詞用法がありますが、名詞用法の不定詞は前置詞の目的語の位置に入れることはできません。前置詞の目的語として動詞に類するものをはめ込もうとする場合には -ing 形の動名詞を入れることしかできないと理解しておいてください。

上の文を文の要素で切ると次のようになります。

I found　good land for growing corn.
S V　　　O

【答】 growing corn が動名詞句。growing corn は for の前目。「私はとうもろこしを栽培するよい土地を見つけた」

4. I also enjoy raising cows.

also は「また、同様に」の意味の副詞です。enjoy は「～を楽しむ」の意味の完他です。raise は「(子供を) 育てる、(家畜を) 飼育する」の意の完他で cows がその他目になっていいることは分かりますね。

raising cows が「牛を飼育すること」という動名詞句ということが理解できれば、これが enjoy の他目として働いていることが納得できるでしょう。

文の区切りは次のようになります。

I also enjoy raising cows.
S M V O

【答】 raising cows が動名詞句。raising cows は enjoy の他目。「私はまた牛を飼育することも楽しんでいる」

演習題 27

次の各文中の -ing 形に注意し、その具体的働きを明らかにした上で和訳しなさい。

1. I don't like her marrying such a man.
2. I regret having broken my promise.
3. I remember posting the letter.
   cf. I remember to post the letter.
4. It is no use crying over spilt milk.

1. I don't like her marrying such a man.

marry はここでは「～と結婚する」の意で完他として使われています。marry の他目が such a man です。such a man は「そのような男」の意味です。

I don't like her だけを眺めて意味を取ると「私は彼女を好きではない」となりそうですね。her を人称代名詞の**目的格**と取るとそうなってしまいます。

実はこの her は目的格ではなく、**所有格**なのです。like は完他ですが、その他目は her ではなく、her marrying such a man なのです。

I don't like her marrying such a man.
S   V   O

her marrying such a man は訳せば「彼女がそのような男と結婚すること」となります。

marrying such a man が動名詞句ということは分かりますね。ではこの句と her との関係は何でしょうか。

所有格 her は次の marrying という**動名詞の意味上の主語**として生きているのです。her marrying は「彼女が結婚すること」というように、her を「彼女の」ではなく「彼女が」と、marry という動詞の主語に見立てて訳すのがよいのです。

動名詞がこのように意味上の主語を伴うことがあります。その場合に主語が人称代名詞の場合には所有格を -ing の前に置くことになります。人称代名詞ではなく名詞の場合であれば、所有格にするか、そのままの形を -ing の前に置きます。

We are sorry for *our son's* being lazy.

（私たちは息子が怠け者であることを残念に思っている）

上の文では our son's が動名詞 being lazy の意味上の主語ですが、our son's の代わりに our son であってもいいのです。

【答】 her marrying such a man が動名詞句。her は marrying such a man の意味上の主語。her marrying such a man は like の他目。「私は彼女がそのような男と結婚するのが気に入らない」

2. I regret having broken my promise.

regret は「～を後悔する」の意の完他です。break one's promise は「約束を破る」の意味です。

この break one's promise が形を変えたものが having broken my promise ということが分かりますか。

break を原形だとすれば have broken は完了形ですね。同じように考えると、breaking を普通の動名詞とすると having broken を完了形動名詞ということになります。

「having ＋過去分詞」が名詞の働きをしている場合に**完了形動名詞**と名付けます。完了形動名詞は述語動詞の時制よりも前の時を表します。

完了形動名詞の訳し方ですが、breaking が「破ること」であれば having broken は「破ってしまったこと」とすればよいのです。my promise も併せていえば having broken my promise は「約束をやぶってしまったこと」となります。

これを regret の他目として捉えればよく、regret が現在時制ですから having broken my promise は過去において約束を破ったことを意味することになります。

I regret   having broken my promise.
S   V   O

having broken my promise を that 節に書き換えると次のようになり、having broken が過去を意味すると分かります。

I regret that I *broke* my promise.

【答】 having broken my promise が完了形動名詞。having broken my promise は regret の他目。「私は約束を破ったことを後悔している」

3. I remember posting the letter.

remember は「～を覚えている」の意の完他です。その他目は posting the letter であると想像できますね。

post the letter は「その手紙を投函する」ですから、remember posting the letter は「その手紙を投函したことを覚えている」となります。

remember ～ ing は「～することを覚えている」ではなく、「～したことを覚えている」であることに注意してください。

remember の他目としての動名詞は完了形動名詞でなくても過去を意味する含みがあるのです。

では、*cf.* として出しておいたもう一つの文はどうでしょうか。*cf.* というのは「比較せよ、参照せよ」の意味のラテン語の confer から来ています。

cf. I remember to post the letter.

remember ～ ing は「～したことを覚えている」ですが、この文に見られる remember to ～は「(これから) ～することを覚えている (忘れてはいない)」ということを意味します。

従って上の文は「私はその手紙を投函することを忘れてはいません」と訳します。

forget (忘れる) に関しても、他目が動名詞であるか、不定詞であるかによって意味が違ってきます。次の二文を比較してください。

He forgot borrowing an umbrella from her.

（彼は彼女から傘を借りたことを忘れてしまった）
He forgot to pay her his debt.
（彼は彼女に借金を返さなければならぬことを忘れてしまった）

forget 〜 ing は「〜したことを忘れる」（過去）であり、forget to 〜は「（これから）〜することを忘れている」（未来）という違いがあります。

【答】 posting the letter が動名詞。posting the letter は remember の他目。「私はその手紙を投函したことを覚えている」

4. It is no use crying over spilt milk.

難しい表現を含んでいるので意味が取りにくいと思います。It が形式主語で、後から出てくる crying over spilt milk という動名詞句が真の主語です。

no use は「役に立たない、無益な」の意味で、形容詞 useless に相当します。no use は is の自補です。

cry はここでは「（悲しんで）泣く、泣き叫ぶ」の意味で使われています。spilt milk は「こぼしてしまったミルク」の意味です。spilt は「（偶然に、液体などを）こぼす」の意の spill の過去分詞です。

over という前置詞がありますね。over は on と違って、接触しないで「〜の真上に、〜の上方に」を意味します。

over について前置詞をめぐる五項目をやってみましょう。

1　over が前置詞です。
2　その前目は spilt milk です。
3　従って over が作り出す句は over spilt milk です。
4　over spilt milk は cry を修飾しています。
5　over spilt milk を cry にかけた訳は「こぼしてしまったミルクの上で泣き叫ぶ」になります。

crying over spilt milk が「こぼしてしまったミルクの上で泣き叫ぶこと」とまとまり、この動名詞句が真の主語ですから、文意は「こぼしてしまったミルクの上で泣き叫ぶことは無益である」となります。

これは「こぼしてしまったミルクは元に戻すことはできないのだからどうしようもない」という意味です。日本に古来からある諺で言えば「覆水盆に返らず」です。

文の要素による区切りは次のようになります。

<u>It</u>　<u>is</u>　<u>no use</u>　<u>crying over spilt milk</u>.
　S　　V　　C　　　　　S

【答】 crying over spilt milk が動名詞句。crying over spilt milk は is の主語。「こぼしてしまったミルクを前にして泣き叫んでも無駄だ」

It is no use ～ing は「～しても無駄である」の意の慣用表現ですが、動名詞を含む慣用表現には次のような物があります。

動名詞を含む慣用表現

There is no ～ing　（～することは不可能である）
　　There is no knowing what may happen next.
　　（次に何が起きるか分からない）
cannot help ～ing　（～せざるを得ない）
　　We cannot help despising such a man.
　　（そんな男は軽蔑せざるを得ない）
feel like ～ing　（～したい気がする）
　　I don't feel like singing tonight.
　　（今夜は歌いたい気分ではない）
on ～ing　（～するとすぐに）
　　On seeing the sight, she turned pale.
　　（その光景を見て彼女は青くなった）
　　= As soon as she saw the sight, she turned pale.

用語解説 11 （五十音順）

意味上の主語　297 ページ参照

Ing-Form　動詞の原形に -ing を添えたものをいう。現在分詞と動名詞の二種類がある。現在分詞は ①進行形を作るのに使われる ②形容詞として名詞を直接的に修飾する ③自補や他補として使われる ④分詞構文を作るのに使われる という四つの用法がある。

　　動名詞の方はもっぱら名詞の働きをして、文中で主語、補語、目的語、前置詞の目的語としての位置を持つことに終始する。

完 他　153 ページ参照

完了形動名詞　「having ＋過去分詞」の形の動名詞を完了形動名詞という。完了形動名詞は述語動詞の時制よりも前の時を表す。すなわち、述語動詞が現在時制であれば完了形動名詞は現在完了または過去時制を意味し、述語動詞が過去時制であれば完了形動名詞は過去完了時制を意味する。

形式主語　297 ページ参照

自 補　218 ページ参照

所有格　36 ページ参照

真の主語　298 ページ参照

前置詞をめぐる五項目　263 ページ参照

前 目　219 ページ参照

他 目　219 ページ参照

動名詞　219 ページ参照

分詞構文　現在分詞（時には過去分詞）で始まる句が副詞節に相当するような、分詞が接続詞を兼ねたような働きをする場合にこの

句を分詞構文という。分詞構文と対(つい)になる部分を主文ということがある。

補　語　37ページ参照

目的格　人称代名詞の格変化の一つで、me, us, you, him, her, it, them などをいう。他動詞の目的語、前置詞の目的語になる場合の形である。

目的語　71ページ参照

第12講　現在分詞の攻略法

　現在分詞は動詞の原形に -ing を付けたものであることは知っていますね。全く同じ形をしたものに動名詞もあります。動名詞は第 11 講で学修したばかりですが、動名詞はもっぱら名詞の役割を担っていました。

```
━━━━ 古谷メソッド 原則歌 8　再 ━━━━
   Ing-Form は進行形に形容詞、名詞用法、分詞構文
```

　Ing-Form は -ing を付けたものをいいますが、ing 形の内の動名詞は上の原則歌の中で名詞用法だけなので、**現在分詞**の用法は**進行形、形容詞、分詞構文**の三つになります。

　形容詞という場合に、働きは名詞を直接的に修飾する場合と、補語として用いられる場合があるので、この二つを別立てにすると、現在分詞の用法は具体的には次の四つになります。
① 進行形を作る用法
② 名詞を修飾する形容詞の働き
③ 補語（自補、他補）としての用法
④ 分詞構文を作る用法

1　進行形を作る現在分詞

```
―― 演習題 28 ――
　次の各文中の -ing 形に注意して和訳しなさい。
1. I am looking for my lost watch.
2. She is always smiling.
3. She is coming to Japan next week.
```

1. I am looking for my lost watch.

　進行形は「be ＋〜 ing」で「〜しつつある」という進行中の動作を表す場合の名称です。

　looking という -ing 形の用法は？と問われたら、「looking は進行形です」ではなくて、「looking は am と合わさって進行形を作っています」と答えてください。looking 一語が進行形なのではなく、am looking で進行形になっていることを捉えて表現してください。

　look for 〜は「〜を捜す」という慣用句ですが、それがここで進行形で使われています。

　lost watch は「なくした時計」です。lost は lose（失う）の過去分詞ですが、形容詞として watch を修飾しています。

【答】 looking が現在分詞です。looking は am と合わさって進行形を作っています。「私はなくした時計を捜しているのです」

2. She is always smiling.

　is smiling で進行形ができていますから「彼女は何時も微笑している」と型通りに訳せますね。

　ここで考えてみましょう。彼女は現在微笑している最中でしょうか。必ずしもそうではありませんね。

　always といっても、彼女は四六時中、微笑しているわけではありませんね。まさか睡眠中でも微笑しているということはないでしょう。

　always や all the time などの句を伴う進行形は、現在進行中の動作ではなくても、**反復する習性や習慣**を表すのに使われます。上の進行形はそういう例に当たります。

【答】 smiling が現在分詞。smiling は is と合わさって進行形を作っています。「彼女は何時も微笑している」

3. She is coming to Japan next week.

　is coming が進行形であることは間違いありませんが、「来つつある」という意味でしょうか。ちょっと違うような気がします。

go, come, start, leave, return, arrive などの動詞をまとめて、**往来発着**を表す動詞ということがあります。往来発着を表す動詞の進行形は**近接未来**を示すのに用いられるのです。

come が往来発着の動詞ですから、is coming は近接未来を表すと考え、「来ることになっている」と訳すのがよいのです。

【答】 coming が現在分詞。coming は is と合わさって進行形を作っています。「彼女は来週、来日することになっている」

come の現在分詞は coming です。単語の最後の e を除いて -ing を付けています。現在分詞の作り方を表にまとめてみます。

現在分詞の作り方	
-ing をそのまま付ける	going, saying など
発音しない e で終わる語は e を取って -ing を付ける	coming, hoping など
ie で終わる語は ie を y に替えて -ing を付ける	dying, tying など
「短母音字＋子音字」で終わる語で、最後にアクセントがある語は子音字を重ねて -ing を付ける	sitting, permitting など

2 名詞を修飾する現在分詞

> **演習題 29**
>
> 次の各文中の -ing 形に注意し、その具体的働きを明らかにした上で和訳しなさい。
>
> 1. A drowning man will catch at a straw.
> 2. A rolling stone gathers no moss.
> 3. Look at the baby sleeping in the cradle.
> 4. People living in large towns do not know the pleasures of country life.

1. A drowning man will catch at a straw.

drowning は「おぼれ死ぬ」を意味する drown の現在分詞です。単に「おぼれる」という場合には drown とは言わず、be nearly drowned で表します。

a drowning man という語順は「a ＋形容詞＋名詞」という語順を連想させるので、drowning は man を修飾している形容詞であると見ることができます。

従って drowning man は「おぼれ死にしかかっている人」と意味を取ることができます。

このように現在分詞が名詞の前に置かれていて、形容詞の働きをして名詞を修飾する場合には「～している」と訳すのが基本になります。進行形を連想する訳し方ですが、be 動詞がないので進行形という言葉を口にしてはいけません。

この文は諺です。「おぼれる者、わらをも掴む」と訳しています。わらのような頼りない物に向かっても手を伸ばそうとするというのが will catch at a straw で表現されているのです。この will は単純未来ではなく、習性を表す will の用法です。

【答】 drowning が現在分詞。drowning は man を修飾する形容詞の働きをしています。「おぼれている人はわらをも掴もうとする」

2. A rolling stone gathers no moss.

roll は「転がる、転がって進む」の意味です。rolling は stone を修飾する現在分詞と見ることができますね。従って a rolling stone は「転がって進んでいる石」と取ることができます。

gather は「集める」の意の完他です。他目が no moss という否定語付きの名詞です。「no moss を gather する」ということは「moss を gather しない」ということです。

実はこの A rolling stone gathers no moss. の文も諺で、「転石苔むさず」と訳しています。「職を頻繁に変える人は成功しない」の意味で、我が国では昔から使われてきた諺ですが、近年は逆に「活発に働く人は常に清新である」という意味を持つようになっています。

【答】 rolling が現在分詞です。rolling は stone を修飾する形容詞の働きをしています。「転がっている石は苔を生じない」

3. Look at the baby sleeping in the cradle.

動詞 look で始まっているので命令文だということが分かります。look at ～はもちろん「～を見る」です。

at が前置詞ですから、その前目は何かと問われたら the baby です、と答えるのではなく、the baby sleeping in the cradle と答えるのが正解となります。

そうであるとすると sleeping in the cradle が後ろから baby を修飾しているようにまとめて訳すことになります。

the baby sleeping in the cradle は「ゆりかごで眠っている赤ん坊」ということになります。これが正解なのですが、ここでも sleeping という現在分詞は baby という名詞を後ろから修飾している働きをしています。

a drowning man や a rolling stone の場合には現在分詞 drowning や rolling はそれぞれ名詞 man と stone の前に置かれていて名詞を修飾

しています。ところが the baby sleeping in the cradle の場合には現在分詞 sleeping は後ろから名詞 baby を修飾しています。

この違いはどこから来るのかお分かりでしょうか。名詞を修飾する現在分詞はどういう場合に名詞の前に置くのか、後ろに置くのかという問題です。答は次のようになります。

現在分詞と名詞の位置関係

◆現在分詞が**単独**の場合　**名詞の前**に置く
　　a *drowning* man　　a *rolling* stone
◆現在分詞が**単独ではない**場合　**名詞の後ろ**に置く
　　（現在分詞が目的語、補語、修飾語句を伴う場合）
　　the baby *sleeping in the cradle*
　　（sleeping は in the cradle という副詞句を伴っている）

【答】　sleeping が現在分詞。sleeping は後ろから baby を修飾する形容詞の働きをしています。「ゆりかごで眠っている赤ん坊をご覧なさい」

4. People living in large towns do not know the pleasures of country life.

現在分詞に集中して学修を進めていますが、前置詞が二つ出ていますので、「前置詞をめぐる五項目」（224 ページ参照）を復習してみましょう。
1　in が前置詞です。
2　その前目は large towns です。
3　従って in が作り出す句は in large towns です。
4　in large towns は live を修飾しています。
5　in large towns を live にかけた訳は「大都会に住む」になります。
　ここで注意したいのは4の部分ですが、in large towns は living にかかっているのではなく、live にかかっているとしている点です。
　in large towns は living にかかっているとしても間違いではありませ

んが、live にかかっているとする方がすっきりすることが多いのです。live にかかっているとすれば、かけた訳は「大都会に住む」と言えます。「住む」という動詞の終止形にかけるのですから in large towns が副詞句ということもはっきりしますね。

live に比べると living というやや曖昧なものにかけると訳まで「大都会に住んでいる」と言わざるを得なくなります。単語としては living にかかってはいるものの、living の内の -ing を切り落とした live の部分にかかっているというのが正しいのです。

つまり live in large towns という語句が存在していて、これを現在分詞化したのが living in large towns であると考えるのが合理的なのです。

living が in large towns を抱えているのではなく、元々 in large towns という副詞句を抱えている live が現在分詞となったのが living in large towns なのです。

この living in large towns は後ろから People を修飾していると見れば、かけた訳は「大都会に住んでいる人々」となります。

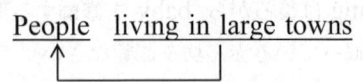

People　living in large towns
　↑_____|

問題文を文の構成要素で切ると次のようになります。

<u>People living in large towns</u>　<u>do not know</u>　<u>the pleasures of</u>
　　　　　S　　　　　　　　　　　　V　　　　　　　　O

<u>country life</u>.　← O の続き

【答】 living が現在分詞です。living は in large towns という副詞句を伴って後ろから People を修飾する形容詞の働きをしています。「大都会に住んでいる人々は田舎の生活の楽しみを知らない」

3 補語として働く現在分詞

> **演習題 30**
>
> 次の各文中の -ing 形に注意し、その具体的働きを明らかにした上で和訳しなさい。
>
> 1. The boy came running towards us.
> 2. We sat talking for a while.
> 3. I watched white clouds floating across the sky.
> 4. Don't keep your visitor waiting long at the door.

1. The boy came running towards us.

running が現在分詞です。towards は「～に向かって」の意の前置詞です。これだけの語数でいずれも平易な単語ばかりですから文意を取るのも簡単ですね。「少年は私たちに向かって走ってきた」が得られます。

この文での running という現在分詞の働きは何でしょうか。boy を修飾しているわけではないようです。進行形のような含みはありますが、be 動詞がありませんから進行形と口にしてはいけません。

この文を文の要素で区切ってみましょう。

<u>The boy</u>　<u>came</u>　<u>running towards us</u>.
　　S　　　V　　　　　C

running towards us の部分は主語の状態を示している自補だということがお分かりでしょうか。

SとCはイコール関係があります。S ＝ C が常に成立するということです。これを検証してみましょう。

イコールは be 動詞ですから、S である The boy と、C である running towards us を be 動詞で繋いだ文を作ってみましょう。

The boy was running towards us.

が得られました。今度は進行形なので「少年は私たちに向かって走っていた」が文意です。述語動詞の came と was の違いこそありますが、二つ

の文が表している状況はさして変わってはいませんね。S＝C が成立したと見ることができます。

だから running towards us は自補ということになり、running は自補に用いられた現在分詞ということになります。

【答】 running が現在分詞。running は came の自補として用いられています。「少年は私たちに向かって走ってきた」

2. We sat talking for a while.

for a while は「しばらくの間」の意の副詞句です。while は名詞で「短い時間」を意味します。

for a while は talk を修飾する副詞句と見ることができますね。for a while は talking を修飾しているのではなく、talk を修飾していると言うようにしてください。talk for a while で「しばらくの間話す」という意味ですが、これを現在分詞化したのが talking for a while です。

この文においても述語動詞 sat に代えて were を使って

We were talking for a while.

という文を作り出すことができます。つまり、talking for a while は主語である We の状態を述べる語句で自補として用いられている現在分詞だったのです。

We sat talking for a while.
S　V　　C

私たちは少しの間、話をしていたのですが、立ったまま話していたのか、座って話をしていたのかをはっきりさせているのがこの文なのです。もし立ち話をしていたのであれば

We stood talking for a while.

となったはずです。

【答】 talking が現在分詞。talking は sat の自補として用いられています。「私たちは座ってしばらくの間、話をしていた」

3. I watched white clouds floating across the sky.

watch は「じっと見る、見守る」の意味で用いられています。float は「漂う、浮遊する」の意です。

across は前置詞で「～を横切って」の意でよく使われます。across the sky は「空を横切って」の意で float にかかる副詞句と見ることができますね。

ところでこの文では floating が現在分詞ですが、その働きは何でしょうか。float が across the sky という副詞句を抱えているから floating across the sky 全体が後ろから clouds にかかっているのではないか、と捉えている方がいるかもしれませんね。

確かにその考えは一理はあります。かけた訳は「空を横切って漂う雲」という訳語がきれいに誕生しますから。

その場合には、watched が完他で、その他目は white clouds floating across the sky ということに落ち着くわけです。

その流れに沿えば全文訳も「空を横切って漂う白い雲を私は見守った」となります。

これですべてが解決したとなればよいのですが、実は更に分析をして考えなければいけないことが述語動詞 watched をめぐってあるのです。

watch は確かに完他としても使われますが、それ以外に、他目の次に他補を取って「～が…するのを見る」という不完他（不完全他動詞）の用法があるのです。

watch の他目としては white clouds が考えられます。watch white clouds で「白い雲を目にする」というわけです。

そのとき目にした white clouds がどういう状態であるかというと floating across the sky ということになるのです。

white clouds ＝ floating across the sky を文にすれば

White clouds were floating across the sky.

（白い雲が空を横切って漂っていた）

という情景が展開しているのです。

従って問題文は文の要素で切ると次のようになります。

<u>I</u> <u>watched</u> <u>white clouds</u> <u>floating across the sky</u>.
S　　V　　　O　　　　　　C

SVOC の第五文型においては、O を訳したらすぐ追いかけるように C を訳すというのが鉄則です。

この鉄則によって訳は「白い雲が空を横切って漂っているのを私は見守った」が得られます。

O である white clouds を訳したら助詞は「を」ではなく、「が」を付けて、C である floating across the sky の主語であるかのように捉えることもポイントになっています。

この文では watched の他目は white clouds だけであって、white clouds floating across the sky ではないということは次の点からも実証することができます。

問題文を受動態に転換してくださいという注文を付けられたらできるでしょうか。**能動態**とか**受動態**（受身ともいいます）という言葉にまだ不慣れな人も多いと思います。

一口で言うと、ある文中の他目を抜き出して新たな文の主語にして作り出した文が受動態の文です。

I watched white clouds floating across the sky. を受動態の文に転換すると

White clouds were watched floating across the sky.

（白い雲が空を横切って漂っているのが見られた）
となります。

問題文においては white clouds だけが他目であるという事実があるので、white clouds と floating across the sky を分離することで、こういう受身の文が成立するのです。

【答】 floating が現在分詞。floating は watched の他補として用いられています。「白い雲が空を横切って漂っているのを私は見守った」

4. Don't keep your visitor waiting long at the door.

　your visitor は「あなたを訪ねてきた人、あなたの客」の意であることは分かりますね。

　waiting という現在分詞は wait という原形に戻してみるといろいろなことが見えてきます。wait long は「長く待つ」ですね。ついでに言えば wait at the door は「戸口で待つ」です。

　waiting long at the door が現在分詞を含む句であることが分かりますね。この句が後ろから visitor にかかっているか否かは何によって決まるのでしょうか。

　もうお分かりになりましたね。述語動詞 keep をどう見るか次第なのです。keep は他目と他補を伴って「～を…の状態にしておく」という使い方が多い動詞です。次の文例を見てください。

　We must keep our body clean.
　（体を清潔に保たねばならない）

　our body が他目で clean が他補であり、keep が不完他であることが分かります。もう一例挙げましょう。

　We kept the stove burning.
　（ストーブを付けっぱなしにしておいた）

　the stove が他目で、burning という現在分詞が他補になっています。

　問題文では your visitor が他目で、your visitor を waiting long at the door の状態にしておくというのが、ここでの keep なのです。

　waiting long at the door が your visitor とイコール関係を示している他補ということになります。

　文の要素で切ると次のようになります。

<u>Don't keep</u>　<u>your visitor</u>　<u>waiting long at the door</u>.
　　　　V　　　　　O　　　　　　　　C

【答】waiting が現在分詞。waiting は keep の他補として働いています。
「お客を長時間戸口で待たせるな」

4　分詞構文を作る現在分詞

演習題 31

次の各文中の -ing 形に注意して和訳しなさい。
1. Seeing me, he raised his hand.
2. Feeling sick, I stayed at home.
3. Turning to the left, you will find the station.
4. Admitting what he says, I cannot trust him.

　分詞（主として現在分詞）に導かれた語句が、副詞句となって**主文**を修飾する場合に、分詞に導かれている語句を**分詞構文**といいます。

　分詞構文は文語体なので、くだけた会話文などでは例外はあるもののあまり頻繁には登場しないと考えてください。

1. Seeing me, he raised his hand.

　Seeing me の部分を分詞構文といいます。それに対して he raised his hand の部分を**主文**といいます。

　分詞構文が文頭にある場合には分詞構文を終えたところにコンマを付けるのが普通です。

　分詞構文と主文からできている文は分詞構文から先に訳し、主文を後から訳すのが普通です。

　従って上の文では Seeing me を先に訳します。Seeing me は「私を見て」と訳せば無難に主文と繋がりそうですね。he raised his hand は「彼は手を挙げた」ですから、これと結べば「私を見て彼は手を挙げた」となります。

　Seeing me のような分詞構文は主文に対しては副詞句に当たるものですが、意味を掴んで副詞節に書き換えることもできます。そう考えると Seeing me は When he saw me という副詞節に相当する内容を持っていることが分かりますね。そう考えると Seeing me は**時を表す分詞構文**

ということができます。

【答】 Seeing は現在分詞で Seeing me という分詞構文を作っています。「私を見て彼は手を挙げた」

2. Feeling sick, I stayed at home.

Feeling sick が分詞構文で、I stayed at home が主文だと分かりますね。

feel sick は「気分が悪い」の意味ですから、Feeling sick は「気分が悪くて」と訳せば無難です。

主文との関係を考えて Feeling sick を「気分が悪かったので」と訳しても構いません。そう考えると Feeling sick は**理由を表す分詞構文**ということができます。

Feeling sick を副詞節に書き換えることを試みてください。副詞節にするためには「従属接続詞＋主語＋動詞」の語順が必要です。

理由を表しているとなれば従属接続詞は Because か As を使って全体を書くと

Because I felt sick, I stayed at home.

となります。

【答】 Feeling が現在分詞で、Feeling sick という分詞構文を作っています。「気分が悪かったので私は家にいました」

3. Turning to the left, you will find the station.

Turning to the left が分詞構文です。主文の動詞が will find とあり、未来の助動詞 will が添えられているので、Turning to the left は**条件を表す分詞構文**ではないかと見て「左に曲がると」と訳してみましょう。主文とぴったり繋がりますね。

Turning to the left も副詞節に書き換えてみましょう。条件を表す接続詞はもちろん if です。全体は次のようになります。

If you turn to the left, you will find the station.

【答】 Turning が現在分詞で、Turning to the left という分詞構文を作

っています。「左に曲がると駅が見つかりますよ」

4.　Admitting what he says, I cannot trust him.

　Admitting what he says が分詞構文です。admit は「認める」の意味です。

　what he says の部分をどう取りましたか。what はここでは疑問詞でななくて関係代名詞です。関係代名詞に関しては今後に学修をしますので、その時点で納得できると思いますが今はこの what he says を「彼が言うこと」という意味に取っておいてください。

　trust は「信頼する」という動詞です。

　admit what he says は「彼が言うことを認める」です。admit が完他で、what he says がその他目になっています。

　主文の I cannot trust him は「私は彼を信頼することはできない」ですね。そうすると分詞構文の内容からするとこの両者はどういう接続詞で繋げば日本文は完成するでしょうか。

　「彼が言うことを認めはするけれども、私は彼を信頼することはできない」とするのが順当な繋ぎ方ですね。「〜ではあるけれども」で結びました。**これを譲歩を表す分詞構文**といいます。

　譲歩というのは文法用語ですが、「〜ではあっても」「〜ではあるけれども」「たとえ〜でも」という表現を指していう言葉だと理解しておいてください。譲歩を表す従属接続詞には though と although があります。

　全体を副詞節と主節で表現すると次のようになります。

　Though I admit what he says, I cannot trust him.

【答】Admitting が現在分詞で、Admitting what he says という分詞構文を作っています。「彼の言い分は認めるけれども私は彼を信頼することはできない」

　ここまでのところで、分詞構文の基本となる**時、理由、条件、譲歩**などの分詞構文について学修をしました。次に基本から発展した応用編に当たるものに取り組んで参ります。

演習題 32

次の各文中の -ing 形に注意して和訳しなさい。

1. Having written the letter, I have nothing to do today.
2. The weather permitting, we will go on a picnic.
3. Generally speaking, health is above wealth.

1. Having written the letter, I have nothing to do today.

　文頭の Having written the letter が分詞構文らしい形であることはなんとなく分かりますね。

　でも分詞構文は通常は現在分詞で始まり、Writing the letter なら分かるのですが、Having written the letter となるとこれまでの分詞構文とは違和感があるように思えますね。

　実は Having written the letter は完了形分詞構文といわれるものなのです。現在分詞に代えて「Having ＋過去分詞」の形から始まる分詞構文を**完了形分詞構文**といい、主文の時制より以前のことを表すのに使われます。

　この文では主文が have nothing to do（何もすることがない）という現在時制ですから、それ以前の時を表しているのが Having written the letter です。

　現在時制より以前の時というのは、現在完了または過去です。だからこの分詞構文を副詞節に書き換えるに当たってはそのことに注意して時制を決めることになります。過去を選んでみれば次のようになります。

Because I wrote the letter, I have nothing to do today.

【答】 Having written the letter は完了形分詞構文。「手紙を書いてしまったので今日は私は何もすることがない」

2. The weather permitting, we will go on a picnic.

weather が「天候」、permit が「許す」という意味ですから、The weather permitting の部分には「天候が許す」という意味が潜んでいることは確かですね。

主文が will go on a picnic という未来時制の述部ですからそれを勘案すると The weather permitting は「天候が許すならば」という条件を表しているのではないかと考えられます。

そうなると The weather permitting は分詞構文ではないかと見ることができますが、それにしては現在分詞で始まらずに、しかも permitting に主語のような The weather が付いているのが気になります。

そうなのです。The weather permitting を**主語付き分詞構文**と見ることができるのです。

分詞構文の意味上の主語が、主文の主語と異なるときには、意味上の主語を分詞の前に置いて示します。このような分詞構文を**独立分詞構文**といいます。

The weather permitting の The weather は主文の主語 we とは異なるので permitting の前に置く必要があるのです。

分詞構文を副詞節にして書き換えると全文は次のようになります。

If the weather permits, we will go on a picnic.

【答】 The weather permitting は独立分詞構文。「天候が許すならば私たちはピクニックに出かけます」

3. Generally speaking, health is above wealth.

generally は「一般的に、概して」の意の副詞です。health は「健康」、wealth は「富、財産」です。この二語は語呂が合っているので対(つい)にしてよく使われます。

above は「～の上に、～より高い」の意で使われる前置詞ですが、価値、重要度において上だという意味でも使われます。

Generally speaking の部分を分詞構文と見ることができそうですね。

どう訳したらよいでしょうか。主文との関係も考えなければいけませんから、やはり Generally speaking を副詞節に転換することにしましょう。

Generally speaking を「一般的に言えば」ぐらいの意味に取れば従属接続詞として条件の if を使って

If we speak generally, health is above wealth.

という文が得られます。

ここで副詞節と主節との主語に注意してください。

副詞節中の主語は we ですね。主節の主語は health です。主語が異なる場合には副詞節を分詞構文に直せば、副詞節の主語は分詞構文で意味上の主語として表現されなければいけないはずです。

Generally speaking という分詞構文において主文の主語と異なる we が表現されていないのはどういうわけでしょうか。

これには次のようなルールがあるのです。

独立分詞構文の意味上の主語が「一般の人」である場合には、この主語を省略します。これを**無人称独立分詞構文**といいます。

Generally speaking を副詞節に言い換えると If we speak generally となりますが、この we は「一般の人」を表しているのです。

無人称独立分詞構文には次のようなものがあります。

Strictly speaking, this is different from that.
（厳密に言えば、これとあれとは異なる）
Considering his age, he looks young.
（彼の歳を考えると彼は若く見える）
Judging from the look of the sky, it will rain in the evening.
（空模様から判断すると夕方は雨になるだろう）

上の三例を副詞節に書き換えると

If we speak strictly,

If we consider his age,

If we judge from the look of the sky,

となります。いずれも条件を表す If we … で始めることに注意してくだ

さい。we は特定の人ではなく、一般の人を表していることが共通しています。

【答】 Generally speaking は無人称独立分詞構文。「概して言えば健康は富に勝る」

用語解説 12 （五十音順）

意味上の主語 297 ページ参照

Ing-Form 310 ページ参照

受　身 69, 70 ページ「受動態」参照

往来発着を表す動詞 go, come, start, leave, arrive, return などの動詞をまとめて往来発着を表す動詞ということがある。

完了形分詞構文 「having ＋過去分詞」の形の分詞構文を完了形分詞構文という。完了形分詞構文は主文の述語動詞の時制よりも前の時を表す。すなわち、主文の述語動詞が現在時制であれば完了形分詞構文は現在完了または過去時制を意味し、主文の述語動詞が過去時制であれば完了形分詞構文は過去完了時制を意味する。

近接未来 ごく近い未来をいう語。

自　補 218 ページ参照

主語付き分詞構文 分詞構文は分詞を冒頭にして始まるのが普通であるが、分詞の前にその主語に当たる名詞・代名詞が置かれることがある。これを主語付き分詞構文という。

受動態 70 ページ参照

主　文 分詞構文と対(つい)になる部分をいう語。分詞構文を副詞節に書き換えると、主文はそのまま主節になる。

条件を表す分詞構文 「～すれば」を意味する分詞構文をいう。副詞節に転換するときには接続詞 if を使う。

譲歩を表す分詞構文 「～するけれども」を意味する分詞構文をいう。副詞節に転換するときには接続詞 though か although を使う。

他　補　219 ページ参照

動名詞　219 ページ参照

時を表す分詞構文　「〜した時に」を意味する分詞構文をいう。副詞節に転換するときには接続詞 when, while を使う。

独立分詞構文　分詞構文の意味上の主語が、主文の主語と異なるときには、意味上の主語を分詞の前に置いて示す。このような分詞構文を独立分詞構文という。

反復する習性・習慣　現在進行中の動作ではなくても、反復する習性・習慣を表すのに現在進行形を使うことがある。The girl is always smiling. がこの例であるが、always や all the time などの語句を伴うのが普通である。

分詞構文　311 ページ参照

補　語　37 ページ参照

無人称独立分詞構文　独立分詞構文の意味上の主語が「一般の人」である場合には、この主語を表現しないで済ませてしまう。これを無人称独立分詞構文という。

理由を表す分詞構文　「〜なので」を意味する分詞構文をいう。副詞節に転換するときには接続詞 as, because を使う。

第13講　過去分詞の征服

　現在分詞の用法の学修を一通り終えたところで次は過去分詞の用法に移ります。古谷メソッドでは過去分詞に関しては次のように歌っています。

> *古谷メソッド 原則歌 9*
>
> **過去分詞が過去と同形の動詞あり、まず区別せよ、過去か過分か**

　動詞の活用変化では規則動詞の場合には、過去形と過去分詞形は、原形に -ed を付けるので同形ですが、不規則動詞の場合でも keep - kept - kept や catch - caught - caught のように、過去と過去分詞が同形のものが以外に多いのです。
　このように同形の動詞のどちらかが文中に出てきたら過去形なのか、過去分詞形なのかを区別することが大事だと言っているのです。
　過去分詞の用法に関しては次のように歌っています。

> *古谷メソッド 原則歌 10*
>
> **過分なら完了形に形容詞、受身をつくり、希に分構**

　ここでは過去分詞の用法を完了形、形容詞、受動態、分詞構文の四つだと言っています。「希に分構」とあるのは、現在分詞の場合と違って、過去分詞が作り出す分詞構文は登場することが少ないと言っています。
　現在分詞の場合と同じく、形容詞用法を、名詞を修飾する場合と、補語として用いられる場合とに分けると過去分詞の用法は次の五つになります。
　① 完了形を作る用法　② 受動態を作る用法　③ 名詞を修飾する形容詞用法　④ 補語（自補・他補）としての用法　⑤ 分詞構文を作る用法
　この五つの用法について順番に学修を進めていきます。

1　完了形を作る過去分詞

演習題 33

次の各文中の過去分詞に注意して和訳しなさい。

1. I have just finished my breakfast.
2. Have you ever seen a living whale?
3. How long have you been here?
4. Everything has gone with the wind.

---

1. I have just finished my breakfast.

「have ＋過去分詞」を現在完了ということは知っていますね。just を加えた「have just ＋過去分詞」は「ちょうど～したところである」という**動作の完了**を意味します。

「have ＋過去分詞」に just, yet, already などの副詞が加わっている現在完了は動作の完了を表していることがはっきりしています。

Have you read this novel *yet*?

（この小説をもう読んでしまいましたか）

I have written five letters *already*.

（私は五通の手紙をもう書いてしまった）

【答】 finished が過去分詞。have finished で現在完了を作っています。「私は朝食をたった今済ませたところです」

2. Have you ever seen a living whale?

疑問文になっているので Have と過去分詞 seen が離れていますが現在完了を作っていることは確かです。

「Have you ever ＋過去分詞」は「今までに～したことがありますか」という**現在までの経験**の有無をきく現在完了です。

ever（かつて、これまでに）、never（決して～ない）、once（一度、かつて）、before（以前に）、often（しばしば）などの副詞を伴っている現在

完了は現在までの経験を表します。

How often have you climbed Mt. Fuji?
(富士山に何回登ったことがありますか)

【答】 seen が過去分詞。Have seen で現在完了を作っています。「生きているクジラをこれまでに見たことがありますか」

3. How long have you been here?

「have ＋過去分詞」が「今まで（ずっと）〜している」を意味することがあります。これは現在完了が**現在までの状態の継続**を表す用法です。

この用法では for 〜（〜の間）、since 〜（〜以来) を添えたり、How long 〜？の形でよく用いられます。

I haven't seen him for three years. (私は彼に三年間会っていません)
I have known her since I was a little boy.
(私は子供の頃から彼女を知っている)

【答】 been が過去分詞。have been で現在完了を作っています。「あなたはここにどれくらいいましたか」

4. Everything has gone with the wind.

has gone が現在完了です。with the wind は「風と共に」です。

「風と共に」と聞くと誰もが、アメリカのマーガレット・ミッチェルという作家の作品 *Gone With the Wind* を連想しますね。「風と共に去りぬ」です。

この現在完了が表している意味は何でしょうか。動作の完了であれば「たった今行ってしまった」ということになります。

どうもそうではないようですね。「風と共に行ってしまって、その結果、現在は何も残っていない」ということを表しています。

「have ＋過去分詞」が、過去に完了した事柄が現在に及ぼしている影響や結果を表すときに**結果を表す現在完了**といいます。

【答】 gone が過去分詞。have gone で現在完了を作っています。「何もかもが風と共に去ってしまった」

2 受動態を作る過去分詞

演習題 34

次の各文中の過去分詞に注意して和訳しなさい。

1. America was discovered by Columbus in 1492.
2. This bay is called New York Harbor.
3. Five people were injured in the accident.
4. The gate was shut when I saw it, but I don't know when it was shut.

---

1. America was discovered by Columbus in 1492.

「be ＋過去分詞」が**受動態（受身）**であることは知っていますね。be 動詞と組み合わさって受身を作るというのは過去分詞の用法の一つです。

受身は日本語では通常、「～される」で表現されます。日本語文法での受身の助動詞は「れる」「られる」だと言われていますね。

従って was discovered の部分は「発見された」と訳すことになります。

態の転換という言葉を聞いたことがありますか。「能動態」→「受動態」、「受動態」→「能動態」への書き換えを意味します。

問題文は当然ながら受動態です。これを能動態にすると次の文が得られます。

<u>Columbus</u>　<u>discovered</u>　<u>America</u>　<u>in 1492</u>.
　　S　　　　　V　　　　　O　　　　M

これは典型的な第三文型ですね。能動態の文から受動態を作る基本手順は次のようになります。

① 能動態の文の O を受動態の文の S にします。人称代名詞の場合には**格変化**に注意します。

② 述語動詞を「be ＋過去分詞」の形にします。その際に be 動詞の時制は能動態の文の時制に合わせます。また主語の数にも注意します。

③ 能動態の文の S に前置詞 by を付けて原則として文末に置きます。

人称代名詞であれば by の後では目的格になります。

【答】 discovered が過去分詞。was discovered で受動態を作っています。「アメリカは 1492 年にコロンブスによって発見された」

2. This bay is called New York Harbor.

　is called が「be ＋過去分詞」の受動態です。is called の訳は「呼ばれる」または「呼ばれている」です。

　この受動態の文も能動態に直してみましょう。取り敢えず主語を置かなければいけませんね。

　この文は受動態であるにもかかわらず、行為者を示す副詞句の by ～が表現されていませんね。これは本来ならばあるべき by ～が省略されているからです。

　受動態の文では by ～によって表される行為者が示されていない場合がこのように結構多いものです。

　ここでは、この湾を誰が New York Harbor と呼んでいるかを考えればよいのです。

　この湾の周辺に住んでいる人々と考えてもよいし、もっと広く一般の人々を考えてもよいでしょう。そういう点では**一般の人**を表す we を使うのが無難です。

　is called を能動態にすればもちろん call です。We call としてその次に受動態の主語 This bay を call の他目として入れます。

　call には「～を…と呼ぶ」という不完他（不完全他動詞）の使い方があるのですが New York Harbor が「…」の部分に当たる他補になっています。

　従って call の直後に他目 this bay を入れ、その後に他補の New York Harbor を入れることで能動態の文ができあがります。this bay と New York Harbor を入れる順番を確認する必要があります。

　<u>We</u>　<u>call</u>　<u>this bay</u>　<u>New York Harbor.</u>
　　S　　V　　O　　　　C

【答】 called が過去分詞。is called で受動態を作っています。「この湾はニューヨーク港と呼ばれています」

3. Five people were injured in the accident.

were injured が「be ＋過去分詞」の受動態です。原形の injure は「傷つける、負傷させる」の意ですから were injured は「負傷させられた」が直訳ですが、日本語としてこなれた表現にすれば「負傷した」となります。

この受動態の文も行為者を示すはずである副詞句 by ～は表現されていません。

この文を能動態に書き換えるとしたら主語は何になるでしょうか Five people を injure させた行為者に当たるものは一体何なのでしょうか。誰が Five people を負傷させたのでしょうか。これは特定することはできないようですね。

事故は予測なしに起きるものです。好きこのんで他人を負傷させようとすることはない中で事故が起きてしまったと考えれば行為者を特定することはできませんね。

そういう意味でこの文を能動態に書き換えることは元々が無理で、受動態の文では行為者のことなど最初から表現するなど考えていないことが多いのです。行為者を示す必要があれば最初から能動態で表現しています。

by ～の句による行為者が示されていない受動態の文が多いということはこういう事情からも来ています。

【答】 injured が過去分詞。were injured で受動態を作っています。「事故で五人が負傷しました」

4. The gate was shut when I saw it, but I don't know when it was shut.

この文には was shut という「be ＋過去分詞」の受動態が二回出てきています。この二つの was shut は同じ訳し方でよいでしょうか。同じ性格

のものかどうかを考えてみてください。それがこの問題文の大事なポイントになっています。

　この一文は前半部と後半部が but という等位接続詞によって結ばれています。

　前半部 The gate was shut when I saw it をまず訳してみましょう。when I saw it は「私がそれ (the gate) を見たときに」の意です。この副詞節を先に訳して、その後に追いかけるように The gate was shut という主節を訳します。

　この The gate was shut の訳は「門は閉められた」でしょうか。それとも「門は閉められていた」でしょうか。

　先程の when I saw it と結んで意味を取るためには後者の「門は閉められていた」がよいことは分かりますね。

　「門は閉められた」ではなく、「門は閉められていた」というのは状態を表す受動態なので**状態受動**といいます。

　では後半の I don't know when it was shut の訳を考えることにしましょう。

　最初に when it was shut の訳はどうなりましたか。これを先程の when I saw it の場合と同じように「それが閉められたときに」と副詞節に訳してしまってよいでしょうか。

　when it was shut を「それが閉められたときに」と訳して I don't know と結ぶと、「それが閉められたときに私は知りません」という訳文ができます。

　この訳文では何か曖昧ではっきりしないところがありますね。「知りません」とありますが、何を知らないのかが表現されていないのです。

　英文に戻れば、know は動詞の種類は完他 (完全他動詞) であると推測できるのに、残念ながらその目的語を正しく捉えて訳していないということになります。

　これは when it was shut を副詞節に訳したのが間違いの元になっていたのであり、when を疑問詞にとって、「何時、閉められたのか」と訳すべ

きであったのです。

　この when は「何時（いつ）」という疑問副詞です。When was it shut? であれば純粋な疑問文といえますが、この when it was shut はこれを**間接疑問文**にしたもので、これが know の他目として用いられているのです。間接疑問文はすべて名詞節であるということを知っておいてください。

　けっきょく、後半の I don't know when it was shut は「それが何時、閉められたのかを私は知りません」となります。

　ここで注意してください。前半部の was shut が「閉められていた」という状態を表しているのに対して、後半部の was shut は「閉められていた」ではなく、「閉められた」ですね。これは状態ではなく、「閉められる」という動作を表しているので**動作受動**といいます。

　受動態を**動作受動**と**状態受動**という言葉で区別することがありますので理解しておいてください。

【答】shut が二度出てきていますが、いずれも過去分詞です。いずれも was shut で受動態を作っています。最初の was shut は状態受動で、二つ目の was shut は動作受動です。「門は私が見たとき、閉められていたが、何時、閉められたのか私は知りません」

　先程、**間接疑問文**という言葉が出てきましたが、腑に落ちなかった方がいると思われますので説明を加えておきます。

　「その詩人は何処に住んでいるのですか」を英語にすれば

　Where does the poet live?

です。今度は「その詩人が何処に住んでいるか、あなたは知っていますか」を英語にすれば

　Do you know where the poet lives?

となります。

　最初の疑問文の Where does the poet live? が二つ目の文では *where the poet lives* に圧縮された形になっています。このように文中に疑問詞で始まる名詞節があれば、これを間接疑問文ということがあります。

3　名詞を修飾する過去分詞

> **演習題 35**
>
> 次の各文中の過去分詞に注意して和訳しなさい。
>
> 1. Heated air goes up.
> 2. I like mashed potato.
> 3. The watch given by my uncle keeps good time.
> 4. No bread eaten by a man is so sweet as that earned by his own labor.

1. Heated air goes up.

Heated が heat の過去分詞です。この過去分詞はどういう働きをしているのかを考えるとき、主語である名詞 air を修飾している以外には考えようがありませんね。

何故かと言えば、この文の述語動詞は goes で、その主語は Heated air と見るのが順当ですから、Heated air の構造は「形容詞＋名詞」としか考えられないからです。

heat は名詞としては「熱、暑さ」ですが、動詞としては「熱する」の意味を持っています。従って heated air は「熱せられた空気」ということになります。

Heated air の訳語を「熱せられた空気」としましたが、heat は「熱する」であるのに、heated は「熱せられた」と受身を連想させるように訳すのはどうしてなのかお分かりでしょうか。

一般的に過去分詞が形容詞として働くときには受身（受動態）の意味が込められることが多いのです。

sleeping baby であれば「眠っている赤ん坊」と訳しますね。現在分詞の場合には「眠っている」というように、「～している」という進行形を連想させる訳語が使われます。

過去分詞の場合には「～される」という受動の意味が入るということを承知しておいてください。

【答】 Heated が過去分詞。Heated は air を修飾する形容詞の働きをしています。「熱せられた空気は上昇する」

2. I like mashed potato.

この文は文の要素で切ると次のようになると考えられます。

<u>I</u>　<u>like</u>　<u>mashed potato</u>.
S 　 V 　　　 O

mashed potato が like の他目であるとすると、mashed という過去分詞は potato を修飾している形容詞の働きをしているとしか考えられないということになります。

mash は「（ゆでたジャガイモなど）をすりつぶす」という意味です。そうすると mashed は「すりつぶされた」という受動的な意味を持つことになりますね。

この mashed が potato にかかっていることから mashed potato は「すりつぶされたジャガイモ」ということになります。

ただし「すりつぶされたジャガイモ」は直訳であって、これを意訳して「すりつぶしたジャガイモ」とすることもできます。

どちらを取るにしても mashed が potato にかかっていることは十分に理解できますね。

【答】 mashed が過去分詞。mashed は potato を修飾する形容詞の働きをしています。「私はすりつぶしたジャガイモが好きです」

3. The watch given by my uncle keeps good time.

この文も文の要素で切ってみましょう。given は過去分詞ですから、これが単独で述語動詞になることはありません。keeps を述語動詞にせざるを得ませんから次の区切りが得られます。

<u>The watch given by my uncle</u>　<u>keeps</u>　<u>good time</u>.
　　　　　　S　　　　　　　　　　　V　　　　 O

第13講　過去分詞の征服　343

　keeps good time は「よい時間を保つ」が直訳です。意訳すれば「時間が正確である」となります。
　主語の The watch given by my uncle は watch を核とする名詞のかたまりであると分かりますね。
　given は watch を修飾する過去分詞と考えられますね。ただし given は単独で watch にかかっているのではなく、by my uncle と合わせた given by my uncle がかたまりとなって watch にかかっていると考えてください。
　かけた訳は「私のおじさんによって与えられた時計」です。でもこれは直訳です。「私のおじさんがくれた時計」というのがこなれた日本語ですね。これは意訳といえます。
　過去分詞が名詞を修飾するときに、heated air と mashed potato の場合には heated と mashed という過去分詞はそれぞれ前から air と potato にかかっています。
　それに対して given by my uncle は watch の後ろに置かれて watch を修飾しています。
　過去分詞が名詞を修飾する場合に、名詞の前に置くか、後ろに置くかの区別は分かりますか。
　これは現在分詞の場合と同じで、過去分詞が単独であれば名詞の前に置き、単独ではなく目的語や補語や修飾語句を抱えているときは名詞の後ろに置かれます。
　heated や mashed は単独の過去分詞なので前方から、given は by my uncle という副詞句を抱えていることで後方から名詞を修飾しているのです。
　なお given by my uncle という語句は形の上からも、意味の上からも受動態を連想させますね。でもここには be 動詞がありませんから、受動的ではあっても受動態という言葉を使うのは厳禁とすることにしましょう。
　【答】given が過去分詞。given は watch を修飾する形容詞の働きをしています。「おじさんがくれた時計は時間が正確である」

4. No bread eaten by a man is so sweet as that earned by his own labor.

突然に難しい文が出てきたな、と誰もが思ったことでしょう。確かにこれまでの文とはレベルが違います。でもここで挫けずに分析研究を施してみましょう。

まず過去分詞のところをしっかり押さえてみましょう。

eaten by a man は単独ではない過去分詞がかたまりとして後ろから bread を修飾しているということを確認しておきます。

かけた訳としては直訳は「人によって食べられるパン」となります。意訳すれば「人が食べるパン」です。こういう**直訳 → 意訳**も自由自在にできるようにしてください。

ここでは bread に No という否定語が付いていることが理解を妨げている要因になっています。

もう一つの過去分詞は earned ですね。earn は「～を働いて得る」という他動詞です。

この過去分詞も単独ではなく by his own labor という副詞句を抱え込んでいることで、earned by his own labor がかたまりとして後ろから that にかかっています。

that は代名詞で bread を受けています。従って that earned by his own labor は直訳すれば「自分の労働によって得られたパン」となります。意訳すれば「自分で働いて得たパン」です。

次に is so sweet as that earned by his own labor の部分の意味を考えることにしましょう。

形容詞を用いての比較表現の一種ですが、as ～ as …を**同等比較**といって「…ほど～」「…と同じくらい～」と訳すことを知っている方も多いでしょう。

ただし、現在登場しているのは as ～ as …ではなく、so ～ as …です。これは主語に No という否定語が付いて全体が否定文になったからです。

次の文を訳してみましょう。

No metal is so precious as gold.
（金ほど値打ちのある金属はない）
No fruit is so sweet as a mango.
（マンゴーほど美味しい果物はない）
　上の二つの文からお分かりだと思いますが No … is so ～ as --- の訳は「---ほど～な…はない」です。No の次には単数名詞が入ります。is に代えて一般動詞が来ることもあります。
No bird flies so fast as a swallow.
（燕ほど速く飛ぶ鳥はいない）
「No ＋名詞」の代わりに Nothing を主語にすることもできます。
Nothing is so pleasant as baseball.
（野球ほど楽しいものはない）
Nothing is so nourishing as milk.
（牛乳ほど滋養に富むものはない）
　Nothing にせよ、「No ＋名詞」にせよ、否定語を主語にして始まる同等比較の文の訳し方に習熟してください。
　ここで問題文に戻って全文訳を作ってみましょう。
　主語に付いている否定語 No を除いた bread eaten by a man は「人が食べるパン」の意ですが、これは単に bread といえばよいところを重々しく bread eaten by a man と言ったに過ぎないのです。主語は No bread だけだと思って訳して構いません。
　sweet の訳は「美味しい」です。
　that earned by his own labor が同等比較の構文「so ～ as …」の「…」の位置に入ったものです。「自分の働きによって得たパン」という意訳をはめ込んでください。
【答】 eaten が過去分詞。eaten は bread を修飾する形容詞の働きをしています。earned が過去分詞。earned は that を修飾する形容詞の働きをしています。「人が食べるパンで、自分が働いて得たパンほど美味しいパンはない」

4 補語として働く過去分詞

> **演習題 36**
>
> 次の各文中の過去分詞に注意して和訳しなさい。
> 1. The door remained closed.
> 2. All the girls seemed surprised at the news.
> 3. I saw the boy carried away to the hospital.
> 4. At that time I heard the national anthem sung in English.

1. The door remained closed.

remain には「残る、留まる」と「〜のままである」の二つの意味があります。前者は完自（完全自動詞）で、後者は不完自（不完全自動詞）で「〜」の位置に自補が入る用法です。ここではこの後者になっていることは分かりますね。

closed が close（閉める）の過去分詞です。closed が名詞を修飾しているのではないことは分かりますね。不完自である remained の自補として働いている過去分詞ということになります。

The door　remained　closed.
　S　　　　V　　　　C

自補の定義は「主語の性状（性質・状態）を述べる名詞・形容詞」です。それに従えば、closed は主語である The door が開いていたのか、閉められていたのかという状態を述べる形容詞に相当する働きをしています。

過去分詞は補語として用いられる場合でも受身的意味を持っているので「閉められて」という含みがあるのです。

SVC の第二文型においては S ＝ C が常に成立するというのがありましたね。それをここで適用してみましょう。イコールは be 動詞ですから

The door was closed.

となります。この文は動作受動でいえば「ドアは閉められた」です。状態受動でいえば「ドアは閉められていた」となります。

The door remained closed. は**状態受動**に通じる文といえますね。remain が「～のままである」という継続状態を意味するからです。

【答】 closed が過去分詞。closed は remained の自補として働いています。「ドアは閉められたままであった」

2. All the girls seemed surprised at the news.

seem は「～らしい、～のように見える」の意の不完自（不完全自動詞）であることは知っていますね。

surprised が過去分詞で seemed の自補になっています。ただし surprised 一語が自補なのではなく、surprised at the news 全体が seemed の自補になっていると考えます。

surprised at the news は All the girls の、その時の状態を示している語句といえます。

<u>All the girls</u>　<u>seemed</u>　<u>surprised at the news</u>.
　　S　　　　　V　　　　　C

surprised の原形 surprise は「～を驚かす」という完他（完全他動詞）です。「驚く」は be surprised という受動態で表現します。

be surprised の直訳は「驚かされる」ですが、こなれた日本語にすれば「驚く」です。「驚く」は英語では何ですか、と問われて、うっかりにせよ surprise です、と言ってはいけません。surprise はあくまでも「（だれだれ）を驚かす」という完他であることを忘れないようにしてください。

surprise と be surprised の関係、訳し方には注意してください。従って surprised という過去分詞も「驚かされる」→「驚く」という受身的な意味を持っていて seemed の自補になっています。

この文も SVC の第二文型ですが、S ＝ C を実証するために seemed の代わりに be 動詞を使った文を作ると

All the girls were surprised at the news.

となりますが、これは受動態そのものの文になります。

【答】 surprised が過去分詞。surprised は seemed の自補として働いています。「少女たち全員が驚いているように見えた」

3. I saw the boy carried away to the hospital.

the boy は saw の他目と見ることは順当ですね。boy の後の carried が過去分詞ですが、この carried は boy を修飾しているのではないかという見方があるかもしれません。carried away to the hospital 全体が後ろから boy にかかると見て、「病院へ運ばれた少年」と訳す見方です。

前後関係が何もなく、the boy carried away to the hospital だけが存在しているのであれば確かにそう訳すのが順当です。

ここでは boy を他目とする saw という動詞の性格が問題になります。see が完他であれば「～を見る」でよいのですが、see は不完他としてもよく用いられ、その場合には「～が…であるのを見る」となります。

ここでは the boy が他目ですが、carried away to the hospital が「…」の部分に当たり、他補として用いられているのです。

I　saw　the boy　carried away to the hospital.
S　V　　O　　　　　C

他補として働いていても過去分詞は受動的な意味を持ちますから carried は「運ばれる」という含みがあるのです。

他補は他目の性状を述べるものですから、他目である the boy が病院へ運ばれている状態にあることを意味しています。

the boy は過去分詞 carried の意味上の主語に当たるものであり、「少年が病院へ運ばれる」ということになります。

SVOC の第五文型においては O ＝ C が成立しますから、イコールの位置に be 動詞を入れると

The boy was carried away to the hospital.

という文ができあがります。これは純粋な受動態の文といえます。

SVOC の形で用いられる受動態 see, hear, feel などを**感覚動詞**という

ことがあります。その場合、他補として、原形動詞、現在分詞、過去分詞を取ることが多いということを心得ておいてください。

$$\left.\begin{array}{l}\text{see}\\\text{hear}\\\text{feel}\end{array}\right\} + 目的語 + \left\{\begin{array}{l}\text{原形動詞}\\\text{現在分詞}\\\text{過去分詞}\end{array}\right.$$

I felt the ground *shake* under my feet.
(私は地面が足元で揺れるのを感じた)

We saw lots of birds *flying* towards the north.
(たくさんの鳥が北に向かって飛んでいるのが見えた)

I heard my name *called* suddenly.
(私の名が突然呼ばれるのを聞いた)

【答】 carried が過去分詞。carried は saw の他補として働いています。「少年が病院へ運ばれるのを私は見た」

4. At that time I heard the national anthem sung in English.

At that time は「その時」、the national anthem は「国歌」です。heard が感覚動詞として他目と他補を従えている SVOC の第五文型であることは理解できるようになったと思います。

At that time　I　heard　the national anthem　sung in English.
　　M　　　　S　　V　　　　O　　　　　　　　C

「hear ＋目的語＋過去分詞」は「〜が…されるのを聞く」と訳します。sung が過去分詞で受身的な意味を本来持っているからです。

hear の他補が原形動詞、現在分詞、過去分詞の場合のそれぞれの訳し方を示しておきましょう。

hear ＋目的語＋原形動詞　　「〜が…するのを聞く」
hear ＋目的語＋現在分詞　　「〜が…しているのを聞く」
hear ＋目的語＋過去分詞　　「〜が…されるのを聞く」

【答】 sung が過去分詞。sung は heard の他補として働いています。「その時、私は国歌が英語で歌われるのを耳にした」

5 分詞構文を作る過去分詞

演習題 37

次の各文中の過去分詞に注意して和訳しなさい。
1. Written in plain English, this book is very easy to read.
2. This machine, properly handled, will prove of great use to us.

---

1. Written in plain English, this book is very easy to read.

後半の this book is very easy to read は「この本はとても読みやすい」という意味であることは分かりますね。to read という不定詞は後ろから easy を修飾しています。

そうすると、過去分詞 Written で始まっている前半の Written in plain English は「平易な英語で書かれていて」か「平易な英語で書かれているので」ぐらいの意味ではないかと考えられますね。もちろんそう取ることでよいのです。

現在分詞が作り出す分詞構文の学修を終えているので、Written in plain English が分詞構文で、this book is very easy to read が主文であるという形は理解できますね。

分詞構文は通常、現在分詞で始まることが多いのですが。この Written のように過去分詞で始まるものもあります。

過去分詞で始まる分詞構文の多くの場合、受動態の変形として捉えることができます。Written の前に be 動詞を補って

  Being written in plain English

として見れば「平易な英語で書かれているので」という受身がはっきりするでしょう。この Being が省略されたのが Written in plain English です。

だから Written in plain English を副詞節に言い換えると
Because this book is written in plain English
という理由を表す節になりますが、is written という受動態がはっきりと出てくるのです。

【答】 Written が過去分詞。Written は分詞構文を作る過去分詞として働いています。「平易な英語で書かれているので、この本はとても読みやすい」

2. This machine, properly handled, will prove of great use to us.

最初に単語の意味、用法を明らかにしておきましょう。

machine は「機械」です。machine は will prove の主語としての位置を持っている名詞だということは理解できますね。

properly は「適切に」の意味の副詞です。handled を修飾していると考えられますね。handled の分析は後回しにします。

prove がこの文の述語動詞ですが、prove は大別すると二つの意味を持っています。一つは「〜を証明する」であり、これは完他（完全他動詞）としての用法です。

もう一つは「〜であると分かる」の意で、これは自補を伴う不完自（不完全自動詞）の用法です。

本文の prove はこの二つの用法のうちのどちらでしょうか。それは prove の次の of great use との関係を追求することで明らかになります。

of great use は of という前置詞が作り出している句ですね。前置詞が作り出す句は名詞の働きをすることはありません。つまり of great use は目的語ではないということです。他目にせよ、前目にせよ、目的語は名詞的なものでなければいけないからです。

of great use は very useful の意味で、前置詞が作り出す句が prove の自補になっているのです。prove はここでは不完自として使われているのです。

では最後に handled の分析に移りましょう。原形動詞 handle は「取

り扱う、操作する」の意味で、これは動詞の種類は完他と考えられますね。

では handled は過去形でしょうか。過去分詞でしょうか。この区別はとても大事なことだということはお分かりでしょう。

もし handled が過去形であれば「取り扱った、操作した」という意味を持ちますから、何を取り扱ったのか、何を操作したのかという、その他目が handled の次に置かれていなければいけません。それが見あたりません。

また動詞が過去形の場合には、それと対になる主語が必ず存在しているはずです。ここで言えば、誰が取り扱ったのか、誰が操作したのかということです。

handled が過去形で、その主語は This machine であるという考え方ははたして成立するでしょうか。この機械が何かを取り扱った、あるいは、この機械が何かを操作したというわけです。

常識的には、機械は人によって取り扱われたり、人によって操作されるものですね。

そう考えると、handled は This machine を主語にしてその受動態を作るときに登場する過去分詞を連想させますね。この考え方が正解なのです。

properly handled は「適切に操作されれば」の意味ですが、「操作される」という受身の意味が込められている分詞構文なのです。being properly handled において being が省略されたと見ることができます。

properly handled が分詞構文であるなら、分詞構文らしく文頭に置いてみましょう。

Properly handled, this machine will prove of great use to us.

となります。この形であれば Properly handled が分詞構文であることが最初から分かりますね。

分詞構文というのは文頭に置かれるだけでなく、主語と述語動詞の間に、前後にコンマを付けて挿入のような形で登場することもあるということを心得ておいてください。

properly handled を副詞節に言い換えてみてください。接続詞に何を

使えばよいかという問題がありますね。

　主文が will prove という未来時制になっていますね。そういう場合は分詞構文は条件を表すことが多いのです。接続詞には if を用います。

　This machine, if it is properly handled, will prove of great use to us.

【答】 handled が過去分詞。handled は分詞構文を作っている過去分詞です。「この機械は適切に操作されれば私たちにとても役立つでしょう。」

　過去分詞の勉強を終えたところで、不定詞、分詞、動名詞の用法をすべて学修したことになります。この**不定詞・分詞・動名詞**の三つをまとめて**準動詞**ということがあります。

　準動詞に対する理解度の深さはその人の英語力に比例していると言われます。

　英語が上達するためには動詞関係のものを疎かにしてはいけないというのは常識中の常識です。

　述語動詞を基本に据えて個々の文を分析することが読解の大前提ですが、文中に準動詞が登場してきたら、これまでに学修した成果を発揮して、その個別の用法を百パーセント明らかにするようにしてください。

　準動詞に強くなることで一段と英語に自信が持てるようになることを請け合います。

用語解説 13 (五十音順)

イコール関係 120ページ参照
一般の人々 世間一般の不特定多数の人を指して we, you, they, one などの代名詞で表現することが多い。
意味上の主語 297ページ参照
意 訳 13ページ参照
受 身 70ページ「受動態」参照
格変化 主として人称代名詞、関係代名詞において使われる用語であり、一人称単数においてのⅠ(主格), my (所有格), me (目的格) の変化をいう。一人称複数であれば、we (主格), our (所有格), us (目的格) と変化する。367ページ参照
過去分詞 69ページ参照
感覚動詞 see, hear, feel などの動詞が目的語 (他目) と補語 (他補) の二つの要素を抱えて使われる場合をいう。他補の位置に原形動詞、現在分詞、過去分詞が入ることが多い。その場合、目的語がこれらの準動詞の意味上の主語に相当する。
完 自 120ページ参照
間接疑問文 262ページ参照
完 他 153ページ参照
完了形 「have (has, had) +過去分詞」の形を取り、動作が完了していることをいう。「have (has) +過去分詞」は現在完了。「had +過去分詞」は過去完了。「will have +過去分詞」は未来完了。
規則動詞 153ページ参照
経 験 「have (has) +過去分詞」の形での現在完了の四つの用法の一つで、「(これまでに) ~したことがある」という現在までの

経験を表す場合である。ever, never, once などの副詞を伴いやすい。Have you ever climbed Mt. Fuji?（富士山に登ったことがありますか）

継　続　「have(has)＋過去分詞」の形での現在完了の四つの用法の一つで、「今まで（ずっと）〜している」という現在までの継続する状態をいうのに使われる。継続期間を示すのに for 〜、since 〜などの副詞句を用いることが多い。How long 〜？で現在完了が使われる文も継続を表す例である。

結　果　「have(has)＋過去分詞」の形での現在完了の四つの用法の一つで、「〜した結果、今は…である」という、過去に完了した動作が今に影響を与えている結果に重点を置いていう場合である。

現在完了　70 ページ参照

自　補　218 ページ参照

修　飾　14 ページ参照

述語動詞　36 ページ参照

受動態　70 ページ参照

準動詞　不定詞、分詞、動名詞の三つを一括していう用語。動詞に準ずるものという意味であるが、主語の次に置かれる述語動詞と違って、文中のいたるところに自在に登場してくるものである。

状態受動　「be＋過去分詞」で表現される受動態が動作よりも「〜されている」という状態に重点が置かれている場合をいう。The door is shut. が「ドアが閉められる」ではなく、「ドアが閉められている」という場合である。

他動詞　94 ページ参照

他　補　219 ページ参照

他　目　219 ページ参照

直　訳　15 ページ参照

動作受動　「be ＋過去分詞」で表現される受動態が「～されている」という状態ではなく、「～される」という動作に重点を置いて使われる場合をいう。

動作の完了　「have(has)＋過去分詞」の形での現在完了の四つの用法の一つで、「ちょうど今～したところである」「～し終わったところである」という場合をいう。just, yet, already などの副詞を伴うことが多い。

同等比較　as ～ as …の形で「…と同じくらい～」と比較の程度が同じであることを表現する形式をいう。

能動態　受動態と対になる用語で「S ＋ V ＋ O」の第三文型において、主語が動作の対象（目的語）に働きかけることを示す動詞の様態をいう。

不完自　120 ページ参照

不完他　154 ページ参照

不規則動詞　154 ページ参照

副詞句　71 ページ参照

分詞構文　311 ページ参照

補　語　37 ページ参照

第14講　関係代名詞に強くなろう

　語と語、句と句、節と節、文と文を連結するものは接続詞だということは知っていますね。

　接続詞を代表するものは英語では and, or, but ですね。これらは**等位接続詞**といわれています。

　接続詞のもう一種類は if, while, because などで、これらは**従属接続詞**といわれるものです。

　ところが日本語と違って英語には接続詞のほかに、文と文を連結する大切な働きをするものに**関係代名詞**というものがあります。

　次の二つの文を一つに結ぶ方法を考えてみましょう。

　A river flows through London.
　　（ある川がロンドンを流れています）
　The river is called the Thames.
　　（その川はテムズ川と呼ばれています）
　もし関係代名詞を使ってこの二文を結ぶとなると次のようになります。
　The river which flows through London is called the Thames.

　これは訳せば「ロンドンを流れている川はテムズ川と呼ばれています」とでもなるところです。この訳文の中には、英文の中の which に当たる部分は見当たりません。この which が英語に特有の関係代名詞です。

　この文で分かるように、関係代名詞は代名詞でありながら接続詞としての性格を持つ一人二役の働きをします。このことを理解するのも重要なポイントです。

　関係代名詞に関して古谷メソッドは次のような原則歌を用意しています。

> *古谷メソッド 原則歌 11*
> **関代は先行詞あり、位置を持ち、形容文節を率い立つもの**

「関代」は関係代名詞を短縮したものです。「先行詞あり」は関係代名詞にはそれに先立つ**先行詞**というものがありますよ、と言っています。

「位置を持ち」というのは、関係代名詞といっても代名詞には違いないので**文中の六つの位置**のいずれか一つを持っているということです。

「形容文節」は**形容詞節**のことです。節という語の代わりに文節という方が古谷メソッドらしいのですが、現在の英語教育界の一般用語に従って、**文節**といわずに**節**といっておきます。

「形容文節を率(ひき)い立つもの」は、関係代名詞は形容詞節の先頭にあって形容詞節を導いている、ということを意味しています。

以上のことを、先程の関係代名詞 which を含む英文に照らし合わせて研究してみましょう。

The river which flows through London is called the Thames.

この文では which はもちろん関係代名詞です。その先行詞は river です。先行詞の指摘に当たっては The river と答えても構いませんが、定冠詞を落として簡潔に river だけでよいのです。

which は関係代名詞であっても代名詞であることには変わりはないので文中の位置を持っています。ここでは flows の主語という位置を持っています。

「形容文節を率い立つもの」の解説に移ります。形容詞節は which flows through London です。

形容詞節は通常、関係代名詞から始まって、その関係代名詞が生きている節の終わりまでを指摘します。それがこの文の場合、which から始まって終わりは London です。

形容詞節を正しく指摘することがなぜ大事なのかといいますと、形容詞節を訳して先行詞にかけた訳はそのまま全文訳に利用します。

これが得られたら後は残りの is called the Thames を訳して付け加えるだけです。

「ロンドンを流れる川はテムズ川と呼ばれる」となります。

では関係代名詞をいろいろな角度から徹底的に研究することにします。

1 関係代名詞 who, which, that の用法

> **演習題 38**
>
> 次の各文中の関係代名詞を研究しなさい。
>
> 1. The foreigner whom I met on the train spoke Japanese very well.
> 2. The girl who is feeding sparrows is my niece.
> 3. The book which I have been reading since noon is very interesting.
> 4. The lane that leads to the pond is very slippery.

1. The foreigner whom I met on the train spoke Japanese very well.

徹底的に英文を分析することでいろいろなことの理解を深めることにしましょう。T（先生）とS（学生）が対話を行います。

T： この文には関係代名詞がありますか。
S： はい、あります。whom です。
T： そうですね。では先行詞は何ですか。
S： 先行詞は foreigner です。
T： そうですね。では whom が導く形容詞節を指摘してください。
S： whom が導く形容詞節は whom I met on the train です。
T： では形容詞節を先行詞にかけた訳を言ってください。
S： whom I met on the train を先行詞の foreigner にかけた訳は「私が列車で会った外国人」です。
T： その通りです。ちなみに全文訳をいってください。
S： 全文訳は「<u>私が列車で会った外国人</u>は日本語をとても上手に話した」です。

T： 結構ですね。では whom の文中の位置は何ですか。
S： whom の文中の位置は met の他目です。
T： はい、結構ですね。では最後の質問です。形容詞節を独立した英文にしてください。
S： 形容詞節は whom I met on the train ですから、これを独立した英文にすると I met a foreigner on the train. です。
T： 念のためですが、その文を訳してください。
S： I met a foreigner on the train. の訳は「私はある外国人に列車で出会った」です。

　以上が先生（T）と関係代名詞に強い学生（S）との対話です。これに解説を加えておきましょう。
① 関係代名詞の存在をはっきり認識するために文中の関係代名詞を最初に指摘させています。
② 関係代名詞が通常、先行詞があります。その先行詞を正しく特定することも大事なことです。
③ 関係代名詞は形容詞節を導きます。その形容詞節がどこから始まって、どこで終わっているのかを確認する作業は欠かすことはできません。関係代名詞が形容詞節を導くということは、関係代名詞が先頭に立って節を率いているということです。その節を指摘させているのです。
④ ③で明らかにした形容詞節を先行詞にかけた訳を言わせていますね。形容詞節は形容詞と同じ働きをする節のことですから、形容詞が名詞を修飾するように、形容詞節は先行詞である名詞を修飾します。その修飾した訳をきちんと言わせているのです。
　先生はそこで全文訳を言わせていますが、これは何のためにそこで言わせたかといいますと、形容詞節を先行詞にかけた訳というのは、それを崩すことなく、一字一句そのまま全文訳の中に取り込んで完成させることが大事だからです。全文訳の中で下線が付いている部分がそれに当たります。
⑤ 関係代名詞の**文中の位置**を明らかにさせていましたね。関係代名詞とい

えども代名詞には違いありませんから、文中の位置を持つという点では例外ではありません。この文の中で whom は met の他目として生きているのです。

　関係代名詞の文中の位置を決めるに当たっては、必ず形容詞節の内部において解決を図ります。whom I met on the train の中で決めるということです。met が完他で、whom がその他目になっていることを確認すればよいのです。whom が**目的格**ということも他目を裏付けていますね。

⑥　先生は最後に形容詞節を独立した英文にすることを要求しています。この例でいえば whom I met on the train を独立した英文にするわけです。

　独立した英文というのは、形からいえば、大文字で始まり、ピリオドで終わる文のことです。

　だからといって、まさか Whom I met on the train. とするわけにはいきません。これでは訳すこともできませんし、独立した英文などとはとても言えません。

　whom は先行詞の foreigner を受けていますから、whom の実体は foreigner です。それを met の他目にして I met a foreigner on the train. とすれば出来上がりです。

　なぜ他目を the foreigner としないで a foreigner としたかがお分かりでしょうか。原文では確かに先行詞の foreigner には定冠詞の the が付いています。だからといって I met the foreigner on the train. とした場合には、この訳はどうなりますか。「私はその外国人に列車で出会った」とでもなるでしょう。それはそれでいいのですが、観点を変えて次のように考えてみてください。

　不定冠詞 a を付けた a foreigner を他目とする I met a foreigner on the train. という文があるとします。この文は先程の訳の通り「私はある外国人に列車で出会った」といった文です。the foreigner だと「その外国人」、a foreigner であれば「ある外国人」となりますね。この違いは何な

のでしょうか。

「その外国人」のように、名詞に「その」を付けて言う場合には、その名詞が既に話題になっていることを意味します。

「その外国人」ということで、聞く人に、話者が問題にしている外国人がどの外国人であるかが理解されるのです。この「その」に当たる the を古谷メソッドでは「**再提出の the**」と名付けています。

それに対して「ある外国人」と話者が言う場合には、聞く人にはまだ、それがどこの国の人なのか、何をやっている外国人なのか、何という名の外国人かなどは皆目分からないのです。

だからその段階では「ある外国人」はまだ特定できていないことになります。こういう不定冠詞の用法を「**不特定の a**」と古谷メソッドでは名付けることにしています。

では形容詞節 whom I met on the train を独立した英文にする際に

I met the foreigner on the train とするよりも

I met a foreigner on the train.

とする方がよいのかということに話を進めます。

例えば友人どうしの女性二人が寛いで会話をしている場面を想像してください。一人が相手に言います。

「私はある外国人に列車で出会ったのよ」

「その外国人はとても上手に日本語を話したのよ」

この二つの文を英語にすると次のようになります。

I met a foreigner on the train.

The foreigner spoke Japanese very well.

この最初の文が形容詞節 whom I met on the train を独立させた文に一致していますね。

もし女性が二つの文を一気に言うとしたら、次のようになります。

「私が列車で出会った外国人は日本語をとても上手に話したのよ」

これを英語にすると

The foreigner whom I met on the train spoke Japanese very

well. となります。

　だからこの文は女性が語った二つの文を合成したものだと考えることができます。

　形容詞節を独立した英文にするということは、女性が最初に口火を切った文を再現してみることを意味しているのです。話の発端の文を作ってみることなのです。

　ここで一段落しますが、関係代名詞が導く形容詞節は先行詞を修飾するということを強調してきました。このことを図の上で確認しましょう。次の図が得られます。

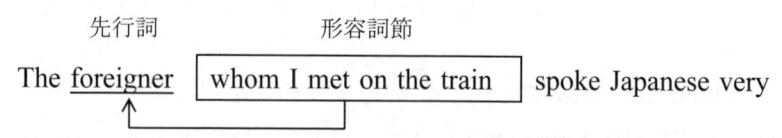

```
        先行詞           形容詞節
The foreigner   whom I met on the train   spoke Japanese very
         ↑_____|
```

well.

　関係代名詞が導く形容詞節が先行詞を修飾することで両者が一体となるので、この文を文の要素で切ると次のようになります。

The foreigner whom I met on the train　spoke　Japanese　very well.
　　　　　　　S　　　　　　　　　　　　　V　　　O　　　　M

　文の要素で文の区切りを考えるときには、形容詞節は先行詞に密着させて捉えるようにしてください。そうすることで長文も文の構造を考える際に、文の要素本位で捉えていけば意外に区切った要素の数が少ないことも分かり（上の文の場合は SVOM のわずか四つだけですね）、文の完全な理解が得られるものなのです。

　1の文は終わりました。2以下に移る前に、次のことを確認しておきましょう。

　T（先生）と S（学生）の対話の代わりに、次のように簡潔にまとめることにしましょう。

① 「○○が関係代名詞です」（関係代名詞の指摘）
② 「その先行詞は△△です」（先行詞の指摘）

③ 「○○が導く形容詞節は××××です」（形容詞節の指摘）
④ 「従って××××を△△にかけた訳は☆☆☆☆です」（形容詞節を先行詞にかけた訳）
⑤ 「○○の文中の位置は□□の■■です」（関係代名詞の文中の位置の確認）
⑥ 「××××を独立した英文にすると●●●●になります。その訳は▲▲▲▲です」（形容詞節を独立して英文にする）
⑦ 「ちなみに全文訳は◇◇◇◇です」（全文訳）

念のために学修済みの*演習題38*の1の問題をこれに合わせて言ってみましょう。
① whom が関係代名詞です。
② その先行詞は foreigner です。
③ whom が導く形容詞節は whom I met on the train です。
④ 従って whom I met on the train を foreigner にかけた訳は「私が列車で出会った外国人」です。
⑤ whom の文中の位置は met の他目です。
⑥ whom I met on the train を独立した英文にすると I met a foreigner on the train. になります。その訳は「私はある外国人に列車で出会った」です。
⑦ 全文訳は「私が列車で出会った外国人は日本語をとても上手に話した」です。

ではさっそく2の問題から実践してみましょう。私の解答を見てしまうのではなく、その前に必ず自分の解答を出しておいてください。

2. The girl who is feeding sparrows is my niece.

① who が関係代名詞です。
② その先行詞は girl です。
③ who が導く形容詞節は who is feeding sparrows です。
④ 従って who is feeding sparrows を girl にかけた訳は「雀に餌をや

っている少女」です。
⑤ who の文中の位置は is feeding の主語です。
⑥ who is feeding sparrows を独立した英文にすると A girl is feeding sparrows. になります。その訳は「ある少女が雀に餌をやっています」です。
⑦ 全文訳は「雀に餌をやっている少女は私の姪です」です。

　以上ですが、この通りに解答することができましたか。少し補足しておきましょう。
　②で先行詞を指摘する際に The girl と言っても構いません。その場合は④で、who is feeding sparrows を The girl にかけた訳は、と言うことになりますが、だからといって、かけた訳を「雀に餌をやっている<u>その</u>少女」としてはいけません。この The は全文訳においても「その」と訳してはいけないのです。付いている冠詞を外して先行詞を指摘するのを標準とします。
　⑤で who の文中の位置を正しく言えましたか。文中の位置とは「主語、他目、自補、他補、前目、形目」の六つです。単に「主語」と答えるのではなく、「is feeding の主語」というように、形容詞節の中の、何らかの語句（ここでは is feeding ですが）を取り上げて、その語句との関係を明らかにするのです。主語になる以上は関係代名詞は主格が用いられます。
　⑥はできましたか。⑤で who が is feeding の主語ということを明らかにしましたから、who に代えて girl を is feeding の主語にしてできあがるのです。
　先行詞に The が付いているからといって The girl is feeding sparrows. としてはいけません。これは「<u>その</u>少女は雀に餌をやっている」という文ですね。これでは話の発端となる文にはなりません。
　A girl is feeding sparrows. とすることで「ある少女が雀に餌をやっている」の意が得られ、次に The girl is my niece. （その少女は私の姪です）という話になっていくのです。

この二つの文を関係代名詞を用いて結んだのが問題文 The girl who is feeding sparrows is my niece. なのです。この訳は「雀に餌をやっている少女は私の姪です」となります。

3. The book which I have been reading since noon is very interesting.

① which が関係代名詞です。
② その先行詞は book です。
③ which が導く形容詞節は which I have been reading since noon です。
④ 従って which I have been reading since noon を book にかけた訳は「私が正午から読んでいる本」です。
⑤ which の文中の位置は have been reading の他目です。
⑥ which I have been reading を独立した英文にすると I have been reading a book since noon. になります。その訳は「私は正午からある本を読んでいる」です。
⑦ 全文訳は「私が正午から読んでいる本はとても面白い」です。

この問題はうまくいきましたか。すんなりといかなかったところもあったかと思います。正解とされる言葉に含みがある部分については後ほど解説を加えます。

この文では which が関係代名詞として使われています。先行詞が人の場合には who（主格）、whose（所有格）、whom（目的格）を用い、この三つを使い分けますが、先行詞が物、動物などの人以外のものであれば which を使います。

which の格変化は which（主格）、whose（所有格）、which（目的格）です。先行詞が人の場合でも、人以外のものにでも使える関係代名詞に that があることは知っていますね。that の場合には主格と目的格が共に that で、who や which には所有格 whose があるのに対して、that には所有

格はありません。

基本的なことですが、関係代名詞の種類と格変化の表を次に挙げておきます。

関係代名詞の格変化表

先行詞	主　格	所有格	目的格
人 動物・物 人・動物・物 （先行詞を含む）	who which that what	whose whose, of which ── ──	whom which that what

③で which が導く形容詞節を正しく指摘できましたか。which I have been reading で終わりとせずに since noon を加えて which I have been reading since noon とするところはできましたか。since noon は継続を表す現在完了に付きものの句だということを知っていれば迷わずに指摘できますね。

⑤の which の文中の位置の指摘はどうでしたか。他目ということは確かでも、何の他目かを言うのは難しかったと思います。

述語動詞が have been reading という現在完了進行形の形を取っているので、have been reading の他目とするのが無難なのです。

単に reading だけの他目にした方も間違っているわけではありません。厳密には have been reading の元になっている read という原形動詞を想定し、その他目に当たるという考え方が理解できればよいのです。

<u>The book which I have been reading since noon</u> <u>is</u> <u>very interesting</u>.
　　　　　　　S　　　　　　　　　　　V　　C

全文訳は「私が正午から読んでいる本はとても面白い」です。

4. The lane that leads to the pond is very slippery.

① that が関係代名詞です。
② その先行詞は lane です。
③ that が導く形容詞節は that leads to the pond です。
④ 従って that leads to the pond を lane にかけた訳は「池に通じている小道」です。
⑤ that の文中の位置は leads の主語です。
⑥ that leads to the pond を独立した英文にすると A lane leads to the pond. になります。その訳は「ある小道が池に通じている」です。
⑦ 全文訳は「池に通じている小道はとても滑りやすい」です。

　この問題は解答に迷う余地は少なかったと思います。
　① 関係代名詞に that が使われていますが、先行詞が lane なので that の代わりに which を使っても構わないところです。
　④ lead to ～は「～に通じる」の意味です。that leads to the pond を lane にかけた訳は「池に行く小道」でも結構です。
　⑤ 関係代名詞の直後に動詞が置かれていれば、まず間違いなく、その関係代名詞はその動詞の主語という位置を持っています。いわゆる主格の関係代名詞ということになります。
　人が先行詞の場合には関係代名詞は主格と目的格で who と whom の使い分けが生じますが、which と that の場合は主格と目的格の区別が全くありません。
　この文を文の要素で切ると、形容詞節が先行詞に密着することから次のようになります。

<u>The lane that leads to the pond</u>　<u>is</u>　<u>very slippery</u>.
　　　　　　S　　　　　　　　V　　　　C

全文訳は「池に通じる小道はとても滑りやすい」です。

2 注意すべき関係代名詞の用法

> **演習題 39**
>
> 次の各文中の関係代名詞を研究しなさい。
>
> 1. The house whose roof you see over there is mine.
> 2. Is this the book of which you spoke just now?
> 3. Is there anything I can do for you?
> 4. She lent me a book, which was too difficult for me.

1. The house whose roof you see over there is mine.

　この文では**所有格**の関係代名詞が登場しています。人称代名詞の所有格は代名詞とはいいながらも文中の位置は持っていないことを覚えていますか。

　my, your, their などの所有格は名詞を修飾する形容詞の働きをしているので名詞としての位置など持たないのです。

　関係代名詞の所有格 whose もその点は同じで文中の位置は持っていません。従って分析研究の ⑤は省略してください。

① whose が関係代名詞です。
② その先行詞は house です。
③ whose が導く形容詞節は whose roof you see over there です。
④ 従って whose roof you see over there を house にかけた訳は「向こうに屋根が見える家」です。
⑥ whose roof you see over there を独立した英文にすると You see a roof of a house over there. になります。その訳は「向こうに家の屋根が見えます」です。
⑦ 全文訳は「向こうに屋根が見える家は私の家です」です。

　ここは分析がうまくできていますか。多少補足説明をしておきましょう。

④ whose roof you see over there を house にかけた訳をいう部分ですが、you see を直訳するとよい日本文にはなりません。

Look! You see Mt. Fuji. という文の訳は「ほら！ 富士山が見えるよ」くらいがよいのです。You を訳さず、see も「見る」ではなく「見える」がよいのです。

⑥は難しかったと思います。所有格 whose の処理の問題ですが、先行詞の house を受けているわけですから、同じ所有格の its を使って You see its roof over there. とするのも一つの方法なのです。その訳は「向こうにその屋根が見えます」です。

ただし、こう作ってしまうと、この文は話の発端となる文ではなくなってしまうのです。

発端は「向こうに、ある家の屋根が見えますね」であり、それを受けて「その家は私の家ですよ」という二つ目の文が考えられます。そのために whose roof を its roof（その屋根）としてしまうのではなく、a roof of a house（ある家の屋根）としたのです。

先行詞が動物・物の場合の関係代名詞 which の所有格は whose が通り相場となっていますが、関係代名詞の格変化表をよく見ると、whose のほかに所有格として of which が記載されていることに気が付いていますか。それを使うと問題文は次のようになります。

The house the roof of which you see over there is mine.

この文の場合は形容詞節の指摘は the roof of which you see over there となります。いずれにしても全文訳は「向こうに屋根が見える家は私の家です」となります。

2. Is this the book of which you spoke just now?

which の前に of がありますね。分析に当たってはこれを正しく処理できないとうまくいきません。

先程、1の問題で所有格 whose の代用をする of which にも触れましたが、その of which とはこの場合違うのです。とりあえず分析結果を明

らかにしましょう。

① which が関係代名詞です。
② その先行詞は book です。
③ which が導く形容詞節は of which you spoke just now です。
④ 従って of which you spoke just now を book にかけた訳は「たった今あなたが話していた本」です。
⑤ which の文中の位置は of の前目です。
⑥ of which you spoke just now を独立した英文にすると You spoke of a book just now. になります。その訳は「あなたはたった今、ある本について話しましたね」です。
⑦ 全文訳は「これは、あなたがたった今、話していた本ですか」です。

どうですか。分析はうまくいきましたか。

③の形容詞節の指摘が難しかったと思います。which が導く形容詞節が which 以下ではなく、which の前の of を加えて of which you spoke just now としなければいけないということです。

⑤の関係代名詞の文中の位置の問題は ③と関連しますが、which が of の前目ということがはっきりと理解できるでしょうか。of which が前置詞が作り出す句になっているのです。この句は spoke を修飾する副詞句として生きています。**前置詞の目的語としての関係代名詞**に今後も注意してください。

⑥で独立した英文を作って You spoke of a book just now. としましたが、of which が姿を変えて of a book となっています。

前置詞 of には「〜について」の意があり、speak of 〜 （〜について話す）、talk of 〜 （〜について語る）として使われます。

この独立した英文での of a book は「ある本について」の意味ですが、これが spoke を修飾する副詞句になっています。

問題文においては of which が形容詞節の先頭に置かれていますが、この of を後ろに回して次のような形で登場することもあります。

Is this the book which you spoke *of* just now?

この文においても which の文中の位置は of の前目であることには変わりはありません。

念のため問題文を文の要素で切ると次のようになります。

<u>Is</u>　<u>this</u>　<u>the book of which you spoke just now</u>?
V　　S　　　　　C

全文訳は「これは、あなたがたった今、話していた本ですか」となります。

3. Is there anything I can do for you?

関係代名詞の勉強をしているのに、この文には関係代名詞が見あたりませんね。ないはずです。ある場所で関係代名詞が省略されているのです。分析研究においては、関係代名詞の指摘の代わりに省略箇所を明らかにします。

① anything と I の間に関係代名詞 that の省略があります。
② その先行詞は anything です。
③ 省略されている関係代名詞が導く形容詞節は I can do for you です。
④ 従って I can do for you を anything にかけた訳は「あなたのために私ができること」です。
⑤ 省略されている関係代名詞の文中の位置は do の他目です。
⑥ I can do for you を独立した英文にすると I can do something for you. になります。その訳は「私はあなたのために何かすることができる」です。
⑦ 全文訳は「私があなたのためにしてあげられることがありますか」です。

①～⑦まではできたでしょうか。関係代名詞が省略されている場合の分析の言葉は、上のように使ってください。

関係代名詞は口語体では頻繁に省略されます。関係代名詞の影も形もありませんが、ここには**関係代名詞の省略**があるということを一読して見抜かなければいけません。

上の例でいえば anything I can do for you を anything（that）I can do for you と読み取らなければいけないのです。
　このように先行詞の直後に、関係代名詞を表現しないで置かれる I can do for you のような節を**接触節**ということがあります。
　ところで ⑥で形容詞節から独立した英文を作る際に、先行詞が anything であるのに anything を使わず、something を使って I can do something for you. とした理由はお分かりでしょうか。
　something と anything は意味、用法によって使い分けることが必要な代名詞です。
　some と any の使い分けの基本は知っていますね。some は肯定文で、any は否定文と疑問文で使うということがあります。これは使い分けの基本中の基本です。
　something と anything の使い分けは some と any の使い分けに準じます。しかし使い分けの基本にも例外はあります。
　肯定文で anything を使う場合には「何でも」という意味を持ちます。それに対して something は「何か」です。
　問題文の Is there anything I can do for you? においては anything に「何でも」という意味はありません。疑問文だから anything が使われているのです。
　独立した英文を I can do anything for you. にすると「私はあなたに何でもしてあげることができる」を意味してしまいます。
　もしそうであれば、あらためて Is there anything I can do for you? と尋ねることとは、ちぐはぐな感じが否めませんね。
　I can do something for you.（あなたに何かしてあげることができる）ということを前提で、それを尋ねているのが問題文であると考えれば首尾一貫することが分かります。
　接触節という言葉からも理解できるように、anything と I can do for you は密着したものですから、問題文は文の要素で切ると次のようになります。

Is there anything I can do for you?
V   M   S

訳は「私があなたのためにしてあげられることがありますか」となります。

関係代名詞が省略できるのは目的格の場合であり、主格と所有格は省略されることはないのが原則です。例外が多少はあるのですが、それは別として省略の原則を知っておいてください。

4. She lent me a book, which was too difficult for me.

関係代名詞の用法で、限定用法とか継続用法という言葉を聞いたことがあるでしょう。限定用法は制限用法ということがありますが、全く同じものです。継続用法の方は非限定用法とか、非制限用法とかいうことがありますが同じものです。

限定用法というのは、これまでに登場してきた関係代名詞のすべてがこれに当たるもので、関係代名詞が導く形容詞節を後ろから先行詞にかけた訳し方をする場合のことをいいます。

それに対して**継続用法**は、後ろから訳し上げることをせずに、先行詞までの部分を先に訳してしまい、その後で先行詞である名詞について**付加的な説明**を加えようとする用法です。継続用法では先行詞の後にコンマを置くので、これが目印になって継続用法であることが分かります。

継続用法の関係代名詞の場合には、限定用法の場合の ①〜⑦の分析方法はそのままでは適用できない部分もあります。しかしそれに準じて上の例文を研究してみましょう。

① which が関係代名詞です。
② その先行詞は a book です。

これまでの先行詞の指摘は冠詞を省いて単に book です、と言ってきましたが、継続用法の場合には具体的に考えられる a book を指摘することになります。

③と④は実践しません。継続用法の場合は形容詞節を先行詞にかける訳し

方をしないからです。

⑤ which の文中の位置は was の主語です。

⑥ which was too difficult for me を独立した英文にすると but it was too difficult for me になります。その訳は「しかしそれは私には難しすぎた」です。

　継続用法の場合には形容詞節という言葉は使いません。それでも関係代名詞が導く節を独立した英文にすることは意味があるのです。継続用法の場合には、関係代名詞以下を追加して訳すことになるからです。

　関係代名詞以下を独立した英文にするポイントは、関係代名詞を「接続詞＋代名詞」に言い換えることです。

　上の文でいえば which を but it の二語に言い換えています。

　接続詞に何を採用するかは前後関係で決まります。考えられる接続詞は and, but, for, because などです。

　全文訳をする場合には、独立した英文をそのまま追加して訳せばよいのです。従って全文訳は「彼女は私に本を一冊貸してくれたが、それは私には難しすぎた」となります。

　関係代名詞 who, whose, whom, which は継続用法として使えますが、that は継続用法として用いられることはありません。限定用法一本です。

that の用法

　関係代名詞 that は、先行詞が「人」でも「人以外」でも用いられる。that には所有格はない。
　特に that を用いるのは次の場合である。
① 先行詞に最上級の形容詞が付くとき
　He is the *greatest* statesman that Japan ever had.
　（彼は日本が生んだ最高の政治家である）
② 先行詞に強い限定語が加わるとき
　This is *the very* dictionary that I want.
　（これこそ私の欲しい辞書である）
③ 先行詞が「人＋人以外のもの」の場合
　Look at *the boy and the dog* that are coming here.
　（ここにやって来る少年と犬をご覧なさい）
④ 前に疑問詞 who, which がある場合
　Who that has read her story can forget it?
　（彼女の物語を読んだことのある人で、誰がそれを忘れることができようか）

3 関係代名詞 what の用法

演習題 40

次の各文中の what について研究しなさい。

1. What she said about her son was not true.
2. Will you tell me what you saw and heard in Scotland ?
3. Be very careful about what you eat or drink in summer.
4. Change and revolution are what the English have hated most for centuries.

---

　what というと「何」という**疑問代名詞**を連想しがちですが、それとは別に what には**関係代名詞**としての用法があり、頻繁に使われます。

　what は関係代名詞としては異色なところがあり、who や which とは大きく異なる性格を持っています。

　一番の違いは what は先行詞を持たず、先行詞に当たるものは自分が内に抱えているということです。従って what は通常、「〜するところのもの」として捉えることになります。

　上のことと関連しますが、who や which が形容詞節を導くのに対して、what はそういうことはなく、常に**名詞節を導く**ということです。この名詞節は文中での主語、目的語、補語を構成することになります。

　what は先行詞を内に抱えているということから通常、the thing which とか、something that と置き換えることが可能です。「先行詞＋which」に当たるものが what の正体です。

1. What she said about her son was not true.

　関係代名詞 what の分析研究を進めるに当たって T（先生）と S（学生）の対話が次のように行われました。

T： この文の中の What は疑問代名詞ですか、それとも関係代名詞ですか。
S： What は関係代名詞です。
T： そうですね。では What が導いている名詞節を指摘してください。
S： What が導く名詞節は What she said about her son です。
T： その通りです。ではその訳を言ってください。
S： What she said about her son の訳は「彼女が自分の息子について言ったこと」です。
T： 結構ですね。では What she said about her son の文中の位置は何ですか。
S： What she said about her son の文中の位置は was の主語です。
T： そうですね。では What she said about her son を独立した英文にしてみてください。
S： What she said about her son を独立した英文にすると She said something about her son. になります。その訳は「彼女は自分の息子について何かを言った」です。
T： その通りです。では最後に問題文を訳してください。
S： 全文訳は「彼女が自分の息子について言ったことは本当のことではなかった」です。
T： はい、結構です。この文については何もかも十分に理解していますね。

補足的に説明を加えておきましょう。

先行詞を内に含んでいる関係代名詞 what は常に名詞節を導くことになります。この場合は What she said about her son が名詞節のかたまりです。

What she said about her son の訳は「彼女が自分の息子について言ったこと」です。what が導く名詞節の訳はこのように、通常「〜すること」「〜するもの」という言葉で終わると思ってください。

what は先行詞を含む関係代名詞とよくいわれます。「先行詞＋関係代名詞」が what ですから、逆に what を「先行詞＋関係代名詞」に分解する

ことも可能です。what は通常、something that または the thing which で置き換えることができます。

これを適用すると What she said about her son は Something that she said about her son とすることができます。この場合、Something を先行詞とする関係代名詞 that は said の他目という位置を持っています。

名詞は文中で必ず位置を持っているように、名詞節も名詞の働きをしている以上は文中の位置を持っています。What she said about her son は was の主語として生きている名詞節だということは分かりますね。

関係代名詞 what で始まる名詞節はその内容を踏まえて独立した英文を作ることが可能です。

「彼女が自分の息子について言ったこと」→「彼女は自分の息子について何かを言った」という変換は頭の中ですぐにできるはずです。

後者を英語にすれば She said something about her son. です。名詞節が導いている what を something に代えて said の他目の位置に入れればよいのです。

問題文での said は元々が完他(完全他動詞)であり、その他目は What の中に潜んでいる that だということになるのです。

問題文の全文訳は難しくはありませんね。名詞節 What she said about her son の訳をそのまま活かして、それに残っている was not true の訳を付け加えるだけなのですから。

その場合にも What she said about her son が was の主語であることを見失わないことが肝要です。

問題文を文の要素で切ると次のようになります。

<u>What she said about her son</u>　<u>was not</u>　<u>true</u>.
　　　　　S　　　　　　　　　　V　　　C

2番以降を分析するに当たっては、T と S の問答の代わりに次の ①〜⑤をめぐって自分で正確に解答が出せるようにしてください。解答で使う言葉は次の通りです。

① what が先行詞を含む関係代名詞です。(what が疑問詞ではなく、関係代名詞であることの認識)
② what が導く名詞節は〇〇〇〇です。その訳は●●●●です。(名詞節の存在を確認、具体的内容を明らかにする)
③ 〇〇〇〇の文中の位置は△△の▲▲です。(名詞節の文中の位置の具体的指摘)
④ 〇〇〇〇を独立した英文にすると□□□□になります。その訳は■■■■です。(名詞節の前提になる文の内容を考える)
⑤ 全文訳は××××です。

2. Will you tell me what you saw and heard in Scotland ?

① what が先行詞を含む関係代名詞です。
② what が導く名詞節は what you saw and heard in Scotland です。その訳は「あなたがスコットランドで見たり聞いたりしたもの」です。
③ what you saw and heard in Scotland の文中の位置は tell の他目です。
④ what you saw and heard in Scotland を独立した英文にすると You saw and heard something in Scotland. になります。その訳は「あなたはスコットランドで何かを見たり聞いたりしてますね」です。
⑤ 全文訳は「あなたがスコットランドで見たり聞いたりしたものを私に話してくれませんか」です。

①〜⑤はさして難問ではなかったと思います。what you saw and heard in Scotland が tell の他目であることが分かっていることが肝心な点です。

また what が「先行詞＋関係代名詞」であることから、この文でも what を something と that で置き換えて something that you saw and heard in Scotland というものを作り、その中で that you saw and heard in Scotland が something を修飾する形容詞節であること、something は tell の他目という文中の位置を持っている代名詞であるこ

と、that は saw と heard の共通の他目としての位置を持っている関係代名詞であることなどが分析できていればよいということになります。

　tell は動詞の種類としては重目（重目動詞）であることも分かりますね。文の要素で切ると次のようになります。

<u>Will</u>　<u>you</u>　<u>tell</u>　<u>me</u>　<u>what you saw and heard in Scotland</u> ?
　V　　　S　　V　　O　　　　　　　　O

3. Be very careful about what you eat or drink in summer.

① what が先行詞を含む関係代名詞です。
② what が導く名詞節は what you eat or drink in summer です。その訳は「夏に食べたり飲んだりするもの」です。
③ what you eat or drink in summer の文中の位置は about の前目です。
④ what you eat or drink in summer を独立した英文にすると You eat or drink something in summer. になります。その訳は「夏でも何かを食べたり飲んだりします」です。
⑤ 全文訳は「夏に食べたり飲んだりするものには十分に注意しなさい」です。

　この文の分析はすべてうまくいきましたか。what you eat or drink in summer が about の前目であることがはっきりと見えていましたか。
　about が前置詞で、be careful about ～で「～について注意する」の意になります。前目の位置に入り込むのは通常は名詞か代名詞ですが、単純な名詞に代わってここでは what you eat or drink in summer という名詞節が入ったのです。
　この文でも what は something that と置き換えられますが、that は eat と drink の共通の他目として使われている関係代名詞です。that you eat or drink in summer が something にかかっていますから、かけた訳は先程の訳と同じですが「夏に食べたり飲んだりするもの」→「夏の飲食物」ということになります。

問題文は Be という原形動詞で始まる命令文です。「〜であれ」と言っているのです。この Be は不完自（不完全自動詞）で、次に自補が置かれますが、about で始まる句が careful を修飾する副詞句なので very careful 以下全部が Be の自補ということになります。

問題文を文の要素で切ると次のようになります。

Be　very careful about what you eat or drink in summer.
V　　　　　　　　　　C

4. Change and revolution are what the English have hated most for centuries.

ちょっと取っつきにくい文だなという印象を持った方が多いかもしれません。でもたいしたことはありません。難しい単語が見られますが解説をしておきましょう。

Change はもちろん「変化」です。revolution は「革命」です。これを合わせた Change and revolution が are の主語になっています。

the English は「英語」ではありません。イギリス人全般を指して言うときには定冠詞 the を付けます。国民全体を言う場合です。「日本人」は the Japanese、「アメリカ人」は the Americans となります。

have hated は現在完了形で、hate は「〜をひどく嫌う」の意です。

most は much の最上級です。この most は have hated を修飾する副詞です。かけた訳は「もっとも嫌ってきた」となります。

for centuries は「何世紀にもわたって」の意の副詞句です。同じような表現として for days （何日間も）、for weeks（何週間も）などがありますが、いずれも many を入れた for many days, for many weeks, for many centuries を意味しています。

では ①〜⑤の分析にかかってください。次の行以降に目をやるのは自分の解答を出してからにしてください。

① what が先行詞を含む関係代名詞です。
② what が導く名詞節は what the English have hated most for

centuries です。その訳は「何世紀にも亘(わた)ってイギリス人がもっとも嫌ってきたこと」です。
③ what the English have hated most for centuries の文中の位置は are の自補です。
④ what the English have hated most for centuries を独立した英文にすると The English have hated something most for centuries. になります。その訳は「何世紀にも亘ってイギリス人はあることをもっとも嫌ってきた」です。
⑤ 全文訳は「変化と革命は何世紀にも亘ってイギリス人がもっとも嫌ってきたものです」です。

どうですか。この分析はうまくいきましたか。what the English have hated most for centuries の部分を正しく訳せることと、これが are の自補であることの二つができていれば問題がなかったと思います。

what the English have hated most for centuries を「何世紀にも亘ってイギリス人がもっとも嫌ってきたこと」と訳せる前提になっている分析について解説してみましょう。

most は副詞として have hated を修飾していますから「もっとも嫌ってきた」という結び付きが得られます。

for centuries も副詞句として have hated にかかります。for centuries は継続期間を表す語句ですから have hated という現在完了は継続を表していることがはっきりしますね。

have hated の hate は完他ですが、その他目はどこにあるかといえば what の中に潜んでいるのです。what を二語に分解して「先行詞＋関係代名詞」とする場合の関係代名詞が have hated の他目に当たります。

問題文を文の要素で切ると次のようになります。

<u>Change and revolution</u>　<u>are</u>　<u>what the English have hated most</u>
　　　　S　　　　　　　　　V　　　　　　　　　C
<u>for centuries.</u> ← C の続き

what を含む慣用表現

what we call, what is called　いわゆる
　　He is *what we call* a country gentleman.
　　（彼は、いわゆる田舎紳士だ）

what is ＋比較級　さらに～なことには
　　She is pretty, and *what is more important*, kind.
　　（彼女は美人でさらに重要なことには、親切だ）

A* is to *B* what *C* is to *D
　　AのBに対する関係は、CのDに対する関係と同じ
　　Reading is *to* the mind *what* food is *to* the body.
　　（読書の精神に対する関係は食物の身体に対する関係と同じである）

what I am　現在の私　　**what I was**　昔の私
　　I am not *what I was*.
　　（私はもう昔の私ではありません）
　　I owe my mother *what I am*.
　　（私が今日こうしてあるのは母のお陰です）
　　Japan is not *what she was* twenty years ago.
　　（今の日本は二十年前とは異なります）
　　（注）she は Japan を受けた代名詞

用語解説 14 （五十音順）

位　置　69 ページ参照

関係代名詞　262 ページ参照

関係代名詞の省略　関係代名詞は頻繁に省略される。省略されるのは主として目的格の場合である。特に口語体では省略されるのが普通であり、この省略に気付くことが大切である。

疑問代名詞　who, which, what などが疑問を表す代名詞として使われる場合をいう。

継　続　355 ページ参照

継続用法　関係代名詞が導く形容詞節が先行詞を修飾するのではなく、等位節として先行詞に関しての付加的なことを述べる場合の用法をいう。非限定用法ということもある。継続用法の場合には関係代名詞の前にコンマを付けるのが特色である。

形　目　218 ページ参照

形容詞節　262 ページ参照

原形動詞　182 ページ参照

限定用法　関係代名詞が導く形容詞節が先行詞を修飾する場合の用法をいう。制限用法というのも同じである。これと対(つい)になるのが継続用法である。

再提出の the　263 ページ「新提出の a」参照

自　補　218 ページ参照

主　格　主語として用いられる人称代名詞が取る格をいう。I, we, you, he, she, it, they などがそうであるが、関係代名詞や疑問代名詞の場合には格変化がはっきり現れるのは主格の who と所有格の whose と目的格の whom である。

従属接続詞　70 ページ参照
重　目　153 ページ参照
節　70 ページ参照
接触節　関係代名詞が省略されている場合の形容詞節をいう。先行詞の直後に関係代名詞なしの形容詞節が続いているわけであり、接触節であることを認識することが必要である。
先行詞　263 ページ参照
前　目　219 ページ参照
他　補　219 ページ参照
他　目　219 ページ参照
等位接続詞　70 ページ参照
人称代名詞　70 ページ参照
不完自　120 ページ参照
不特定の a　「ある友人」と話者が言う場合に、聞く人にはまだどういう友人であるかが特定できないので friend には不定冠詞を付けて a friend と表現する。この a を不特定の a と名付ける。
文の要素　183 ページ参照
名詞節　264 ページ参照
目的格　311 ページ参照

第15講　関係副詞の急所

　関係代名詞について既に学習しましたが、関係代名詞によく似ているものに関係副詞があります。関係代名詞との相違点については後ほど明らかにしていきますが、最初に関係副詞の種類と用法について概略を挙げておきます。

1　関係副詞の種類
(1)　時を表す語を先行詞にする **when**

　Do you know the exact time *when* our teacher will be back?
　（先生が戻ってくる正確な時間を知っていますか）
　July and August are months *when* the weather is hottest.
　（七月と八月は最も暑い月です）

(2)　場所を表す語を先行詞にする **where**

　This is the place *where* the first settlers from Europe landed.
　（ここがヨーロッパからの最初の入植者たちが上陸したところです）
　There were some young men on the grass *where* we ate lunch.
　（私たちが昼食を食べた芝生には数人の若者がいた）

(3)　the reason（理由）を先行詞とする **why**

　There is no reason *why* I should help you.
　（私があなたを助けなければいけない理由はない）

(4)　the way（方法）を先行詞とする **how**

　ただし実際には先行詞 the way か how のどちらかを省略するので the way how という揃った形が文中に現れることはありません。

　He told me *the way* he had escaped from the danger.
　（危険から逃れた方法を彼は私に語った）
　This is *how* he got much money.
　（こんな風にして彼は大金を得た）

2　関係副詞の二用法

関係副詞にも関係代名詞と同じように限定用法と継続用法があります。

ただし、継続用法を持つのは when と where だけで、why と how には継続用法はなく、限定用法のみの役目をします。

(1) **限定用法**

関係副詞が形容詞節を構成して先行詞を修飾する用法をいいます。

Christmas is the day　when Christ was born.

（クリスマスはキリストが生まれた日である）

A market is the place　where people buy and sell things.

（市場は人々が物を買ったり売ったりする場所である）

That's the reason　why he was absent from school yesterday.

（それが彼が昨日、学校を休んだ理由である　→　そんなわけで彼は昨日、学校を休んだ）

(2) **継続用法**

関係副詞が等位節を構成し、先行詞についての**付加的説明**をする用法をいいます。

Pleasee come again tomorrow morning, when he will be at home.

（明日の朝また来てください。その時なら彼が在宅しているだろうから。

when ＝ and then）

In 2007 he went back to Paris, where he began to paint pictures of peasant life.

（2007 年に彼はパリへ戻り、そこで農民の生活の絵を描き始めた。

where ＝ and there）

関係副詞と先行詞の関係、また関係副詞の機能を表にまとめると次のよ

うになります。

	先行詞	機　能
when	時を表す語	at (in, on, during) which 継続用法では and then
where	場所を表す語	in (at) which 継続用法では and there
why	the reason	for which
how	the way	in which

　古谷メソッドでは関係副詞については次にように歌っています。

> **古谷メソッド 原則歌 12**
> **関副は関代に似れど副詞ゆえ、位置を持たずに他を限定す**

　関係副詞は関係代名詞に似ているけれども、副詞だから名詞・代名詞が持っている文中の位置を持つということはなく、副詞だから副詞らしく何かを修飾しているといっているのです。
　関係副詞が関係代名詞と似ているのは
　① 先行詞を持っていること
　② 形容詞節を導いて先行詞を修飾する
という二点です。一方、両者が異なっているのは
　① 関係副詞は文中の位置を持たない
　① 関係副詞は形容詞節中のある語（主として動詞）を修飾する
ということです。
　それでは関係副詞を徹底的に修得してしまうために、関係代名詞の場合と同じように、T（先生）と S（学生）との対話を随時行う形を取り入れな

がら学修を進めていくことにしましょう。

演習題 41

関係副詞に注意して次の各文を分析してください。

1. The village where I used to live was far from the station.
2. The day will soon come when everybody can travel to the moon.
3. This is the reason why you see a beautiful rainbow in summer sky after rain.
4. Do you know the way the girl found the secret?

---

1. The village where I used to live was far from the station.

T： この文に関係副詞がありますか。
S： はい、あります。where が関係副詞です。
T： 先行詞は何ですか。
S： 先行詞は village です。
T： where が導く形容詞節を指摘してください。
S： where が導く形容詞節は where I used to live です。
T： では形容詞節を先行詞にかけた訳を言ってください。
S： where I used to live を village にかけた訳は「私が昔住んでいた村」です。
T： ちなみに全文訳を言ってください。
S： 全文訳は「私が昔住んでいた村は駅から遠かった」です。
T： それでは最後の質問ですが、形容詞節を独立した英文にしてください。
S： where I used to live を独立した英文にすると I used to live in some village. になります。
T： 念のためですが、その文を訳してみてください。

S： I used to live in some village. の訳は「私は昔、ある村に住んでいました」です。

　以上が先生（T）と関係副詞に強い学生（S）の対話です。解説を加えておきましょう。

　① 関係副詞の存在をはっきりと認識するために、文中にある関係副詞を指摘させています。

　② 関係副詞には通常、先行詞があります。その先行詞を正しく定めることも大事なことの一つです。

　③ 関係副詞は形容詞節を作り出します。その形容詞節がどこから始まって、どこで終わっているのかを確認する作業は欠かすことができません。関係副詞は形容詞節を導く、といいますが、関係副詞が先頭に立って節を率いているということです。その節を指摘します。

　④ ③で明らかにした形容詞節を先行詞にかけた訳を言うことができるはずです。形容詞節は形容詞と同じ働きをする節のことですから、形容詞が名詞を修飾するように、形容詞節は先行詞である名詞を修飾します。そこに修飾した訳が生じます。それをきちんと言ってみて確認させているのです。

　先生はそこで全文訳を言わせていますが、これは何のためにそこで言わせたかといいますと、形容詞節を先行詞にかけた訳というものは、それを崩すことなく、一字一句そのまま全文訳の中に取り込んでいくことで全文訳を完成させるのです。これも大事なことの一つです。全文訳の中で下線が付いている部分がそれに当たります。

　⑤ 先生は最後に、形容詞節を独立した英文にすることを要求しています。この例で言えば where I used to live を独立した英文にするわけです。独立した英文というのは、形でいえば、大文字で始まってピリオドで終わる文のことです。

　w を大文字にして最後の live にピリオドを付けて Where I used to live. としてみても、これでは訳すこともできないし、独立した英文とは言えません。

where は先行詞の village を受けていますから、実体は village です。この village を I used to live にうまくはめ込めばよいのです。

「ある村に私は昔住んでいた」ということから、「ある村に」を in a village か in some village と副詞句にすればいいのです。関係副詞は元々副詞ですから、where は village という名詞ではなく、副詞か副詞句で表現しなければ書き換えができないのです。

関係副詞は「前置詞＋名詞」で置き換えると意味が取れると知っておいてください。

I used to live in some village.（ある村に住んでいた）という文があって、次に The village was far from the station.（その村は駅から遠かったのです）という文が仮に続くとしましょう。

この二つの文を一息で言ったのが The village where I used to live was far from the station. という文なのです。

形容詞節から独立した英文を作ってみるということは、いろいろな角度から文を眺めようという分析研究の一環ですから、関係詞が出てきたときに必要に応じて試みてください。

関係副詞が導く形容詞節は先行詞を修飾することで両者が一体のものとなるので、文の要素で切ると次のようになります。

<u>The village where I used to live</u>　was　far from the station.
　　　　　　S　　　　　　　　　　V　　　　C

used to live の訳し方が難しかったかもしれませんね。used to は**過去の習慣・状態**を表す助動詞表現です。used to ～を「よく～したものだ」の意味で覚えておいてください。

文の要素で文の区切りを考えるときに、関係代名詞の場合と同じく、形容詞節は先行詞に密着させて捉えるようにしてください。そうすることで長文といえども文の構造を考える際に、文の要素本位で眺めてみれば意外に要素で区切った区切りの数は少なくなり、完全な理解が図れるのです。

1の文は終わりました。2以下に移ります。

T（先生）と S（学生）の問答の代わりに、次のように言うことにしまし

よう。
① 「○○が関係副詞です」(関係副詞の指摘)
② 「その先行詞は△△です」(先行詞の指摘)
③ 「○○が導く形容詞節は××××です」(形容詞節の指摘)
④ 「従って××××を△△にかけた訳は☆☆☆☆です。(形容詞節を先行詞にかけた訳)
　「ちなみに全文訳は◎◎◎◎です」(全文訳を言う)
⑤ 「××××を独立した英文にすると●●●●になります。その訳は▲▲▲▲です」(形容詞節を独立した英文にする)

念のために学修済みの1をこれに合わせて言ってみます。
① where が関係副詞です。
② その先行詞は village です。
③ where が導く形容詞節は where I used to live です。
④ 従って where I used to live を village にかけた訳は「私が昔住んでいた村」です。ちなみに全文訳は「私が昔住んでいた村は駅から遠かった」です。
⑤ where I used to live を独立した英文にすると I used to live in some village. になります。その訳は「私は昔、ある村に住んでいた」です。

では、さっそく2も上の要領でやってみましょう。

2. The day will soon come when everybody can travel to the moon.

① when が関係副詞です。
② その先行詞は day です。
③ when が導く形容詞節は when everybody can travel to the moon です。
④ 従って when everybody can travel to the moon を day にかけた訳は「誰もが月へ旅行することができる日」です。

ちなみに全文訳は「誰もが月へ旅行することができる日がまもなく来るだろう」です。

② when everybody can travel to the moon を独立した英文にすると Someday everybody can travel to the moon. になります。その訳は「何時の日か、誰もが月へ旅行することができる」です。

形容詞節を独立した英文にするときに when を「前置詞＋名詞」にせずに、前置詞なしの someday にしていますが、これはこれで副詞なのです。some day と切り離して使っても構いません。これは副詞句ということになります。

この文では先行詞 day と関係副詞 when とが離れて存在しています。その点で文の構造を考える上で厄介だったと思います。

when everybody can travel to the moon を day の直後に置くと頭でっかちの文になるので、それを避ける方策だったのです。主語に形容詞節が付くときにはよくある構文です。

この文を文の要素で切ると次のようになります。

The day will soon come when everybody can travel to the moon.
　　S　　　Mを含むV　　　　　Sの一部

3. This is the reason why you see a beautiful rainbow in summer sky after rain.

① why が関係副詞です。
② その先行詞は reason です。
③ why が導く形容詞節は why you see a beautiful rainbow in summer sky after rain です。
④ 従って why you see a beautiful rainbow in summer sky after rain を reason にかけた訳は「雨の後、夏空に美しい虹が見られる理由」です。

ちなみに全文訳は「こんなわけで雨の後、夏空に美しい虹が見られます（これが、雨の後、夏空に美しい虹が見られる理由です）」になります。

⑤ why you see a beautiful rainbow in summer sky after rain を独立した英文にすると You see a beautiful rainbow in summer sky after rain for some reason. になります。その訳は「雨の後、ある理由で夏空に美しい虹が見られます」です。

　形容詞節を独立した英文にする際に why が for some reason になりましたが、やはり「前置詞＋名詞」です。「～の理由で」は for ～ reason で表します。reason という名詞には前置詞としては for が付きものだと思ってください。

　This is the reason why ～は直訳すると「これが～の理由である」ですが、意訳すると「こんなわけで～」になります。

4. Do you know the way the girl found the secret ?

① way と the girl の間に関係副詞が省略されています。
② その先行詞は way です。
③ 省略されている関係副詞が導く形容詞節は the girl found the secret です。
④ 従って the girl found the secret を way にかけた訳は「少女がその秘密を発見した方法」です。
　ちなみに全文訳は「少女がその秘密を発見した方法をあなたは知っていますか」になります。
⑤ the girl found the secret を独立した英文にすると The girl found the secret in some way. になります。その訳は「少女はある方法でその秘密を発見した」です。

　先行詞 way が存在しているために関係副詞 how は表現されていません。how はそういう制約がある関係副詞です。

　how が省略されている形容詞節を独立した英文にする際に how は in some way となります。「前置詞＋名詞」の形です。前置詞には in を使っています。way が「方法、やり方、仕方」を意味する場合に付きものの前置詞は in です。in this way（こんな風に）、in a different way（違っ

たやり方で) のように使います。

演習題 42

関係副詞に注意して次の文を和訳しなさい。

There is no country where the scenery changes with the seasons so much as in Japan. This is probably the reason why we love nature more than any other nation.

There is no country where the scenery changes with the seasons so much as in Japan.

　where が関係副詞で、その先行詞が country であることは間違いありませんね。

　where が導く形容詞節がどこまで伸びているかを判定するのが難しいかもしれません。そこで the scenery changes with the seasons so much as in Japan の部分だけを取り上げて、構成要素本位で文構造を考えてみましょう。

　the scenery が主語で changes がその述語動詞であることは分かりますね。「風景が変化する」といっているのです。

　with the seasons は changes を修飾する副詞句です。かけた訳は「季節と共に変化する」になります。

　so much as in Japan の部分は次のように分析します。

　much も changes を修飾する副詞です。ただし much には**同等比較**の as ～ as …の否定の場合の so ～ as …が加わっていますから so much as in Japan が一つの副詞句として changes を修飾することになります。so much as in Japan を changes にかけた訳は「日本ほど変化する」になります。

　このように分析を進めることができれば where が導く形容詞節は where the scenery changes with ths seasons so much as in Japan で

あることが分かります。この形容詞節を先行詞の country にかけた訳は「日本ほど季節と共に風景が変化する国」です。

This is probably the reason why we love nature more than any other nation.

why が関係副詞で reason がその先行詞という組み合わせがまた出てきました。why で始まる形容詞節は nation までだろうという予想は付きますが、本当にそうであるかを検討してみましょう。

we love nature が「S + V + O」であることは明らかですね。more は much の比較級で、than any other nation は比較の基準として more を修飾しています。だから more than any other nation が一つの副詞的な語句として love を修飾していることになるのです。かけた訳は「他のいかなる国民よりも愛する」になります。

従って why の後には「S + V + O + M」という構造が見られるので、why が導く形容詞節は nation までとなり、これが reason にかかることになります。

This is the reason why ～は直訳すれば「これが～である理由である」となりますが、こなれた日本語にすれば「こういうわけで～」となります。この場合、This は前の文の内容を受けているのです。

【答】 日本ほど季節と共に風景が変化する国はない。こういうわけでわれわれは他のいかなる国民よりも自然を愛するのである。

用語解説 15 （五十音順）

位　置　69 ページ参照

関係詞　関係代名詞、関係副詞、関係形容詞をまとめて関係詞ということがある。

関係副詞　関係代名詞と同じように形容詞節を導いて先行詞を修飾するものに関係副詞がある。① 時を表す語を先行詞とする when　② 場所を表す語を先行詞とする where　③ reason を先行詞とする why　④ way を先行詞とする how の四種がある。関係副詞は関係代名詞と違って、格変化はなく、文中の位置を持たない。

関係副詞の二用法　関係代名詞の場合と同じく、関係副詞にも限定用法と継続用法がある。限定用法は関係副詞が導く形容詞節が先行詞を修飾する用法であり、継続用法は関係副詞が等位節を構成し、先行詞についての付加的説明をする用法をいう。ただし、継続用法を持つのは when と where に限られていて、why と how には継続用法はない。

継続用法　385 ページ参照。関係副詞の継続用法に関しては 388 ページ参照。

形容詞節　262 ページ参照

限定用法　385 ページ参照。関係副詞の限定用法に関しては 388 ページ参照。

修　飾　14 ページ参照

述語動詞　36 ページ参照

助動詞　70 ページ参照

前置詞　15 ページ参照

直　訳　15 ページ参照

等位節　等位接続詞 and, but, or, for などによって結ばれている節をいう。
同等比較　356 ページ参照
副詞句　71 ページ参照

第16講　等位接続詞が結ぶもの

最初に次の文の文意を取ってみてください。
Show me your ID card and what you have in your bag.

最近の世相というか、平和からほど遠い、どこで何が起きてもおかしくないという世界情勢を反映した内容の文ということもできますね。ちょっとした場所で働いている人の胸に身分証明のカードが付けられている光景も今は普通になっていますね。

ID は identification（身分証明）を意味しますから、文意は「あなたの身分証明書と鞄の中の物を見せてください」となります。

この一文中に接続詞 and が使われていますね。この and の働きについて考えてみましょう。and は何と何を結んでいるかを指摘してください。

いかがですか。量的なバランスを考えて Show me your ID card と what you have in your bag を結んでいると考えた人はいないでしょうか。これは完全な見当外れです。

正解はもちろん your ID card と what you have in your bag です。このことは後程また触れます。

接続詞はその名からも分かるように、何かと何かを接続する役目を果たす語をいいます。**接続詞**はその性格から分類すると**等位接続詞**と**従属接続詞**の二種類があります。

等位接続詞の代表は何といっても and です。and のほかには or と but を挙げることができます。この and, or, but という等位接続詞に共通するものは何かお分かりでしょうか。

等位接続詞は語と語、句と句、節と節、文と文を結びますが、いずれの場合でも必ず同じ働きをしているものどうしを結びます。古谷メソッドでは接続詞の役割を次のように短歌で表現していますが、等位接続詞の役割をいっていると思ってください。

> **古谷メソッド 原則歌 13**
> 接続詞は何繋ぐらむ、文中の同じ働きのものをつらぬる

　この原則歌は文語調ですが、表現していることは明瞭です。

　接続詞は何を繋いでいるのだろうか。文中で同じ働きをしているものどうしを結び合わせていますよ、と言っているのです。

　ここでは「同じ働き」というところが肝心です。最初に挙げた例文でもう一度見てみましょう。

Show me your ID card and what you have in your bag.

　この文中の and は your ID card と what you have in your bag を結んでいることを既に明らかにしています。

　ではこの両者に共通する働きとは何でしょうか。原則歌で言っている「同じ働き」とは、この場合、何でしょうか。

　your ID card は Show という重目（重目動詞）の他目であることは分かりますね。what you have in your bag も同じく Show の他目です。

　show は「だれだれに、なになにを示す、見せる」という重目（重目動詞）として使われることが多い動詞です。

　Show の他目という点で your ID card と what you have in your bag が「同じ働き」をしているのです。

　念のために例文を文の要素で切ってみましょう。Show が重目（重目動詞）なので第四文型が得られます。

Show　me　your ID card and what you have in your bag.
　V　　O　　　　　　　O

　等位接続詞はこのように、必ず同じ働き、共通した働きをしているものどうしを結びつけていますから、その同じ働きを具体的に言葉にして言えるようにしましょう。

　それでは平易な文について、**and, but, or** などの等位接続詞が結んでいるものについて分析研究をしてみましょう。

> **演習題 43**
>
> 各文中の等位接続詞が結んでいるものを研究しなさい。
>
> 1. I like blue and white.
> 2. She is very pretty but inactive.
> 3. We work and play together.
> 4. Are you going by boat or by airplane ?
> 5. There are four seasons in the year.　We call them spring, summer, autumn and winter.

分析研究の手順を次のようにしましょう。
① ○○が等位接続詞です。
② ○○は□□と△△を結んでいます。
③ □□と△△はいずれも××××です。

①は等位接続詞の指摘です。
②は等位接続詞が結んでいるものを明らかにしています。
③は結ばれているものどうしの同じ働きを具体的に言います。

③の××××の部分をどう表現するかが肝心なところです。多くの場合、●●の■■というように、助詞「の」を入れて答えます。●●の部分には必ず、文中の語句をそのまま引用することを忘れないでください。この解答の仕方がこの講の学修のポイントです。
それでは1から始めてみましょう。

1. I like blue and white.

文意は明らかですね。「私は青と白が好きです」
① and が等位接続詞です。
② and は blue と white を結んでいます。
③ blue と white はいずれも like の他目です。

②の and が結んでいるものの指摘には問題はありませんね。

③の解説は如何でしたか。「blue と white はいずれも色の名です」としたりした方はいませんでしたか。確かに blue と white はいずれも色には違いありませんが、これでは語法上から答えたことにはなりませんね。

「blue と white はいずれも名詞です」と答えた方がいるかもしれません。確かに両者は品詞は名詞です。等位接続詞で結ばれているものは通常、このように品詞は同じです。

でもそれだけでは物足りません。「同じ働き」に触れていないからです。品詞名を言うことは働きを言っていることにはならないのです。この文を文の要素で切ると次のようになります。

I　like　blue and white.
S　V　　O

こうして見れば一目瞭然ですね。blue と white はいずれも like の他目になっている、というのが blue と white は何が同じかという問に対する答です。

blue と white の「同じ働き」を言うに当たって、文中の何かを取り上げ、ここでは like ですが、両者の like との関係が同じ「他目」ということを明らかにするのです。

2. She is very pretty but inactive.

この文も文意は明らかですね。「彼女はとてもかわいいが不活発です」ぐらいなところでいいでしょう。

① but が等位接続詞です。
② but は very pretty と inactive を結んでいます。
③ very pretty と inactive はいずれも is の自補です。

②では「but は pretty と inactive を結んでいます」とした方はいませんでしたか。pretty but inactive は確かに「かわいいが不活発」と捉えることはできますが、そうすると very が pretty と inactive の両者にかかっているという含みが出てきてしまいます。その場合は文意を「彼女はと

てもかわいいが、とても不活発です」と取ることになるのです。

　この文では very は pretty だけにしかかっていず、very pretty と inactive が but で結ばれていると見るのが順当です。pretty という場合に very を軽く添えて very pretty ということが多いのです。

　人を評して inactive という場合にはそれだけでマイナスの評価になりますから very が inactive にまで及んでいるとは考えにくいことに納得がいくと思います。

3. We work and play together.

　文意を正しく取るためには together という副詞が何にかかっているかがポイントになります。訳文は後で示します。
① and が等位接続詞です。
② and は work と play を結んでいます。
③ work と play はいずれも We を主語とする述語動詞です。

　②で「and は work と play together を結んでいます」とした方はいませんでしたか。

　play together は「共に遊ぶ」の意味であることは分かりますね。もし and が work と play together を結んでいると考えると訳文は「私たちは働き、共に遊ぶ」となります。

　確かにそう訳してもよいような含みはあるかもしれませんが、この一文は「私たちは共に働き、共に遊ぶ」の意味に取るのが順当なのです。

　つまり together という副詞は後ろから work と play に共通にかかっているのです。

　この間の事情を数式で表してみるとはっきりします。

　work and play together という四語の構成は work と play together が and で結ばれているのではなく、(work and play) together という、目に見えない括弧が事実上存在しているのです。

　数式の $(a + b)c$ は展開すると $ac + bc$ になることは知っていますね。

今、a に当たるのが work、b に当たるのが play で、c が together です。展開した ac が work together で、bc が play together です。

work together and play together は「共に働き、共に遊ぶ」となります。

数式の (a + b) c = ac + bc の左項の中の記号 + は何と何を結んでいますか、と問われたら、「a と b を結んでいる」と答えるでしょう。and は + に当たりますから、work と play を結んでいると答えるのがこれに当たります。

右項にある + は何と何を結んでいますか、と問われたら、もちろん「ac と bc を結んでいます」と答えます。これに当たるのは英語の展開で考えれば work together と play together が and で結ばれているということになります。

数式であれば括弧を省略することはあり得ませんが、日本語でも英語でも、またどこの国の言葉であっても、目に見えない括弧というものが存在しています。

We work and play together. は目に見えない括弧を入れてみれば We (work and play) together. となるところです。これは数式にすると a (b + c) d ですね。これを展開すると abd + acd になります。

abd に当たるのは We work together ですね。acd は We play together です。We work and play together. という一文はこういう含みがあるのです。

a (b + c) d では、a と d を**共通因数**といいます。この文の場合、a に当たる主語の We はともかく、d に当たる副詞 together は b と c に当たる work と play の両者にかかっていることを確認して訳さなければいけなかったのです。そういうわけで「私たちは共に働き、共に遊ぶ」が正しい訳となるのです。

4. Are you going by boat or by airplane ?

文意は「船で行くのですか、それとも飛行機で行くのですか」です。

Are you going の部分は現在進行形ですが、進行中の動作を表しているのではなく、**近接未来**の意味で使われています。

　boat はここでは「(手こぎの)ボート」ではなく、船を意味しています。ship に代えて「船、汽船」の意味で boat はよく使われます。

　分析研究の手順を進めましょう。

① or が等位接続詞です。
② or は by boat と by airplane を結んでいます。
③ by boat と by airplane はいずれも go を修飾しています。

　②の解答としては「boat と airplane を結んでいます」と言ってはいけません。by boat と by airplane という「前置詞＋名詞」の句を指摘します。

　③では by boat と by airplane は going を修飾している、あるいは are going を修飾しているという解答もあり得ますが、are going という進行形の元となっている原形 go にかかっていると考えるのが分かりやすいのです。

　go by boat であれば「船で行く」、go by airplane であれば「飛行機で行く」となりますね。go by boat or by airplane という動詞表現を現在進行形で表現したのが are going by boat or by airplane なのです。

　例えば by boat は going を修飾していると考えるのは間違いではありませんが、それでは by boat を going にかけた訳がはっきりと打ち出せませんね。go なら「行く」で分かりやすいのですが、going という現在分詞の訳語ははっきりと打ち出すわけにはいかないからです。

　by boat は are going を修飾していると考える場合には、かけた訳は「船で行こうとしている」となり、一応意味ははっきりします。表示されたものとしては going や are going が具体的な形ですが、その元としての原形動詞 go の存在を意識し、その go を修飾しているとして by boat や by airplane という句を捉えるのが一番分かりやすいのです。

　go by boat or by airplane の場合にも a (b + c) の構造になっていて、目に見えない括弧を補えば go (by boat or by airplane) となりま

す。

　括弧内で or が by boat と by airplane を結んでいることが分かりますね。go が共通因数ないしは共通要素ですから、展開すれば ab + ac に当たるものが go by boat or go by airplane として出てきますから、これを踏まえて「あなたは船で行くのですか、それとも飛行機で行くのですか」という訳が出てくるのです。

5. There are four seasons in the year.　We call them spring, summer, autumn and winter.

　文意がまぎれる余地はありませんね。「一年には四季があります。私たちはそれを春、夏、秋、冬と呼びます」の訳は誰でも得られるでしょう。

　ところで and が結ぶものを指摘する際に「and は spring, summer, autumn と winter を結んでいます」と解答する方がいるのではないでしょうか。この言い方は助詞「と」を一度しか使っていないために、二者を繋いでいることになりますね。

　確かに見た目にはそうかもしれません。しかし考えてみてください。spring, summer, autumn は三つの季節ですね。その三つの季節を束ねたものと winter という一つの季節を結んでいるというのは不自然な面もあるのではないでしょうか。

　分析の手順は次のようになります。
① and が等位接続詞です。
② and は spring と summer と autumn と winter を結んでいます。
③ spring と summer と autumn と winter はいずれも call の他補です。

　以上の通りにできましたか。②の解答の仕方にも納得がいきましたか。助詞「と」を三回使っていますね。and は四つの季節を**並列**にして繋いでいるのです。

　二つのものを結ぶ場合にはもちろん A and B ですが、三つのものを結ぶとすれば A, B and C が普通の形です。四つであれば A, B, C and D

という並び方になります。三つ以上であれば最後の二つの間に and を置き、それ以外はコンマで繋ぐのが普通です。こういう表記の仕方であっても and はあくまでも複数のものを平等に並列にして結んでいると考えます。

この文での call は「〜を…と呼ぶ」の意味で使われていて、他目と他補の二つの要素を取る不完他（不完全他動詞）です。第五文型として次の区切りが得られます。

We　call　them　spring, summer, autumn and winter.
　S　　V　　O　　　　　　　　C

等位接続詞 and, but, or が結ぶものを捉える基本的な考え方は理解できたと思います。次に and, or, but の三つの接続詞についての必須知識を整理しておきます。

---

and の用法

(1) **付加・並列**

　Susan is lovely *and* clever.

　　（スーザンは可愛らしくて利口である）

(2) **時間的前後関係**　「それから」

　He finished writing letters *and* went out for a walk.

　　（彼は手紙を書き終えてから散歩に出かけた）

(3) **結果・理由**　「だから」

　She began to speak *and* all were still.

　　（彼女はしゃべり始めた、だから皆静かにしていた）

(4) **命令文の後に置く**　「そうすれば」

　Try hard, *and* you will have a good result.

　　（しっかりやりなさい、そうすればよい結果が得られますよ）

---

　(4) 命令文の後にコンマがあって and があったら、命令文と and を併せて「〜しなさい、そうすれば…」と訳すことになります。上の文は If you

try hard, you will have a good result. と言い換えることができます。
　andの前が典型的な命令文ではなくて、次のような場合もあります。
　One more step, and you will be dead.
　　（一歩でも動いてみろ、命は無いぞ）

```
┌─────────────────────────────────────────────────┐
│                  or の用法                       │
│                                                 │
│ (1) 二者択一　　「～か…」「～または…」              │
│     Which do you like better, spring or summer? │
│     （春と夏とではどちらがお好きですか）           │
│ (2) 否定語の後で　「～でも…でも（ない）」          │
│     I am not good at English or French.         │
│     （私は英語もフランス語も得意ではない）         │
│ (3) 言い換え　　「すなわち」「言い換えれば」        │
│     He is interested in astronomy, or the science of stars. │
│     （彼は天文学、つまり星の学問に興味を持っている） │
│ (4) 命令文の後に置く　「さもないと」               │
│     Run fast, or you will miss the train.       │
│     （速く走りなさい、さもないと列車に乗り遅れますよ）│
└─────────────────────────────────────────────────┘
```

　(3)は同一物の言い換えをする場合に用いられる or であって、「つまり、すなわち、言い換えれば」に当たります。or の前にコンマを置くのが普通です。

　(4) 命令文の直後にコンマがあって or があったら、命令文と or を併せて「～しなさい、さもないと…」と訳します。

　上の文は If you don't run fast, you will miss the train. と言い換えることができます。

　命令文でなくても、must, have to の後の or は同じ意味で用いられま

す。

You have to attend the party, or you will be spoken ill of.
(パーティーに出ないと駄目だよ、さもないと悪口を言われるよ)

---

but の用法

(1) **対立・対照**　「しかし」「だが」

He is young *but* experienced.
(彼は若いが経験に富んでいる)

(2) **not～but …**　「～ではなく…」

The story is not interesting *but* instructive.
(その話は面白くはないが為になる)

(3) **無意味な but**

Excuse me, *but* will you tell me the way?
(失礼ですが、道を教えてくださいませんか)

---

(2) の not ～ but … の構文では but を「しかし」と訳出しないことが肝心です。前者を否定し、後者を浮き彫りにする用法です。

(3) では but は繋ぎとしての役割りを果たしているだけで but の特性である対立・対照の意はありません。

用語解説 16 （五十音順）

共通因数 数式の ab + ac を例に取ると、ab 項と ac 項に共通する a が存在する。この a を共通因数という。従って因数分解すると a（b + c）が得られる。（「共通要素」を参照）

共通要素 共通因数を分かりやすく言い換えた用語であり、a（b + c）における a を共通要素という。展開すれば ab + ac になり、a が共通に b と c に関係することからこの名がある。I am and shall be your true friend.（私はあなたの真の友人であるし、今後も変わりはありません）という場合に your true friend は am と shall be の共通している自補なので共通要素という。（「共通因数」参照）

近接未来 331 ページ参照

原形動詞 182 ページ参照

修　飾 14 ページ参照

従属接続詞 70 ページ参照

重目動詞 153 ページ参照

述語動詞 36 ページ参照

助　詞 14 ページ参照

他　補 219 ページ参照

他　目 219 ページ参照

等位接続詞 70 ページ参照

不完他（不完全他動詞） 154 ページ参照

並　列 ものを並べることをいう言葉であるが、英文法の用語としては spring, summer, autumn and winter というように and を用いて語句をならべることをいう。

命令文 命令（否定の場合には禁止）、要求、依頼などを表す際に、動詞を文頭にして主語なしで述べる文をいう。Listen to me carefully. などがその一例である。

第17講　節と節の結び付き

　最初に易しい英文を一つ出しましょう。
　We will play tennis.
　これは「私たちはテニスをします」という単純未来の文と考えられます。
　We が主語で will play の部分が述語動詞、play が完他（完全他動詞）として用いられていて、tennis がその他目（他動詞の目的語）になっています。
　英文がすべてこのように「主語＋述語動詞」の組み合わせを一つしか持っていなければ意味を取ることはそれほど難しくはありませんね。
　ところが実際には私たちが目にする英文は、大文字で始まってピリオド（終止符）で終わるまでの間に、この「主語＋述語動詞」の組み合わせが二つ、三つ、四つというように複数となって登場することが多いのです。
　例えば先程の英文に just after school is over が加わって登場したとしましょう。
　We will play tennis just after school is over.
　こうなっても何とか訳すことはできるでしょう。just after ～が「～の直後に」であることを知っていれば「放課後になったらすぐに私たちはテニスをします」という文意が得られますね。
　この文にさらに If the weather doesn't change が加わったとしてみましょう。
　If the weather doesn't change, we will play tennis just after school is over.
　文意は「もし天候に変化がなければ放課後すぐ私たちはテニスをします」となります。
　we will play が「主語＋述語動詞」でしたが、その他にこの文では the weather doesn't change の部分が「主語＋述語動詞」であり、さらに school is の部分も「主語＋述語動詞」になっています。

つまりこの文には「主語＋述語動詞」の構造を持つ部分が三組あることになります。

このように一つの文に「主語＋述語動詞」が複数で存在する場合には、どの「主語＋述語動詞」から手を付けて訳出をはじめたらよいのか、次に訳すのはどの「主語＋述語動詞」かを選択するのに迷うことになりかねません。「主語＋述語動詞」が複数で存在することは文がそれだけ複雑になることを意味しています。

一つの文に「主語＋述語動詞」の組み合わせが二つ存在しているときに、この文は二つの**節**からできているといいます。

節とは、文の一部でありながら「主部＋述部」の構造を持つものをいいます。**述部**とは「述語動詞＋目的語・補語・修飾語句」のことです。

複数の節を持つ文の文意を掴んだり、きちんと訳そうとするのであれば、入り組んだ節と節の関係を解きほぐさなければなりません。その手がかりは一つ一つの節の性質をよく知っておくことです。

無数に登場してくる節もその性質によって分類するとわずか三種類しかありません。**名詞節、形容詞節、副詞節**です。この三種の節と**主節**との結び付き方をこの講で学修します。その結び付きに**従属接続詞**や**関係詞**が大きく関わってきます。名詞節、形容詞節、副詞節を一括して**従属節**といいます。これらのことをこの講でしっかり研究したいと思います。

とりあえず先程挙げた文を節本位で分析研究しましょう。

We will play tennis just after school is over.

節本位でこの文を眺めた場合に We will play tennis の部分が一つの節になります。We が主部（主語）で will play tennis が述部だからです。

それに対して just after school is over の部分も一つの節と考えられます。school が主部（主語）で is over という述部を持っているからです。

次に We will play tennis という節と just after school is over という節の関係を考えてみましょう。

just after school is over という節は play tennis の時期、つまりいつテニスをするかという時間的なことを問題にしているわけです。

play tennis now といえば「今、テニスをする」であり、now は副詞として play tennis を修飾しています。play tennis in the evening といえば「夕方、テニスをする」ですから、in the evening は**副詞句**として play tennis にかかっています。

　同じように考えれば play tennis just after school is over は「放課後すぐにテニスをする」ですから、just after school is over は play tennis を修飾する副詞的な働きをしていることは理解できますね。just after school is over は節ですから、これを**副詞節**と名付けることになります。

　それに対してもう一つの節である We will play tennis にも何か名を付けると何かと便利だと思います。これには**主節**という名を付けます。

　We will play tennis just after school is over. は主節と副詞節（従属節）からできている文といえますが、主節の方は We という主語から始まっていますね。それに対して副詞節の方は主語である school の前に just after という語句が付いていますね。ここのところに注目してください。

　主節というのは常に主語から始まる節ということができますが、副詞節に限らず従属節は多くの場合、主語から始まらずに、その前に置かれている語句から始まります。この語句は副詞節の場合には従属接続詞といわれるものが来ます。

　just after school is over においては after が「～した後で」を意味する従属接続詞です。just は after を強めるために用いられた副詞です。

　文意を取ったり、訳出する上で大事なことは、主節と副詞節（従属節）から成る文は必ず副詞節（従属節）から先に訳し、それを訳し終わったら主節を次に訳すということです。この順序が大切なのです。

　ですから副詞節（従属節）である just after school is over を先に訳し、主節である We will play tennis を次に訳して「放課後になったらすぐに私たちはテニスをします」という訳が得られるのです。

　この場合に We will play tennis と school is over という二つの「主部＋述部」を繋ぐものが just after という接続詞です。just after は school is over の方に所属して副詞節を構成します。We will play tennis just after school is over. は副詞節を文頭に持ってきて Just after school is over we will play tennis. とすることもできます。文意は変わりません。

ここでもう一度おさらいをしておきましょう。文中で「**主語＋述語動詞**」という構造を持っているものがあれば、これを**節**といいますが、この節が一つの文中に複数で存在するときは、一つを残して他の節は名詞か形容詞か副詞の働きをしていると考えられるのです。働き方によってこれを**名詞節、形容詞節、副詞節**と名付けます。こういう働きを何もしていない残った一つの節を**主節**といいます。

主節に対して名詞節、形容詞節、副詞節を一括して**従属節**ということになります。

節に関しては古谷メソッドでは次のような原則歌を立てています。

> *古谷メソッド 原則歌 14*
> **文節は名形副の三種なり、他に主文を数えるもよし**

文節は今の文法用語では単に**節**といっていますが、文に関係して出てくる節だから文節という言葉にしています。その文節には**名詞・形容詞・副詞**の働きをする三種類の節がありますよ、そのほかに**主文**というのも四番目に挙げてもいいのですが、と言っているのです。主文を主文節というのが正式なのですが、略して**主文**といっています。

主節（主文）に対して、名詞節、形容詞節、副詞節の三種の節を一括して**従属節**という言葉でまとめていうことも記憶してください。

主節と従属節からできている文の訳出に当たっては、従属節から先に訳し、主節は後から訳すのが原則です。この原則を守ってください。そのために主節と従属節を見分けることが大切なことになります。

長文になると従属節の中に更に従属節が入り込んで複雑な構文になっていることもよくあります。従って節の存在に敏感になってもらいたいと思います。

名詞節、形容詞節、副詞節は外見上からもそれぞれ特色があり、見分けることができる場合が多いものです。

　この三種の従属節に共通していえることは、ここから従属節が始まっていますよ、という標識となるものが節の先頭に置かれていて、この標識となる語に導かれて名詞節、形容詞節、副詞節が始まることが多いということです。まずは名詞節からその特色を見ていきましょう。

1　名詞節の種類と働き

　節のうち、文の主語・目的語・補語の働きをするものを名詞節といいます。名詞節にはその構成上、次の三種類があります。

(1)　従属接続詞 that, if, whether に導かれる節

Everybody　knows　*that the earth is round.*
　　S　　　　V　　　　　　O

　　（地球が丸いことは誰でも知っている）

　that the earth is round は従属接続詞 that に導かれた名詞節で、knows の他目としての位置を持っています。

I　asked　her　*if she was well.*
S　V　　O　　O

　　（私は彼女に元気かどうかを尋ねた）

　if she was well は従属接続詞 if に導かれた名詞節で、asked の他目としての位置を持っています。

Whether he is lying or not　is　hard to judge.
　　　　　S　　　　　　　　V　　　C

　　（彼が嘘を言っているかどうかは判定が難しい）

　Whether he is lying or not は従属接続詞 whether に導かれた名詞節で、is の主語としての位置を持っています。

　that が「〜ということ」の意味で用いられているときと、if と whether が「〜かどうか」という意味で用いられているときには、この三つの接続詞は名詞節を導くことになります。

(2) 疑問詞に導かれる節

<u>*Why he went alone*</u>　is　<u>a mystery</u>.
　　　　S　　　　　　 V　　　C

（なぜ彼が一人で出かけたかは謎だ）

Why he went alone は疑問詞 Why が導く名詞節で is の主語としての位置を持っています。

<u>I</u>　<u>don't know</u>　<u>*where I should go*</u>.
S　　　V　　　　　　O

（私は何処へ行ったらよいか分からない）

where I should go は疑問詞 where が導く名詞節で know の他目としての位置を持っています。

疑問詞 who, what, when, where, why などが導く節が文中にあるときには、この節は名詞節になります。

(3) 関係代名詞 what に導かれる節

<u>Show</u>　<u>me</u>　<u>*what you have in your hand*</u>.
　V　　　 O　　　　　　O

（手に持っている物を見せなさい）

what you have in your hand は関係代名詞 what が導く名詞節で Show の他目としての位置を持っています。

先行詞を内に含んでいる関係代名詞 what が導く節は常に名詞節として使われます。

2　形容詞節の種類と働き

関係代名詞、関係副詞に導かれる節が形容詞節です。先行詞である名詞を修飾する形容詞の役割をしているので形容詞節と名付けられます。

(1) 関係代名詞に導かれる節

A <u>man</u> *whose hands are cold* has a warm heart.
　　 ↑_____|

（手が冷たい人は温かい心を持っている）

関係代名詞 whose に導かれる whose hands are cold は先行詞 man を修飾しています。

(2) **関係副詞に導かれる節**

A desert is a great plain *where nothing grows*.

（砂漠は何も育たない大平原のことである）

関係副詞 where に導かれる where nothing grows は先行詞 plain を修飾しています。

3　副詞節の種類と働き

副詞節は主として主節の述語動詞を修飾するもので、時・理由・条件・目的・結果・譲歩・様態などを表す従属接続詞に導かれることが多いのです。

副詞節は主節の前に置かれることも、後ろに置かれることもあります。

(1) **時を表す従属接続詞**に導かれる

I met an old friend *when I was walking in the park*.

（公園を歩いていたら昔の友人に会った）

when が時を表す従属接続詞。他に時を表す従属接続詞に、while, whenever, till, until, before, after, since, as soon as などがあります。

(2) **理由を表す従属接続詞**に導かれる

As it was getting dark, we soon turned back.

（暗くなってきたので私たちはすぐに引き返した）

As が理由を表す従属接続詞。他に理由を表す従属接続詞に、since, because があります。

(3) **条件を表す従属接続詞**に導かれる

If he is now in town, he will come to see me.

（もし彼が町に来ているなら私に会いに来るだろう）

If が条件を表す従属接続詞。他に条件を表す従属接続詞に、unless, provided, so long as などがあります。

(4) **目的を表す従属接続詞**に導かれる

We read that we may improve ourselves.

（私たちは自己を向上させるために読書をする）

that が目的を表す従属接続詞。他に目的を表す従属接続詞に、so that, in order that, lest, for fear などがあります。

(5) **結果・程度を表す従属接続詞**に導かれる

He went so early *that he could get a good seat*.

（とても早く出かけたので彼は良い席が取れた）

so ～ that … が結果を表す従属接続詞の構文。他に結果を表す従属接続詞の構文に、such ～ that …、so that などがあります。

(6) **譲歩を表す従属接続詞**に導かれる

Though she is old, she is in excellent health.

（彼女は歳は取っているけれども、とても元気です）

Though が譲歩を表す従属接続詞。他に譲歩を表す従属接続詞に、although, even if, as, whether などがあります。

(7) **様態を表す従属接続詞**に導かれる

Do in Rome *as the Romans do*.

（郷に入っては郷に従え）

as が様態を表す従属接続詞。他に様態を表す従属接続詞に、as if, as though などがあります。

名詞節、形容詞節、副詞節のおおよそは掴めたと思います。それではこの後の演習題で節本位で文の構造を眺めると同時に、これまで学修したことを反芻しながら初級英語の総決算として一つ一つの文の徹底分析を試みてください。

演習題 44

次の文を和訳しなさい。

Little children often take what they hear very literally, and this results in some comical situations.

A little girl was going to her friend's birthday party, and before she left home her mother told her to be a good little girl, and to remember to thank her friend's mother for the nice party before she returned home.

When the little girl got home her mother asked her if she had remembered to thank her hostess. The little girl replied, "Oh, no. I heard another little girl thanking her for the nice party, and the hostess replied, 'Don't mention it,' So I didn't."

　この話を一読しただけで面白さが分かりましたか。最後から二つ目の文である Don't mention it, という一文がこのユーモア話のキーセンテンスになっています。少しずつ区切って分析研究を進めていきましょう。

Little children often take what they hear very literally,

　literally が難しい単語ですが「文字通りに」という意の副詞です。

　まずは設問です。take の動詞の種類は何でしょうか。完他（完全他動詞）だとしたら、その他目を指摘してください。

　take には実にさまざまな意味がありますが、ここでは「～を理解する、受け取る」の意味で使われています。

　take は当然完他ですから、他目があります。他目は what they hear です。what は先行詞を含む関係代名詞で名詞節を作っています。

　what they hear は「子供が聞いたこと」の意です。この what が導く名詞節を what they hear very literally に取ると失敗です。very literally は take を修飾する副詞句として what が導く名詞節 what they hear の枠外に存在しているのです。

上の文は「幼い子供たちは聞いたことを本当に文字通りに受け取ってしまうことがよくある」という意味になります。

and this results in some comical situations.

ここでの設問は二つです。
① this という代名詞は何を指していますか。
② 述語動詞 results の訳はどう付けますか。

まず①ですが、this は前文の「幼い子供は聞いたことを文字通りに受け取ってしまうこと」という内容を受けています。

②は result in ～で「～になる、～に終わる」という意味になります。前置詞 from が付いた result from ならば「（～から）（結果として）生じる」の意味になります。いずれにしても result は完自（完全自動詞）です。

従って上の文は「このことが喜劇的な状況を招く」の意になります。

A little girl was going to her friend's birthday party,

ここに be going という進行形が見られますね。be going to ～は「～するつもりである」「～しようとしている」の意味でよく使われます。ここは正確に表現すれば was going to her friend's birthday party は was going to go to her friend's birthday party となるところですが、be going to ～の to ～のところに go が入る場合には go to は省略されるのが普通です。

上の文からは「ある幼い女の子が友達の誕生パーティーに行こうとしていた」の意が得られます。

and before she left home her mother told her to be a good little girl, and to remember to thank her friend's mother for the nice party before she returned home.

ここには設問がいくつかあります。

① 上文中に副詞節があれば指摘してください。それが何を修飾しているかも明らかにしてください。
② 接続詞 and は何と何を結んでいますか。正確に指摘してください。
③ to thank で始まる不定詞を正しく指摘し、その働きを明らかにしてください。

まず ①ですが、before が「〜する前に」の意の従属接続詞と思われますから before she left home が副詞節を構成し、この副詞節は told を修飾していると見ることができます。かけた訳は「彼女が家を出る前に言った」となります。

before で始まる副詞節はもう一つあります。before she returned home もそうですね。この副詞節は何を修飾していると考えますか。かかっていると思える動詞としては told, be, remember, thank の四つがあります。正解は thank です。before she returned home を thank にかけた訳は「彼女が家に帰る前にお礼を言う」となります。

②の and が結ぶものの指摘に移ります。答を言いますと、and は二つの不定詞を結んでいます。前方の不定詞は to be a good little girl です。これは told の他目としての不定詞です。to be a good little girl を told と結べば「いい子でいるんですよと言った」となります。

told her to be a good little girl について解説をここで加えましょう。told という動詞の種類はお分かりになりますね。典型的な重目（重目動詞）です。tell には「だれだれに、なになにを告げる、語る」という使い方があります。ここで言えば、her が最初の目的語で、to be a good little girl が二つ目の目的語に当たります。

<u>told</u>　<u>her</u>　<u>to be a good little girl</u>
 V　　O　　　O

to be a good little girl と見合うもう一つの不定詞の指摘はできましたか。正解は to remember で始まる不定詞です。正しく指摘すると to remember to thank her friend's mother for the nice party before she returned home です。この長い不定詞をきっちりと指摘できなければ

いけなかったのです。

　この不定詞のかたまりの中には、もう一つ不定詞が入っていますね。その不定詞も正しく指摘しなさいと言われたら to thank her friend's mother for the nice party before she returned home と答えなければいけません。

　thank は「(人) に (〜の) 礼を言う」の意味ですが、「(〜の) 礼を言う」の部分での「〜」は前置詞 for 〜で表します。従ってここで言えば for the nice party は thank を修飾する副詞句になります。

　その後の before she returned home は「家に帰る前に」の意ですが、この副詞節を修飾する thank にかけた訳は「家に帰る前にお礼を言う」になります。

　従って to thank で始まる不定詞は最後の home まで伸びていることになります。この長い不定詞 to thank her friend's mother for the nice party before she returned home の文中における働きは何か分かりますか。

　remember という動詞について学修したことを覚えていますか。remember 〜 ing は「〜したことを覚えている」の意で、過去に関して使いますが、remember to 〜は「(これから) 〜することを覚えている (忘れていない)」の意で、これからのことを言うのに使います。

　この remember の他目に当たるのが to thank her friend's mother for the nice party before she returned home という不定詞だというのが ③の解答です。

　ここで ②にもう一度触れておきます。and が結ぶものは to be a good little girl と to remember to thank her friend's mother for the nice party before she returned home という二つの不定詞ですが、この二つの不定詞はいずれも told の他目として位置付けられています。

　訳は「そして出かける前に母親は、いい子にしなさい、帰る前にお友達のお母さんに、楽しいパーティーのお礼を言うのを忘れないようにするのですよ、と言った」となります。

When the little girl got home her mother asked her if she had remembered to thank her hostess.

　got home は get home の過去形です。get home は go home に近いのですが、同じ「帰宅する」でも go home は帰宅する行為をいいますが、get home は帰宅する行為そのものよりも行為が終わることの方に重点が置かれます。

　ここは含まれている従属節を指摘し、その種類と働きを言いなさい、というのが設問です。

　冒頭の When は「〜する時に」の意の従属接続詞ですから、When the little girl got home が副詞節であることを指摘するのは何でもありませんね。この副詞節は asked を修飾しています。かけた訳は「女の子が帰宅した時に尋ねた」となります。

　「主語＋述語動詞」が節であるということから、ここにはもう一つ従属節があることが分かります。従属接続詞 if で始まる if she had remembered to thank her hostess がそれに該当します。

　ここで復習ですが、if が「もし〜ならば」の意であれば条件の副詞節を構成しますが、「〜かどうか」の意であれば名詞節を導くことになります。

　ここは後者である名詞節に当たり、if she had remembered to thank her hostess は asked の他目としての位置を持っています。ちなみに言えば asked は重目動詞（重目）として使われていて直後の her も一つ目の他目に当たります。

　had remembered に触れておきましょう。これは「had＋過去分詞」であり、過去完了という時制です。過去完了は過去よりも以前の時を表すというのが使うルールになっています。ここで言えば、述語動詞の asked が過去時制ですね。had remembered は過去以前のことを意味しているということになります。母親が尋ねた時点で、娘がお礼の言葉を言うのを忘れたか、忘れなかったかはそれ以前のことだからです。

　if she had remembered to thank her hostess と asked を結んだ訳は「先方のお母さんにお礼を言うのを忘れなかったかどうかを尋ねた」と

なります。

hostess は「(客をもてなす) 女主人」の意ですが、ここでは女の子の友人の母親を意味しています。

The little girl replied, "Oh, no.

切り取る英語としては中途半端ですが、一応ここだけの処理をしておきましょう。母親に問われて娘が「ううん。言わなかったの」と答えたことが分かりますね。

Oh は間投詞です。no は No, I didn't thank her. を意味しています。

I heard another little girl thanking her for the nice party,

ここでの設問は二つです。

① heard という動詞の種類は何ですか。heard が伴う語句の文の要素を明らかにしてください。

② thanking の -ing の用法としての働きを具体的に説明してください。

実は ①と②は密接に関連しているのです。

hear には「～が…するのを聞く」という不完他（不完全他動詞）の用法があります。another girl が heard の他目であることは理解できますね。次の thanking her for the nice party がそれに続く他補として生きているのです。

hear は不完他（不完全他動詞）として用いられるときには他補の位置に原形動詞・現在分詞・過去分詞が入ることが多いのですが、thanking her for the nice party がそれに当たります。この thanking は他補としての現在分詞です。

従って上の文の訳は「私はほかの女の子が楽しいパーティーのお礼を言っているのを聞いた」となります。

and the hostess replied, 'Don't mention it,' So I didn't."

ここはユーモア話の落ちの部分です。Don't mention it. の二重の意味が理解できていますか。設問としては didn't の次に省略されているものは

何ですか、だけです。

　Don't mention it. は、お礼やお詫びの言葉に対して「どういたしまして」という場合の決まり文句です。You're welcome. と言うのと同じです。Thank you. と言われたら You're welcome. （どういたしまして）と言うのが決まり言葉になっていますね。

　ただし mention 自体は「～を（軽く）話に出す」の意味の完他ですから、Don't mention it. をその意味で取れば「そのことを口に出すな」という命令文になります。

　幼い女の子は友達の母親の Don't mention it. という言葉を、「どういたしまして」ではなく、文字通りの意味での命令文に取ったので、楽しいパーティーのお礼の言葉をわざと口にしなかったのです。

　So I didn't. の didn't の後には mention it が省略されています。

　上の文の訳は「そしておばさんが『そんなこと言わなくていいのよ』と答えていたのを聞いたので私はお礼を言わなかったのよ」となります。

【全文訳】　幼い子供は聞かされたことをそのまま文字通りに受け取ってしまうことがよくある。そのことで喜劇的な状況を招いたりもする。

　ある幼い女の子がお友達の誕生パーティーに行くところだった。出かける前に母親が「いい子にしているのよ」とか「帰る前に、お友達のお母さんに楽しいパーティーの礼を言うのを忘れないのよ」と言った。

　女の子が帰ってくると母親は、娘が先方のお母さんにお礼を言うのを忘れなかったかどうかを尋ねた。すると女の子は答えた。「ううん、言わなかった。ほかの女の子が楽しいパーティーのお礼を言うのが聞こえたけど、おばさんが『いいのよ、そんなこと言わなくても』と答えていたの。だからお礼を言わなかったの」

用語解説 17　（五十音順）

関係詞　398 ページ参照
関係代名詞　262 ページ参照
関係副詞　398 ページ参照
完 他　153 ページ参照
形容詞節　262 ページ参照
現在分詞　13 ページ参照
自 補　218 ページ参照
修飾語句　14 ページ 「修飾」参照
従属節　219 ページ参照
従属接続詞　70 ページ参照
重目動詞（重目）　153 ページ参照
主 節　263 ページ参照
述語動詞　36 ページ参照
述 部　36 ページ参照
主 文　331 ページ参照　416 ページ参照
他 目　219 ページ参照
単純未来　264 ページ参照
等位接続詞　70 ページ参照
不完自（不完全自動詞）　120 ページ参照
不完他（不完全他動詞）　154 ページ参照
副詞句　71 ページ参照
副詞節　154 ページ参照
文 節　「節」の別名。文節には名詞文節、形容詞文節、副詞文節の三種類がある。
名詞節　264 ページ参照

索　引（日本語）

【あ】

アポストロフィ・エス ……… 20, 35

【い】

イコール関係 …………… 108, 120, 212
位置 ………………………………… 69, 184
一般動詞 …………………………………… 218
一般の人々 ……………………… 337, 354
意味上の主語 …… 212, 286, 297, 305
意訳 …………………………………… 8, 13
Ing-Form ………………………… 310, 312

【う】

vi. ……………………………………… 78, 95
vt. ……………………………………… 78, 95

【お】

往来発着 ………………………… 314, 331

【か】

かかる ………………………… 20, 22, 35
核 ………………………………… 25, 35, 69
格変化 …………………… 336, 354, 367
過去完了 ………………………… 251, 262
過去分詞 ……………………… 46, 69, 333
活用変化 …………………………………… 63
仮主語 ……………………………………… 268
感覚動詞 ………………………… 348, 354
関係詞 …………………………… 398, 414
関係代名詞 ……………………… 262, 357
関係代名詞の省略 ……………… 372, 385
関係副詞 ………………… 387, 392, 398

冠詞 ………………………… 7, 8, 9, 13
完全自動詞（完自）
　………………………… 97, 120, 133, 149
完全他動詞（完他）
　………………… 122, 124, 133, 149, 153
間接疑問文 …………… 255, 262, 340
間接目的語 ……………………… 128, 153
間接話法 ………………………… 253, 262
感嘆文 ……………………………… 64, 69
間投詞 ……………………………… 40, 69
完了 ……………………………… 334, 356
完了形 …………………………… 334, 354
完了形動名詞 ………………… 306, 310
完了形不定詞 ………………… 284, 297
完了形分詞構文 ……………… 327, 331

【き】

規則動詞 …………………………………… 153
疑問詞付き不定詞 ……………… 294, 297
疑問代名詞 ……………………… 377, 385
強意の助動詞 …………………… 209, 218
共通因数 ………………………… 405, 411
共通要素 …………………………………… 411
近接未来 ………………… 314, 331, 406

【く】

句 ……………………………… 6, 13, 221

【け】

経験 …………………………… 53, 334, 354
形式主語 ……………………… 268, 282, 297

継続 335, 355, 374
継続用法 374, 385, 388, 398
形目 194, 195, 218
形容詞 10, 13, 39
形容詞句 40, 69, 224
形容詞節 254, 262, 358, 418
形容詞用法 148, 168, 271
結果 335, 355
結果を表す現在完了 335, 355
結果を表す不定詞 279, 297
原因を表す不定詞 278, 297
原形動詞 166, 182
現在完了 53, 70
現在形 5
現在時制 12
現在分詞 13, 312, 314
限定の the 9, 13
限定用法 374, 385, 388

【こ】

後形 199, 218, 272
語順 3, 13
語順のルール 4

【さ】

再帰代名詞 215, 218, 245
再提出の the 362
三人称(単数) 5, 14

【し】

使役動詞 212, 216, 218
指示代名詞 188
時制 14
自動詞 73, 85, 94, 96

自補 189, 195, 197, 218
修飾 10, 14, 20
修飾関係 20, 25
修飾語 20, 35
従属節 179, 182, 203, 254, 414
従属接続詞
.... 56, 70, 202, 357, 400, 414, 417
重目動詞(重目)
.... 122, 125, 149, 152, 153
主格 385
主格補語 197, 219
主語 2, 4, 14, 23, 157
主語付き不定詞 286, 298
主語付き分詞構文 328, 331
主節 203, 251, 263, 414
主題 2, 35
述語動詞 24, 36, 157
述部 23, 36, 414
受動態 46, 70, 322, 336
受動態不定詞 284, 298
主部 23, 35
主文 324, 331, 416
授与動詞 128, 153
準動詞 353, 355
条件を表す分詞構文 325, 331
状態受動 339, 347, 355
状態を表す動詞 27
譲歩 326
譲歩を表す分詞構文 326, 331
助詞 1, 4, 6, 14
助動詞 41, 70

| 所有格 ………… 21, 36, 63, 305, 369
| 所有代名詞 …………………… 224, 263
| 進行形 ………………………… 10, 15
| 新提出の a ………………… 244, 263
| 真の主語 …………………… 282, 298

【せ】

| 節 ……………………… 54, 70, 414
| 接触節 ……………………… 373, 386
| 接続詞 …………… 40, 55, 70, 400
| 前形 ………………………… 199, 219
| 先行詞 ……………………… 263, 358
| 前置詞 ………………… 6, 15, 40, 221
| 前置詞句 …………………… 233, 263
| 前置詞をめぐる五項目 … 225, 263
| 前目 ………………… 191, 195, 219, 221

【そ】

| 相互了解の the ……………… 9, 15
| 存在を表す be 動詞 …… 32, 110, 112

【た】

| 態 …………………………………… 336
| 態の転換 …………………………… 336
| 代名詞 ………………………… 19, 36, 39
| 多義語 ……………………………… 5, 15
| 他動詞 …………………… 73, 94, 122
| 他補 ……………… 192, 195, 197, 219
| 他目 ……………………… 190, 195, 219
| 単純未来 ………………… 142, 153, 214
| 単数形 ………………………………… 1, 15

【ち】

| 抽象名詞 …………………… 46, 70, 90
| 直接疑問文 ……………………………… 255

| 直接目的語 ………………… 128, 153
| 直接話法 …………………… 253, 264
| 直訳 ……………………………… 8, 15

【て】

| 定冠詞 ……………………………… 7, 16
| 伝達動詞 …………………… 255, 264

【と】

| 等位節 ……………………………… 399
| 等位接続詞
| ……………… 56, 70, 210, 290, 357, 400
| 同格 ………………………… 139, 154
| 動作受動 …………………… 340, 355
| 動作の相手 ……………………… 75
| 動作の完了 ………………… 334, 356
| 動作の対象 ……………… 75, 94, 122
| 動作を表す動詞 ………………… 27
| 動詞 …………………… 2, 5, 16, 39
| 倒置 ……………………… 29, 36, 112
| 同等比較 …………… 344, 356, 396
| 動名詞 ……………… 196, 219, 300
| 動名詞句 …………………………… 302
| 時を表す分詞構文 ……… 324, 332
| 独立分詞構文 …………… 328, 332
| 独立用法 …………………… 267, 281
| 独立用法の不定詞 …… 281, 298

【に】

| 二者択一 …………………………… 409
| 人称代名詞 …………… 63, 70, 248

【の】

| 能動態 ………………… 322, 336, 356

【は】

- 八品詞 …………………………… 38
- 反復する習性・習慣 ………… 313, 332

【ひ】

- be 動詞 ……………………… 10, 16
- be 動詞の二大用法 ………… 32, 37
- 被修飾語 ………………… 20, 25, 37
- 否定語付き不定詞 ………… 283, 298
- 否定の相関語句 ………………… 215
- 被伝達文 ……………………… 253, 264
- 非人称の It ……………………… 42
- 非文 ……………………………… 4, 16
- 品詞 …………………………… 19, 37, 38
- 頻度を表す副詞 ………………… 127, 154

【ふ】

- 付加的説明 …………………… 374, 388
- 不完全自動詞(不完自)
  ………………… 99, 120, 133, 149
- 不完全他動詞(不完他)
  ………………… 133, 135, 150, 151, 154
- 不規則動詞 …………………… 130, 154
- 副詞 ……………………………… 31, 37, 39
- 副詞句 ………………………… 40, 71, 129
- 副詞節 ………………… 129, 154, 251, 419
- 副詞用法 ……………………… 148, 267, 276
- 複数形 ……………………………… 1, 16
- 不定冠詞 ………………………… 8, 16, 44
- 不定詞 ……………… 148, 154, 196, 266
- 不定詞の形容詞用法 ………… 272, 298
- 不定詞の副詞用法 …………… 276, 299
- 不定詞の名詞用法 …………… 268, 299
- 不定代名詞 …………………… 248, 264
- 不特定の a ………………… 362, 386
- 普遍の真理 …………………… 12, 16
- 文 ……………………………………… 1, 17
- 分詞構文 ……………………… 311, 324
- 文節 …………………………… 416, 428
- 文中の位置 ……… 69, 186, 358, 360
- 文の構成要素 ……………… 157, 183

【へ】

- 並列 …………………………… 407, 411

【ほ】

- 補語 ………………… 20, 37, 99, 157
- 補語を伴う be 動詞 ……… 32, 110, 112

【み】

- 未来時制 ………………… 41, 138, 154

【む】

- 無冠詞 ……………………………… 44
- 無生物 ……………………………… 28
- 無生物主語 …………………… 129, 155
- 六つの位置 ……………………… 185
- 無人称独立分詞構文 ………… 329, 332

【め】

- 名詞 ……………………………… 2, 17, 39
- 名詞節 ………………… 196, 249, 264, 377
- 名詞代用 …………………… 250, 265
- 名詞用法 …… 148, 196, 220, 246, 268
- 命令文 ………………………… 408, 412

【も】

- 黙字 ……………………… 16, 17, 244
- 目的格 ………………… 305, 311, 361
- 目的格補語 …………………… 197, 220

目的語 41, 71, 94, 122, 157
目的を表す不定詞 277, 299

【や】

訳し上げる 26

【り】

理由を表す不定詞 278, 299
理由を表す分詞構文 325, 332

索 引（英語）

【A】
- a（具体的種類） ……………… 44
- a（新提出） …………………… 244
- a（不特定） …………………… 362
- about …………………………… 169
- Adjective ………………………… 39
- Adverb …………………………… 39
- and ……………………………… 408
- anything ………………………… 372
- apostrophe ………………… 20, 35
- around …………………… 230, 247
- at last …………………………… 62

【B】
- be …………………………… 32, 37
- be ＋過去分詞 ………… 46, 69, 337
- be ＋現在分詞 …………… 10, 173
- be surprised …………………… 347
- become …………………………… 99
- before …………………………… 53
- but ……………………………… 410
- buy ……………………………… 131

【C】
- call ……………………… 114, 139
- call for 〜 …………………… 115
- call on 〜 …………………… 115
- cannot help 〜 ing …………… 309
- church …………………………… 90
- come …………………………… 116
- come true …………………… 116
- Conjunction …………………… 40

【D】
- do（強意） …………………… 209
- drop ……………………………… 77

【E】
- early …………………………… 42
- enough to 〜 ………………… 287
- Exclamation mark …………… 17

【F】
- feel ……………………… 113, 349
- feel like 〜 ing ……………… 309
- find ………………… 62, 137, 170
- for（接続詞） ………… 210, 248
- for a few minutes …………… 276
- for a while …………………… 320
- for centuries ………………… 382
- for … to 〜 ………………… 286
- forget 〜 ing ………………… 308
- forget to 〜 ………………… 308
- full of 〜 …………………… 199

【G】
- generally speaking ………… 328
- get to 〜 …………………… 273
- give …………………………… 135
- go ……………………… 117, 148
- grow …………………………… 103

【H】

have	43
have ＋過去分詞	53, 69
having ＋過去分詞	306, 327
hear	349
Here	30
hold one's breath	248
home	49
how	67, 387

【I】

in	6, 52
in a few days	229
in front of ～	232
in good health	143, 238
in order to ～	277
Interjection	40
intransitive verb	78
It	42, 268, 285
It is no use ～ing	309

【J】

judging from ～	329

【K】

keep	48, 142, 247, 292, 323
keep good time	393

【L】

lead to ～	368
leave	146
let	212
Let's ～	53, 212
lie	60, 111
life	65

like	193
look	101, 164
look at ～	316
look for ～	313

【M】

make	140
may	288
Modifier	159
move	76
much	45, 47
must	278

【N】

near	59
needless to say	281
neither ～ nor	215
never to ～	283
no ＋名詞 is so ～ that…	345
no use	308
nor	216
not ～ at all	208
not ～ but…	410
not to ～	283
Nothing is so ～ that …	345
Noun	39

【O】

of great use	351
of which	370, 371
on ～ ing	309
once	61
one day	161
oneself	201

open	48, 75
or	409
out of	50, 231
outside	64

【P】

Parts of Speech	38
pass	78
Period	17
Preposition	40
Pronoun	39
prove	351

【Q】

Question mark	17

【R】

remain	346
remember 〜ing	307, 424
remember to 〜	307, 424
result in 〜	422

【S】

school	90
see	102, 348, 370
seem	275
Sentence	17
show	130
sit up	269
smell	58
so as to 〜	277
so that	420
so 〜 that	420
so to speak	282
some	168

some day	163, 288
something	373, 379
speak to 〜	101
strictly speaking	329
such 〜 that	420

【T】

take 〜 for	250
taste	106
take 〜 with	293
tell the truth	127
that（関係代名詞）	376
the（限定）	9, 13
the（再提出）	362
the（相互了解）	9, 15, 25
the other day	163
There	33, 62
they say	249
think	134
to have ＋過去分詞	284
to tell the truth	281
tomorrow	41
too … to 〜	286
transitive verb	78

【U】

used to 〜	392

【V】

Verb	39

【W】

want	36, 207
watch	321
way	100

what（関係代名詞）……… 377	where（関係副詞）……… 387
what I am ……………… 384	why（関係副詞）………… 387
what is ＋比較級 ………… 384	will ……………………… 41, 214
what we call …………… 384	will not ………………… 214, 249
when（関係副詞）……… 387	with ……………………… 293

著者

古谷　三郎（ふるや・さぶろう）

　　1956年東京教育大学卒業。都立忍岡高校、都立杉並高校英語教諭を経て現在、聖徳大学名誉教授。1983年 文部省（現在の文部科学省）派遣大学教員として英国レディング大学に学ぶ。
　　著書は『英語合格答案の作り方』（ライオン社）、『英文解釈』（学研）、『基礎英語ハンドブック』（聖文社）、『古谷メソッド英文読解上達指南』『古谷メソッド諺で学ぶ英文法』（白帝社）など学習書多数のほかに、半世紀を超える教育現場からのレポート随筆としての『教師は問いかける』（白帝社）。
　　専攻は英語学、英語教育学。
　　趣味はソフトテニス（公認指導員資格）、スキー（一級所持）。

［改訂版］古谷メソッド　初級英語入門　—これで英語が楽しくなる—
2005年 9月 5日　初版発行
2011年 3月10日　改訂版初版発行

著　者　古谷三郎
発行者　佐藤康夫
発行所　白　帝　社
　　　　〒171-0014　東京都豊島区池袋 2-65-1
　　　　電話　03-3986-3271
　　　　FAX　03-3986-3272（営業部）
　　　　　　　03-3986-8892（編集部）
　　　　http://www.hakuteisha.co.jp/

組版／(株)柳葉コーポレーション　　印刷／(株)平文社　　製本／(株)若林製本所

Printed in Japan　〈検印省略〉6914　　　　　ISBN978-4-86398-053-2 C0082
※定価はカバーに表示してあります。